编委会

中国文化传播 第四辑

Chinese Culture Communication ④

主　编 / 王廷信
副主编 / 陈忆澄

中国传媒大学出版社
·北京·

目 录

国际传播

名家专栏：李文培

传统文化传承与传播

媒体研究

艺术传播实践前沿

书评书序

Contents

International Communication

Artist and Scholar Column: Li Wenpei

Inheritance and Communication of Traditional Culture

Media Studies

Frontiers of Artistic Communication Practice

Book Reviews and Prefaces

中西戏剧的桥梁：梅兰芳赴美演出的西方舆论研究

张宇煊

摘　要：梅兰芳赴美演出是近代戏曲海外传播的重要案例之一。1930 年梅兰芳访美前后，西方媒体对于此次演出的报道风向经历多次变化，本文从赴美演出前海外的舆论环境、中方对于舆论的引导策略以及赴美演出过程中西方舆论的不同阶段特征，对此次国际文化传播活动受到舆论好评的原因进行分析，通过研究 20 世纪西方舆论中的中国戏曲，加深国人对本国传统艺术形式的认知和理解，为我国戏曲在当代的的革新与发展提供参考。

关键词：梅兰芳赴美演出；戏曲艺术；西方舆论；跨文化传播

20 世纪二三十年代，中国戏曲迎来了海外推介的高潮。外国人眼中原本陌生、遥远、神秘的中国传统戏曲，被全球化的浪潮推到了世界舞台的中央。

梅兰芳是中国向外国传播京剧艺术的先驱之一。他一生曾应邀出访十余次，先后访问过日本、美国、苏联、英国、德国、意大利、埃及、印度、朝鲜等国家。其中，梅兰芳访美是一个意义重大的文化事件。经过长达七八年的酝酿和准备，1929 年 12 月下旬，梅兰芳在国内的艺术影响力与市场号召力臻于全盛，此时，他接受了保罗·芮恩施（Paul Samuel Beinsch）旨在“用艺术沟通中美国民感情”的邀请，并获得张彭春、齐如山等知名学者和银行家的帮助，率领二十余人的团队，赴美演出。在此之前，中美之间的艺术交流较少。梅兰芳此行先后到达西雅图、纽约、华盛顿、芝加哥、洛杉矶、圣地亚哥、旧金山和檀香山等城市，共演出七十二场，历时近半年，成功使中国传统戏曲进入西方人的视野，在西方社会的媒体和民众中取得了极佳的宣传效果，是一次极为成功的艺术传播活动。梅兰芳赴美演出得到美国民众的热烈欢迎以及海内外各界的高度赞赏，是我国近现代戏曲海外传播的重要案例之一。其中，中方对于舆论的引导策略与西方舆论的正向反馈是梅兰芳戏曲得以在海外获得成功的核心因素，其中的经验值得我们进一步研究与总结。

一、梅兰芳赴美演出前的海外舆论环境：作为“他者”的中国戏曲

（一）日本:“传统与创新”之争

20世纪初中日两国文化交往频繁，与中国同属汉文化圈的日本成为梅兰芳团队进行戏曲海外传播的第一站。1919年，梅兰芳应东京帝国剧场邀请，率团队前往日本演出，这次访日活动是中国戏曲首次在异文化的社会中呈现，也是戏曲迈出国门的重要尝试，中国戏曲在日本社会引发了强烈的反响。

中国与日本是一衣带水的邻邦，日本受中国文化影响极为深远，日本观众对中国的历史故事、民间传说并不陌生。但考虑到日本观众对戏曲这种艺术形式不甚了解，梅兰芳团队的剧目选择采取了兼具“传统与创新”的策略，以创新性较强的古装歌舞戏为主，如《天女散花》《黛玉葬花》；另添传统昆曲，如《游园惊梦》《春香闹学》；以及传统京剧《游龙戏凤》《御碑亭》等。

面对梅兰芳团队甄选的剧目，日本各界议论纷纷，其中舆论关注的重点在于梅兰芳创新改良的古装歌舞戏。古装歌舞戏的表演以“美”为核心理念，梅兰芳突破旧有范式，在表演中增加了歌舞的比重，使戏曲动作优雅、造型华美，具有较强的视觉冲击力，易于日本观众欣赏和接受。在宣传时，中方也强调了古装歌舞戏融合与创新的特点。日本戏剧家中内蝶二评论:“第一天演出的《天女散花》听说是在原有的昆曲基础上吸收了东洋的所作事①和西洋的舞蹈，这是梅的新尝试……融合得巧妙极了，看不出从哪里到哪里是彼国特点。”②可见日本媒体对梅兰芳带来的“追随全球化潮流”的中、日、西洋融合的创新艺术风格接受度较高，这种认可也反映出明治维新后日本人在西方文明、全球化冲击下的发展思路，即在传统文化的基础上，结合西方先进文化进行改革与创新。

在认可与赞扬的同时，舆论场中出现了质疑的声音。日本汉学家青木正儿在《梅郎与昆曲》中表示:“《嫦娥奔月》《黛玉葬花》《天女散花》……这些戏表演起来是很美

---

① 指歌舞伎中叙事的舞蹈表演。

② 吉田登志子.梅兰芳1919、1924年来日公演的报告——纪念梅先生诞辰九十周年［J］.细井尚子，译.戏曲艺术，1987（1）：80–85.

的……但还未达到雅俗共赏的‘雅’之境界。”[①] 青木正儿是“京都学派”的名家之一，对中国古典文化有着极为深刻的认识，他的评价带有强烈的复古文人气质，与大众平民的审美乐趣相去甚远；青木正儿并不否定中国传统艺术的魅力与梅兰芳精湛的表演技艺，但相较皮黄，他显然更为推崇昆曲，具有守成主义倾向，追其原因，一方面是其作为日本京都大学中国学学者狩野直喜的学生，恪守保守中正的学术传统与审美趣味；另一方面这是其对日本当时全盘西化改革思想的不满情绪的隐晦表达。

由于梅兰芳是唯一一位访日的戏曲表演者，当时日本舆论对于戏曲“传统与创新”的讨论集中在梅兰芳一人身上。这种现象在1924年至1925年梅兰芳、绿牡丹（黄玉麟）接连赴日演出之后有所改变，这一阶段的舆论将梅兰芳的表演形容为“古典的美感”，而在国内有“北梅南绿”之称的绿牡丹的演出更为灵活自由，因而被称为新派剧风格。只局限于梅兰芳身上的新旧之争被淡化，自此梅兰芳被“脸谱化”，成为传统戏曲的代言人。

1928年，作为北方昆曲代表的韩世昌受邀赴日演出，日方十分重视，在韩到达前就进行了大范围的宣传造势，代表着传统昆曲的韩世昌被日本媒体称作“中国昆曲之第一名伶”[②]，日本学界也对这种区别于梅兰芳所代表的“粗鄙的皮黄戏”的高雅昆曲表现出极大的热情，井田澄三评论：“前两天接触了韩世昌的美妙演技，犹如在黑夜中看到了一线光明……我敢肯定，这样的戏剧才是我们所憧憬和期待的，有着丰富内容的中国色彩的正式的中国剧。”[③] 青木正儿更是对韩的表演大加赞赏，他说：“梅兰芳的春香，太过美艳，缺乏十五六岁女孩子的天真烂漫，缺乏雅味……梅兰芳的表演不像是大户人家的侍女，倒像是青楼的使唤丫头。与此相比，韩世昌的春香则惹人怜爱，天真烂漫，其艺术风格真挚，不迎合和讨好大众，令人感觉如水般清淡。”[④] 符合文人趣味的昆曲表演意料之中地获得了追求“古典”的青木正儿的喜爱，韩世昌本人精湛的表演技法无疑是重要原因，但日本舆论对韩世昌的积极宣传与对梅兰芳的否定打压，这背后的原因耐人寻味。这次由负责文化入侵的满铁（南满洲铁道株式会社）和中日文化协会发起的“艺术交流活动”虽获得了媒体、文化机构、学者的赞扬，但缺少艺术交流本身的纯粹性，其背后的政治目的与军国主义思想不言而喻。

---

① 青木正儿．梅郎与昆曲［M］．李玲，译．北京：文化艺术出版社，2015：19.

② 餐英．誉满归来之韩世昌：东西日学界欢迎韩之盛况［N］．北京画报，1928-11-10.

③ 夏荔，李珠．韩世昌1928年大连演出活动考［J］．戏曲艺术，2013（S1）：129-140..

④ 青木正児．昆曲劇と韓世昌．大阪每日新聞（1928-10）［M］//青木正児．青木正児全集（七）．东京：春秋社，1984：68.

（二）西方：瑰丽与梦境

在西方的话语体系中，“东方”象征着一种遥远的古代文明。萨义德认为，东方几乎可以说是一个欧洲人的发明。发明是指创造出原本没有或不存在的东西。但中国、埃及和印度这些被西方人定位为“东方”的国家，其存在早于欧洲近千年，历史的久远要远超任何欧洲国家。正如萨义德所说，西方人“发明东方”的目的在于建立一个“他者”的形象或一个“对立面”，以便更好地界定自己。对于西方人来说，他们或许无法宣称自己“是什么”，但他们可以宣称自己“不是什么”。在西方人的话语中，东方代表着古老、神秘，如此遥远的文明寄托着西方人瑰丽的想象。同时，古老意味着与现代对立，这其中包含了两层含义：一是现实维度的丧失；二是不够先进，处于原始、落后的状态。普里斯特利（J.B.Priestley）表示：“我曾通过那些小窗户——绘画、瓷器、诗歌和充满智慧的逸事，捕捉那完美帝国的影像，我不希望看到一个不管是按美国模式还是按苏联模式跟上时代的现代中国。”普里斯特利的观点表达了大多数美国人对于古老东方文明的强烈好奇与幻想，同时不乏浓厚的偏见与傲慢。

不仅保有对东方的刻板印象，西方人在梅兰芳访美之前对于中国传统戏曲的认知也较为浅薄。第一，他们认为与西方悲剧、喜剧的“成熟”相比，戏曲是“幼稚”“落后”的。佐科（Zucker）提出：“我意识到中国戏曲不是能在我们的戏剧中见到的那种精美的、完成的产品。他们没有莎士比亚那样的伟大悲剧，没有莫里哀那类的深刻喜剧，也没有与我们好的侦探剧相类似的戏。就舞台艺术而言，中国戏曲落后了我们几个世纪。”[①] 第二，在正式观看梅兰芳演出之前，他们就已经对戏曲有了初步的见解，一方面，在中国生活过的西方人进行了转述；另一方面，梅兰芳访美之前也有中国戏曲团队去过美国表演，但这些小规模的演出并没有引起西方对中国戏曲的正视与好感，反而令他们认为戏曲的唱腔尖利刺耳，台步僵硬怪诞，无法接受与欣赏。这一阶段，西方舆论走向并不明朗，媒体对于梅兰芳访美持观望态度，他们无法判断这种跨文化的古典艺术形式是否能够跨越文化沟通的障碍。对于西方人来说，戏曲所代表的东方文明的“他者”性是吸引力与魅力的来源，同时，中西方深刻的文化隔阂也造成了认知障碍。

（三）中方：如何引导西方认识戏曲

面对中西方巨大的文化背景差异与西方舆论带有偏见的审视，如何令梅兰芳访美取

---

① ZUCKER.Chinas “Leading Lady” The Youthful Female Impersonator Who is Greatest of the “Brethren of the Pear-orchard［J］. Asia，1924（8）：600.

得满意成果成为中方面临的一大挑战。相较于与中国在文化底蕴、戏曲传统上有一定共同点的日本，西方人在理解戏曲上无疑有着更多的困难。近代西方文明的强大，使得哪怕是将自己视作世界中心数千年的中国人也不得不承认对方的存在。梅兰芳此次赴美演出的成功与否甚至与中国传统文化的发展存亡息息相关，这背后是面临着欧美先进科技、文化冲击的中国人潜意识中相信欧美比中国、日本都更有资格作出价值判断的逻辑。面对更为现代化的西方，国内舆论表示，梅兰芳高超的艺术水准不需要被其他文明定义和评价，但提前为“可能失败的结果”找好退路，正是一种对自身传统文化的不自信。即使国内有这种铺垫，梅兰芳一行人依旧如履薄冰，如果戏曲表演失败，国内对于传统文化该何去何从的问题就会更加困惑，传统艺术的传承将陷入险境。

梅兰芳团队在出访前就认识到舆论对演出效果的重要影响，齐如山在《梅兰芳游美记》中说：“事前之宣传，是往外国去演戏最要紧的一种工作。我们对于这种工作，曾预备了六七年。”[①] 在梅兰芳赴美之前，团队准备了详细的宣传品《中国剧之组织》《梅兰芳》《梅兰芳歌曲谱》《戏剧说明书》，分别介绍戏曲的概况、梅兰芳本人的经历及艺术成就、演唱曲目的五线谱以及演出剧目的说明书。演出剧目的说明书“先将一出戏的大略历史写出，然后再说这一出是全戏的哪一段，在全事迹上占怎样一个位置……然后再把每场的情节说清，并说明某处一段唱、一段话是什么意思，各脚一切动作，是什么用意……再把梅君的唱工、做工，哪一段最精彩动人，以至于哪一场什么地方应该注意，也都清楚地写出来。”[②] 团队希望用详尽的内容说明来填补一部分东西方文化间的沟壑，帮助观众更好地理解与欣赏戏曲这种独特的艺术形式。团队事先与美国报馆通信，同时与美国戏剧家联络赠书，向重要媒体派发宣传品，这为梅兰芳登台表演的良好效果打下了基础。

在商量宣传策略的过程中，梅兰芳、张彭春、齐如山等人决定将宣传的重点放在两个方面：其一，戏曲视觉之美；其二，戏曲范式之纯。也就是说，首先，中方的宣传强调戏曲表演的视觉效果，因为相比风格独特、欣赏门槛较高的唱腔，异国观众更容易被华美的感官体验震撼；其次，由于西方观众认知中最具吸引力的是东方的“传统”与“古典”，他们更希望看到一种能够满足其对神话、传说的好奇心的“古董”，于是中方在舆论引导中强调梅兰芳表演的复古与纯粹，与西方戏剧划分界限，力图打造一个新的坐标系，将西方舆论可能出现的负面信息归为中西戏剧本身的不同，进而掌握更多价值判断的话语权。关于此次访美舆论宣传的策略，后文将进一步论述。

---

① 齐如山．梅兰芳游美记［M］．长沙：岳麓书社，1985：15.

② 齐如山．梅兰芳游美记［M］．长沙：岳麓书社，1985：23.

二、梅兰芳赴美演出过程中的西方舆论

（一）演出之前：对戏曲的观望态度与对梅兰芳访美的关注

在梅兰芳赴美演出之前，《纽约时报》（*The New York Times*）曾表达过对于戏曲的轻蔑态度："看东方的戏曲，就要不怕烦躁，看烦了，最好就出去呼吸几口新鲜空气。"① 这也是当时西方舆论提起中国戏曲时的普遍论调，然而，这种轻视并没有削弱西方人对东方的想象力，反而引发了民众的好奇与关注。

梅兰芳在美国期间，美国各界对其表现出强烈的兴趣。当时影响美国舆论的主导力量是报刊，尤其是最著名的大报《纽约时报》。自 1930 年 1 月 27 日开始，《纽约时报》连续追踪梅兰芳到纽约演出（2 月 17 日）之前的行踪，从 1 月 17 日至 2 月 16 日一共发表了 7 篇报道，比中方事先准备的登报广告数量都多，如此充分的提前预热扩大了梅兰芳的影响力。

（二）演出过程中：受众对演出的感受是梦幻与古典

梅兰芳在美国演出的过程中，《纽约时报》共发表了消息和评论 40 余篇，其中包括梅兰芳离开美国后的 2 篇跟踪报道，这种对异国艺术家的热情在美国历史上是十分罕见的。梅兰芳演出之后，媒体的评论表现得十分惊讶，《好莱坞加州新闻》（*Hollywood, calif., news*）的报道《花园厅大宴梅兰芳》称："中国名伶梅兰芳氏，当其在纽约及芝加哥之时，所表演之戏剧，观众同声赞美，得获无上之光荣。"②《奥尔巴尼新闻》（*Albany Press*）表示："自杜塞及伯恩哈特在此轰动一时之后，如此战况，再未见过。此梨园之珠宝，个人之吸引力，实强大无比。"③ 从诸如此类的评论中不难看出，梅兰芳在当时受到了美国各界的热烈欢迎，齐如山也在书中详细描述了美国各界人士争相与梅兰芳会面的情景。之所以获得如此多的关注，是因为西方民众对东方古老文明的期待与喜爱，正如《纽约世界报》（*New York World*）在报道中所说的，观看梅兰芳的戏曲表演"就像置身于一个可爱而和谐的古老童话"④。

这一阶段，西方舆论风向发生了巨大转变。评论家、媒体不再持有偏见，而是走进

① 梅兰芳，马连良，程砚秋，等. 中国戏剧大师的命运［M］. 北京：作家出版社，2006：35.
② 刘祯，陈世雄，江棘，等. 梅兰芳菲：梅兰芳在美国［M］. 南京：江苏人民出版社，2023：227.
③ 刘祯，陈世雄，江棘，等. 梅兰芳菲：梅兰芳在美国［M］. 南京：江苏人民出版社，2023：110.
④ ROBERT L. New York World1930-2-17［M］. Mei Lan-fang：What New York Thinks of Him：7.

剧场实地观演，他们将对戏曲的感受称为梦幻的、古典的。《时代》（*Time*）浪漫地说："梅兰芳的哑剧表演和服装展示真是精美优雅，可爱绝伦，美妙得就像中国古老的花瓶或是刺绣的帷幔。"西方人对梅兰芳的狂热更多源自他们将东方建构成精神乌托邦的瑰丽想象，这是工业文明飞速发展的现代化欧美国家所缺失的，正如当代外国人的熊猫情结一般，在西方文明中缺失的东西也就是不存在的"梦境"，它们往往能够带给人们更多的探索与追逐的欲望。

《纽约世界报》认为："这里看到的是对于规则、传统和惯例的精巧把握，而没有一点点对于新奇的趋从……这是一种力量，一种苦行者的力量，在这些姿态背后，他并不创造，只是执行。""梅兰芳演戏时，空气中弥漫着一种尖锐而神秘离奇的声音，舞台布景是如此华美闪亮，服饰则如那些关于宝石的诗歌……这是一个正在死去的伟大文明的幽灵，梅兰芳这位了不起的演员将它的记忆带给了我们。"① 这里的评论其实是具有很强的局限性的。进行评论撰写的威廉（William Bolitho）受到了中方宣传策略中"范式纯正"的影响，认为梅兰芳的表演是完全再现传统，戏曲被限制在对历史的不断复制之中。同时，威廉认为这正是戏曲的魅力所在——苦行的力量，或者说是臆想中对于古老仪式的再现，对古典的绝对尊崇，他眼中的戏曲确实是震撼人心的，震撼的力量源自时间赋予的神性，这是对戏曲本身不够了解所导致的误读。

在西方评论中"梦幻""古典"的中国戏曲是一个"去历史化"的概念。在西方舆论场中，戏曲被理所当然地看作精美绝伦、与世隔绝的存在，它是自足的、永恒的，同时是静止的、刻板的，是不断的重复，是被钉死在"过去"的。

张彭春曾经表达过自己的希望，即西方世界能够真正将戏曲置于活态戏剧艺术的审美范畴中来观照，而不是将戏曲视为一个"来自东方的古董"，将其放在玻璃柜中凝视、欣赏、赞叹着"它"的成熟，这意味着它已经永远失去了生命力，它凝固了，它无法获得新生，只能在僵化中走向死亡。

当然，美国也有对戏曲有一定了解并具有反思精神的戏剧评论家，斯达克·扬（Stark Young）就是其中的代表。斯达克认为，对于梅兰芳戏剧"最严重的误解"，正是在"古典精神"这一方面，其突出的表现就是将能够与艺术家个人的"诗意""活力"以及革新创造相兼容的戏曲传统，变成经由中方宣传到美国媒体不断强化和绝对化的固有的"精美成熟"。斯达克指出，美国评论家们对戏曲的理解较为浅薄，认为戏曲的一切表演有固定程式，而其魅力源自其"非独创性"，但这实则是对艺术的僵化。"形式

① BOLITHO W. New York World［M］. Mei Lan-fang：What New York Thinks of Him：29.

里如有这样的束缚，那就没有艺术了。”[①] 真正的古典精神的实质并非单一的、机械化地继承，而是“戴着镣铐舞蹈”，在古典范式的限制下运用自己的创造力表达自己，在固定化的格式中不断释放最初的创作冲动，这才是能够打动观众，让艺术之所以成为艺术的磅礴力量。

（三）引发不解：诉诸视觉的哑剧表演

齐如山在《梅兰芳游美记》中记录了梅兰芳在美国表演时最爱观众赞赏的部分，这些部分分为三个方面：第一，剧场、行头的华美；第二，戏剧性或舞蹈性较强的情节；第三，梅兰芳面貌、行为举止的美丽。可见当时观众最为重视的是舞台视觉之美、动作之繁复华丽以及梅兰芳演出时本身的美感。这与上文提到的中方的舆论引导策略一致，中方判断和强调的方向是正确的，西方人的确将欣赏重点放在视觉效果上，当然这也与张彭春、齐如山特意选择了唱、念成分少的剧目有关。这种强调视觉魅力的提前宣传、剧目选择，成功地把握了西方人的审美习惯，令西方各界对梅兰芳演出的评价极高，但这也造成了一些理解上的误会与偏差。

有这样一种声音在媒体中时常出现。《纽约时报》称：“尽管可能几乎完全不能理解它，但是你也会承认这是一种哑剧表演的经典范式，（表演）具有极致的优雅和形式。”《联合印刷》（*United Press*）也称：“他（梅兰芳）几乎完全借助哑剧表演来使观众理解他。”有的媒体或者干脆将梅兰芳的表演称为“芭蕾”或“舞蹈”，“它们本身就足以令人愉快，其舞蹈语汇与任何欧洲芭蕾相比，都不显得局促和令人讨厌。”这并不意味着西方评论者将戏曲、哑剧、舞蹈相混淆，因为即使以舞为主，戏曲中歌的部分也绝不会被人忽略。由于语言的隔阂、文化的差异，西方评论家大多对唱、念难以理解，他们绕过对于演唱的评价，认为夹杂在戏曲表演中的哑剧元素更具魅力。他们无法从“戏剧”的层面对戏曲加以欣赏和理解，故而更多地将注意力集中在戏曲高度形象化表现的视觉魅力上。

（四）意料之外：对男旦作为“女性扮演者”的艺术形象的惊叹

与日本歌舞伎中存在“女形”的表演传统不同，西方戏剧并没有男扮女装饰演主角这一传统，故而梅兰芳的男旦表演对于西方人来说是奇特新鲜的。乔治·沃伦（George C. Warren）评价：“而梅氏所扮演之角色，为我人所从未见过之以男人而扮女角。”[②] 在西

---

① 梅绍武．我的父亲梅兰芳［M］．天津：百花文艺出版社，1984：550.

② 刘祯，陈世雄，江棘，等．梅兰芳菲：梅兰芳在美国［M］．南京：江苏人民出版社，2023：196.

方戏剧中，主角异性乔装的情节大多都是作为喜剧的笑料，是滑稽而粗鄙的丑角形象。

中国戏曲中的男扮女装大大超出了西方人对于“女性扮演者”的理解。梅兰芳不但将真实女性的身姿神态表现得活灵活现，而且在表演中“升华了女性的集体”，是高雅优美的。《纽约剧评》（*Among New York Theaters*）的拉尔夫·凯利（Ralph Carey）对此进行了评价：“梅氏非寻常意义之女性模仿者，尽管只扮演女角，其一举一动，皆酷似女性，不失幽默之风度，而无刻意模仿之痕迹。”[①] 作为男性，梅兰芳在舞台上展现的女性形象是不真实、不自然的，所以，若想表演出女性的神态模样，做到惟妙惟肖，演员的观察、体验、展现的能力都要很强。此外，梅兰芳的表演并不是对女性的简单模仿，由男性展现的女性包含了对完美异性形象的想象，梅兰芳塑造的女性形象是融合了两性之美的共同体，展现了其超凡的艺术表现力，非自然性别在舞台上的不断平衡与调和，有助于观众认识到人物性格之外的内涵，以及进行“似真非真”表演时演员对于理想形象的追求与不断超越，当观众参与关于表演的想象时，艺术活动蕴含的震撼人心的能量将得以完全迸发。

三、梅兰芳及其表演受到西方舆论好评的原因

梅兰芳的表演收获了西方舆论的关注与赞赏，是我国传统文化走出国门的成功案例之一。这次海外传播不但提升了戏曲在世界范围内的影响力，而且强化了国人对于戏曲的认知与自信。面向当代，我们依然可以从梅兰芳访美活动中汲取灵感和经验，从而更好地理解和把握戏曲与戏曲传播。

（一）中方对于舆论引导的偏向性：视觉与听觉的取舍

王国维认为，戏曲即“以歌舞演故事”；齐如山也提到过，戏曲是“无声不歌，无动不舞”。“歌”指唱歌和具有音乐性的念白，诉诸于听觉；“舞”包含做与打，指舞台上的舞蹈与武打，诉诸于视觉。

在中国古代传统语境中，提起观赏戏剧的行为，人们往往称其为“听戏”，强调听觉。在梅兰芳赴日演出时，中方对日本的宣传称京剧的审美愉悦类似于歌剧。内藤湖南评论：“中国戏曲重在唱，科白和技术在其后。”但对于与中国文化背景相去甚远的欧美人来说，理解音乐唱腔是极其困难的。故而在梅兰芳赴美演出时，“舞”成为戏曲表演

① 刘祯，陈世雄，江棘，等．梅兰芳菲：梅兰芳在美国［M］．南京：江苏人民出版社，2023：112.

的重点。梅兰芳一行人有意引导这种趋势，他们选取剧目时特意选择了舞台视觉效果更华美的片段，并且在舞美、服装、剧场设计中极力展现中国的特色。梅兰芳团队在节目单中将舞蹈片段单独列出，力图强化观众观演时的印象；同时让女主持人杨素提醒观众“每一个戏曲演员都是舞者”，强调梅兰芳出色的舞蹈功底。这种精妙的舞蹈表演令欧美观众拍手叫好。

《纽约日报》(*New York Daily News*）详细描绘了观赏梅兰芳表演的感官体验：“他有着优雅完美的身体动作和柔和的面部表情。眼睛尤其传神多情。仅靠眼睛和头部的姿态，他就能够在‘哑剧’表演中快速而完美地展现不同的情绪。”这种纯粹的感官审美能够尽可能地降低文化差异带来的理解困难和戏曲的审美门槛，给西方人提供一条更为简单便捷的欣赏戏曲的通路。由此可见，20 世纪二三十年代，戏曲在欧美世界取得的成功，从欧美观众的角度来说，其主要原因并非基于他们从“戏剧”的理解层面对戏曲的欣赏，而是中方有意参与舆论引导，后者就现实情况灵活把握戏曲内涵，着重展示了戏曲高度形象化的视觉表现魅力。

（二）中方对于舆论引导的偏向性：古典与创新的抉择

面对未知的异国舆论，梅兰芳团队在出发前十分忐忑，如履薄冰，尽管赴美演出的剧目多在团队的编演中有所创新，新戏的比例大于传统戏曲，但中方的宣传还是强调了演出戏曲的“复古”“古典精神”，胡适称梅兰芳及其友人均未被西方戏剧影响，对比 1919 年赴日演出的宣传，该宣传有意淡化了“融合”的特性。中方希望借由这种宣传，在西方人心中建立一个新的坐标系：团队是带着“古老”的作为“典范”的艺术而来的。在剧场布置与演职人员的仪态装扮上，梅兰芳团队力求打造一种中国式的环境，使人们从步入剧场之后看到的一切都是复古的：剧场门口的灯笼、定制的中式桌椅以及工作人员统一穿着的中国传统服饰。他们力图制造环境的差异性，让外国人以另一种眼光看中国剧。

在得当的宣传与外国人本身对异国情调迷恋的影响下，许多西方评论者虽无法理解戏曲这种艺术形式，却深深为其折服，当然，这种赞赏的背后或许是西方人对中国文化的一种审视与虚幻寄托，这种审视与寄托阻碍了其认知的进一步深化。同时，这种对于传统范式复现的定位是中国艺术迈向西方时对于话语权分配的提前占领，是现实层面缺乏自信的表现，但不得不承认，中方以传统为立足点的宣传策略是保障演出成功的重要因素之一。

（三）西方宽松的舆论环境

当时的西方舆论环境较为宽松，面对梅兰芳访美，美国各界都表现得十分友好。首先，美国政界主动提供了帮助，美国官员纷纷迎接，“梅君一到纽约，就有很多政界要人向伍公使朝枢打听梅君的消息，都想和梅君见一面。于是伍公使特约梅君到华盛顿演一晚戏。那天晚上，国务院全体官长、各国大使、地方官绅，一共有五百多人来看戏，并且都看得非常满意。”其次，梅兰芳获得了学界的认可，许多大学教员都提倡学生观看中国戏，罗森城波摩那大学、南加州大学两所学校先后授予梅兰芳荣誉博士头衔，可见梅兰芳此行获得了知识分子的关注与认可。

除了政界、学界对梅兰芳的支持，西方媒体的关注是梅兰芳赴美演出获得成功的重要原因之一，频繁的报道与讨论扩大了此次演出的影响力。访美之前，媒体的提前关注与报道吸引了美国公众的注意力，从而很好地为演出造势；演出过程中，报界自发跟进、多次刊载评论家的文章，推动了中西戏剧深入交流；梅兰芳赴美演出结束后，美国各媒体对其演出的评论文章被集结成册并出版，名为 *Mei Lan-fang: what New York thinks of him* 和 *Mei Lan-fang in America: reviews and criticisms*。这意味着对梅兰芳的讨论不仅出现在有时效性的报纸上，而且作为一个重要的历史事件，被以书籍的形式永久地留存下来，在当代中西戏剧的交流中发挥着重要作用。

结语

从开始的陌生与怀疑，到面对中国戏曲的震撼与想象，再到以反思的目光看待戏曲，梅兰芳访美前后中西方舆论的转变的确能够为当代戏曲传播，或者说传统艺术走出国门提供有效的经验。在作为“他者”的西方人眼中，中国人也在不断深化对戏曲这一古老而丰富的艺术样态的认识，或许我们不该用某一个概念或词语对其“准确定义”。这种致力于高度凝练的概括并不适用于仍在发展的、变化的戏曲，作为研究者，我们应从不同角度去靠近它、理解它、挖掘它、解释它、丰富它。它不该被局限在某个精美的笼子里，它也并非一个遥远的、陈旧的华美梦境。

历史总在警醒人们，要从过去的经验中探求未来发展的路径。历史呈现给我们的绝非一个永恒不变的“现象”，它最重要的呈现是使历史成为历史的必然性因素，而未来就蕴藏其中。

参考文献

［1］齐如山 . 梅兰芳游美记［M］. 沈阳：辽宁教育出版社，2005.

［2］施叔青 . 西方人看中国戏剧［M］. 北京：人民文学出版社，1988.

［3］中国梅兰芳研究学会，梅兰芳纪念馆 . 梅兰芳艺术评论集［M］. 北京：中国戏剧出版社，1990.

［4］吴戈 . 中美戏剧交流的文化解读［M］. 昆明：云南大学出版社，2006.

［5］梁燕 . 梅兰芳与京剧在海外［M］. 郑州：大象出版社，2016.

［6］刘祯，陈世雄，江棘，等 . 梅兰芳菲：梅兰芳在美国［M］. 南京：江苏人民出版社，2023.

［7］江棘 .1919—1937：海外推介与中外对话中的戏曲艺术［D］. 北京：中国艺术研究院，2012.

作者简介

张宇煊，中国传媒大学艺术研究院硕士研究生。主要研究方向：艺术传播、戏剧文学。

从“韵”之德译看中华文论西译策略

王 涌

提 要： 中华文论是一座丰富的宝藏，长期以来，西译一直处于不尽如人意的状态，远远滞后于中华文艺西渐，主要原因是西译之难。以“韵”这个中华文论的核心范畴为例，学者经过一番西译尝试之后，却得出了不可迻译之词的结论。其实，难译并不意味着不可译。显而易见，源语层面的含义是可以把握的，问题在传译。以德语为例，尽管存在多种迻译的可能，但是我们进行深入比较、精细研判后还是可以比照出基本贴近原义的译法。就译法而言，中华文论西译以异化或交际翻译为主，同时必须顾及目标语思维，竭尽目标语的一切手段传达原义。

关键词：“韵”之德译；中华文论；译不可译之词；异化翻译；交际翻译

“韵”是中华文论中最核心又最具中国特色的一个范畴，其特色主要是相对于西方而言的，也就是说，“韵”是一个能够彰显中华文艺思想品性的最为典型的范畴。这同时意味着该范畴具有较高程度的异质性，难以译入西语。鉴于其核心地位，“韵”又无疑是中华文艺思想西渐无论如何也绕不过去的一个范畴。事实上，也没有人这么做。但凡涉及中华美学或文艺思想的西语文献，都在尝试迻译这个概念。结果显然不尽如人意，不仅出现了五花八门的译法，而且尴尬地陷入了诸译法均有各自存在的合理性的难选局面。一时，“韵”之不可迻译的话题摆到了桌面上。其实，这触及的不单纯是一个汉语范畴的西译问题，更是整个中华文论西译面临的普遍问题：中华文论以比附方式来表达的思想文本如何西译？也就是说，意义表达不在字里而在字外的思想文本如何译介到西语？这是西方思想文本不具有的特点。本文以“韵”之德译为例，对此问题展开研讨。

一、“韵”之不可迻译

从西语翻译角度看，“韵”之难译乃至不可译已经不知有多少人说过。中国学者邵宏在其2005年推出的《衍义的“气韵”：中国画论的观念史研究》一书中征引了1952年日本学者川上泾总结整理的《谢赫六法欧美译语表》里欧美、日本多位博学之士对“韵”这一术语的英语翻译成果。表里出现了不下10种译法，由此我们可以看出该词的翻译之难。川上泾将众多译法归为四组：第一组译成 rhythmic 或 rhythm，tone，consonance，resonance，harmony；第二组译成 element；第三组译成 vitalizing spirit；第四组译成 harmonious manner。所有这些译法在德语中基本都出现过，第一组译成 rhytmisch 或 Rhytmus，Ton，Uebereinstimmung，Resonanz，Harmonie；第二组译成 Element；第三组译成 belebender Geist，第四组译成 Eintraechtige Weise。所以，由此体现的问题和引发的分析基本都适用于该术语的德译。

从分类的层面来看，这四组译法已经展现了该术语西译时遇到的困难。第一组将“韵”译成不同载体或要素之间的呼应、协和，第二组直接将“韵”译成某种“精神要素”，第三组将“韵”译成生气激发，第四组将“韵”译成一种协和的格调。四种译法虽有可公约之处，但彼此的差异还是很明显的。可公约的应该只在于某种协和或契合，差异却是多方位的，第一组译法抽象地指向协和、呼应，但很少包含什么与什么之间的协和；第二组则将“韵”看成某种要素性存在；第三组注重效果，某种激发生气的效果；第四组则将“韵”看成类似作品风格的东西。四组译法的异显然大于同，这些差异足以彰显翻译的难度，第一组内部出现的不同译法也存在明显的差异。所有这些都表明，“韵”这一术语译成西语之难，难到几乎不可译，因为不管取哪一组译法，似乎都无法传达原义。

那原义又如何呢？北宋范温的《潜溪诗眼》里曾有“韵者，美之极”的说法，明代学者陆时雍在《诗镜总论》中则说：“有韵则生，无韵则死；有韵则雅，无韵则俗；有韵则响，无韵则沉；有韵则远，无韵则局。”这里，“韵”都是在美、生、雅、响、远等意义上使用的。这些衍生、派生用法对于从翻译角度去捕捉其原义显然无多大帮助。再深入我们便会发现，“韵”的原义也难以确定，这一方面是由于古人常常将“韵”这一审美范畴置于并蒂而生、相互勾连的“韵族”脉络背景下使用，诸如“气韵”“格韵”“神韵”“韵味”等，这使其含义在不同关联中发生了某种变化；另一方面是由于其含义经历了一个展开和发展的历史过程。徐复观先生在《中国艺术精神》中谈及“气韵”的“韵”时说：“经籍上无‘韵’字，汉碑亦无‘韵’字。‘韵’字盖起于汉魏之间，如前所述，曹植《白鹤赋》‘聆雅琴之清韵’，此或为今日可以看到的‘韵’字之始。然‘钧’‘均’，皆古代调音之器，故皆有‘调’字、‘和’字之义，讲训诂的人便多以‘钧’与‘均’即古‘韵’字，这是与音乐有关系的字。然《广雅》曰‘韵，和也’，则古代‘和’字实亦可作‘韵’字用。以 rhythm 译‘气韵’或‘韵’，在今日已得到一般的承认……但音乐本身表示律动意义的，有很早已出现的‘律’字，所以‘韵’字出现后，直接用到音乐方面的并不多。而魏晋时因平、上、去、入的四种声调已经发展完成，再加上受翻译佛典时发音上互相校正的启发，文字上的声韵之学开始成立，于是此一‘韵’字，用到文学上较用到音乐上的为多……刘勰说‘异音相从谓之和，同声相应谓之韵’，若把此处之‘和’字视为广义之‘韵’字，则这两句话作为‘韵’字的定义，是很恰当的。但无论是音乐的‘韵’也好，还是文学的‘韵’也好，都是调和的音响……”①

这里，从文字训诂学角度考察“韵”字渊源（如“韵”与“均”“和”“音”的关系等），对阐明其含义，固然无甚益处。但是，人们深入实际运用中便会发现，其有诸多不尽相同的含义。学者大多认为，“韵”这一范畴与声音的协调、音乐的和谐有关，徐复观借用日本学者金原省吾《支那上代画论研究》一书里的话，说：“谢赫之韵，皆是音响的意味，是从画面所感到的音响，即画面的感觉，觉得不是由眼所感觉的，而是从自己胸中响出的一样，是由内感所感到音响似的。”② 法国汉学家于连（François Jullien）在《本质或裸体》一书中则说：“在成为中国艺术之教条的谢赫《六法》中，第一条为重视形象之生命与动势的‘气韵生动’。此处强调的不是‘声音’，而是‘回响’，‘回响’指存在于声音或物质面内在的无法捉摸、无法消去的（精神）品质，这品质可从其物质性中析出并自由地伸展于其四周；它任由宇宙之气穿透遍布在其形态之间。”③ 清代王原祁《麓台题画稿》里也说：“声音一道，未尝不与画通。音之清浊，犹画之气韵也；音之品节，犹画之间架也；音之出落，犹画之笔墨也。”④ 可见，人们即便认为“韵”与声音协调和谐有关，它也有不同的指向。假如退回到可公约层面，“韵”是指“韵律的动态性”，这同样会出现不同的见解。中国学者刘承华先生曾就此指出：“第一种误解，是认为‘韵’就是音乐性的旋律和节奏……其实不然。‘韵’是味的‘节律化’，‘味’仍然是主体，节律化只是将‘味’由静态转为动态，按照一定的节奏和旋律线回旋、游动……但这并不意味着‘韵’与旋律、节奏丝毫没有关系。‘韵’离不开旋律、节奏，它必须通过旋律、节奏才能产生。”⑤ 如此看来，即便在中国，“韵”的原义也难以准确界定，它有着广阔的指向。正如刘承华先生所界定的：“‘气’流转而生‘韵’，流转而

① 徐复观 . 中国艺术精神［M］. 桂林：广西师范大学出版社，2007：125-126.
② 徐复观 . 中国艺术精神［M］. 桂林：广西师范大学出版社，2007：126.
③ 于连 . 本质或裸体［M］. 林志明，张婉真，译 . 天津：百花文艺出版社，2007：103.
④ 徐复观 . 中国艺术精神［M］. 桂林：广西师范大学出版社，2007：127.
⑤ 刘承华 . 从与意、味、气的关系看中国艺术中的韵［J］. 文艺研究，1996（6）：55-60.

又见出节律方会生出‘韵’。”[①] “韵的最深层的奥秘应在人与整个宇宙的生命运动之中，一切艺术的韵律都来自生命底部的信息与脉动。其形式要素是生命的节律，动力要素是生命的能量，内容要素是生命的信息。生命依靠自身的能量在其节律性运动中携带着生命的信息，然后在一定的艺术载体（如笔墨、音响、语言等）中得到表现，便是‘韵’的真正本质。”[②]

具有如此内涵蕴藉的“韵”在包括德语的西语中显然找不到对应的语词，西方语言中或许根本不存在一个与“韵”对等的概念范畴。由此，难译或不可译的论说自然会出现，即便将现有的翻译概括性地叠加到一起，其总和恐怕仍不足以穷尽“韵”的内涵。那么，是否真如有些学者所倡导的那样，应该采用拼音加注的方式处理呢？翻译是否真的无路可走了？

二、译不可译之词

现代跨文化交际理论告诉我们，不同文化间的交流都是可能的，即便带有误读，也可以是富有建设性的。联系到翻译，即便所谓不可译的东西也总会有译解之路可走。这里，拼音加注的方式应该不是上策，这样说不是泛泛地否定拼音加注的译法，而是在翻译中华文论的术语时我们不主张走这条路。因为这些术语在西方，尤其是在德语地区还没有获得一定的关注度，如此，拼音加注译法难以发挥传播作用。在我们看来，拼音加注译法只有词语在目标语地区具有一定关注度的情况下才有意义，如 Dao、Doufu 等。“韵”字的翻译显然还没有到此地步，即便在关注或研究中国文化的专业人士圈内也还没有到尽人皆知的地步。所以，翻译还得从词义传递角度入手。

如前所述，“韵”的原义本身就难以确定，翻译何以从出发语中捕捉意义呢？首先，难并不意味着不可能，而且难主要是从翻译角度来说的。为了翻译，我们就要捕捉其原义，而“韵”字的含义恰恰难以向观念或概念层面发展，在汉语文化圈，“韵”的含义就不会如此依赖观念或概念层面的澄明，来自文化感受的默会可以使人领悟到该术语的含义。但是，翻译还是离不开概念层面的意义确定。如此以西方的概念思维来看“韵”，应该能看到“韵”这个术语在中国文化史上经历了一个从声韵之“韵”到人物品藻之“韵”，再到书画诗文之“韵”的发展过程。第一个阶段跟音律、律动有关，第二个阶段指向人的精神面貌，第三个阶段指向静态的书画。如此跨界的内涵指向，使得术语翻

① 刘承华．从与意、味、气的关系看中国艺术中的韵［J］．文艺研究，1996（6）：55-60.

② 刘承华．中国艺术的最高审美范畴：韵［J］．学术界，1997（3）：93-96.

译几乎不可能将此全部囊括。事实上，该词现有的西译也表明，如此众多的译法出现就是因为各自依循了该词不同的内涵指向。

就该术语的德译来看，它总体上深受英译的影响，英译出现得要比德译早，因此德译情形大体与英译类似。具体来看，该词的德译最初出自关注中国艺术的史论家而非汉学家，约 19 世纪末 20 世纪初，英语世界（主要是艺术研究界）开始广泛关注中国传统艺术，由此出现了对“韵”这一术语的英译。稍后，德语世界出现了同样的情形，对该词的德译相继出现，但留下了英译的烙印，即大多在 Rhythmus 或 Element 上作文章，如有译成 der geistige Rhythmus 或 der belebende Rhythmus 的，也有译成 das geistige Element 或 das Geist–Element 的。在 Rhythmus 上作文章的，显然依循了该词在汉语中最初指向音律、律动的含义，恰好德语中有与英语对应的词——Rhythmus（节律，音律）。但是，德语中的 Rhythmus 一词，可以指物，同时映射人，因为物本身无所谓律与不律，无所谓有 Rhythmus 或没有 Rhythmus，所谓节律都是与人有关的。这个有关主要是指物理意义上的律动；而“韵”无论如何都不单指物理意义上的律动，尤其在书画方面，包括人物品藻，都还具有或主要指向精神或心灵上的物我呼应。于是，德译中就有人加上 geistig（精神上的）一词去限定。如此看来，der geistige Rhythmus 应该译出了“韵”一词的基本含义：由律动而来的物我间的精神性呼应。但这只是字面上将“韵”蕴藉的含义叠加，放入目标语中很难准确表述所要表达的意义，因为在德语中 geistig 与 Rhythmus 很难组合在一起，Rhythmus 就是物理意义上的动，即便在人身上也是指向心律等，无法与精神或精神活动连在一起。Geist 或 geistig 则是无形和脱离物质载体的。也就是说，在德语中，Geist 不可能有 Rhythmus 的，而 Rhythmus 也不可能是 geistig 的。所以，用德语 der geistige Rhythmus 去译“韵”只是在字面上将该词的两个基本指向叠加，并没有嵌入德语的意义生成系统。这样的译法只对既懂德语又懂汉语的人才有意义，而且这个意义生成主要来自汉语，然后再注入德语。对于完全不懂汉语的德语读者，der geistige Rhythmus 这个译法很难单凭语词去滋生可以理喻的意义。这造成的结果是，德译虽然有了，接受却跟不上。自 19 世纪末以来，面对中华传统艺术作品，德语世界一直不乏仰慕者，而自 20 世纪以来就出现的德译 der geistige Rhythmus，却一直没有进入德语审美词库。至今，人们对中华传统艺术的赞赏，主要还是来自直面作品时的体验，而不是来自中华文论术语的辅助。这就充分表明，中华审美文化虽有德译，但接受没跟上，这应该与翻译不到位有关。

至于用 der belebende Rhythmus 去译“韵”，还不如用 der geistige Rhythmus，因为前者连字面含义都没有表达出来。德语 belebend 只表示“触动性的，引发性的”意思，而关于引发什么或触动什么的问题，它则未作字面交待，而 Rhythmus 又只跟物理性有关。这样一来，“韵”中所蕴藉的精神性内涵丝毫没有被译出。

另一种译法 das geistige Element 或 das Geist-Element 则不仅远离了“韵”这一术语的字面意义，而且与实际意义也相去甚远。“韵”是一个动态性的存在，无论从哪个角度看都不能用 Element（要素）去译。Element 是一个很西化的词，很容易被德语读者接受，但是，将“韵”德译成 das geistige Element 或 das Geist-Element 似乎越过了字面，将背后的含义翻译了出来。但是，翻译中越过字面只是手段不是目的，目的是要译出实际意义。可惜，如此德译虽然越过了字面，但并未译出实际意义。造成的结果是，德语读者接受了“韵”是作品中的精神性要素，是确定而可以辨认的含义，而这就把中华艺术特有的“韵”泛化成了任何国家和地区的艺术都有的精神性内涵，这显然与“韵”的本意相去甚远。

以上两种译法，尤其第一种，在德语地区流传甚广。长期以来，专业文献中大多采用此译。20 世纪下半叶开始，德语地区的汉学家渐渐开始关注中华审美文化术语的德译，对“韵”字的德译也出现了创新性尝试，其中较为著名的便是专攻中国美学与文学理论的卜松山（Karl-Heinz Pohl）先生。他在翻译王士祯的“神韵”一词时用了两个德语表达——geistiger Widerhall 和 unergründlicher Nachklang。① 泛泛而言，Widerhall 和 Nachklang 均与“回响”有关，Widerhall 具有积极含义，指响应性的、好的反响；而 Nachklang 则是中性意义上的回响，可好可坏，而且从构词法上看其还有事后之意。如此看来，Widerhall 更为合适，表示同步出现的积极的反响。但问题的根本并不在于 Widerhall 和 Nachklang 哪个更合适上，而在于“反响”或“回响”有没有传达“韵”字所包含的不离感性却又内在地超越感性之意。众所周知，中国艺术所传达的深远无穷的“韵”，不离笔墨却又不在笔墨，不离音声却又不在音声，不离文字却又不在文字。反响或回响还是直接由物，即笔墨、音声、文字而来。再者，“韵”是中国艺术特有的，而“反响”或“回响”则是一切艺术都有的。如此译法还是没有将中国艺术特有的“韵”的意味译出来。

笔者以为，还是应该回到 Rhythmus，这不是因为该词与原文有字面上的对应，而是基于其含义上的对应，即对象上的律动其实是对人心之律动的映射。可以说，物本身无所谓律动与否，真正律动的是心。Rhythmus 一词虽然太具物理性，但是传达了“韵”所蕴藉的物我交接之意。至于其不太合意的物理性部分，可以加限定词来凸显。据此，

① 卜松山 . 中国的美学和文学理论［M］. 向开，译 . 上海：华东师范大学出版社，2010：118，319.

"韵"这一术语较好的德译应该是 Der Geist belebender Rhythmus。这里，Geist 以名词形式出现，就顾及如上所述的与 Rhythmus 一词的不兼容，由 beleben 的一分词动词带起，不仅将物我交接在一起，还将本来不相关的两个东西——律动与心灵之动——连接在一起，而且这个连接是由律动（作品上的动感）引发（beleben）的。这一方面较好地应合了"韵"的两个基本含义：①对象上物理性的律动，②心灵上的呼应；另一方面也较好地嵌入德语词汇的通常使用，即 Geist 与 Rhythmus 虽互为因果并紧密交融，但还是两个不同层面的东西。有了这样的嵌入，语词字面意的传达与受众体的实际接受之间应该不会出现太大的裂痕。这也应该是翻译的终极目标所在。

三、译法策略

不管如上对"韵"之德译最终倾向的译法是否以及在何种程度上得到认可，我们依然可以就中华文论术语的德译提出一些策略。总体而言，在直译意译、语义交际、异化归化翻译的张力中，我们更应以意译、交际和归化译法为主导，原因在于，中华文论术语与德语世界在词汇和立意上几乎找不到直接的对应。这就使得直译、语义和异化译法只能做到将语词字面意传达到目标语中。如果中华文论术语与德语审美词汇间有着至少能建构某种意义呼应的对应，那么，直译、语义和异化译法就有其合理性，否则，就会出现有翻译没有接受和传播的情形，而这显然有悖于翻译的终极目标。

就如上所述"韵"的德译来看，无论是采用直译，还是语义翻译或异化译法，都会出现会意方面的困难或错位。直译应该是 der Rhythmus，这显然会导致会意的错位，而落到物理性的节律上；der belebende Rhythmus 采用的应该是语义翻译法，译为"一种开启生气的律动"，表面看，如此译法似乎传达了语义，但是，生气指向何物？在此还是不甚明了，原文中的精神性或心意性指向还是没有被传达；至于 der geistige Rhythmus 应该属于异化译法，在出发语中，律动、节奏可以是精神性的、心灵上的，而在目标语中则不然，这会造成意义生成的困境。如此看来，我们似乎要走另一条路。但问题并没有那么简单，如 das geistige Element 或 das Geist-Element 如果说是意译，那在会意方面完全错了；说是交际翻译，则是有了接受，没了原义；说是归化翻译，同样是有了目标语的意义生成，却没了原义。

因此，就中华文论术语的德译策略而言，我们只能说以意译、交际和归化译法为主导，兼及异化和语义。迄今的术语德译状况业已表明，由于两国审美文化的巨大差异乃至对峙，单靠语词或语义的传达，目标语中难以滋生对应的基本含义。这就要求翻译顾及交际或归化。但是正如前文所述，像 das geistige Element 这类因归化或交际而失去基本原义的译法显然更不足取。所以，在语义交际、异化归化的张力中，我们应采取有差异的等值方法。必须等值的是含义指向，意义内涵；可以有差异的是语词，意义外延。这里的问题是，意义内涵如何确定？可以放弃的语词和意义外延又如何抉择？

就“韵”这一术语的意义内涵确定而言，我们必须从一开始就考虑跨语言传达这个语境。离开这个语境，翻译就会陷入难以确定、难以捕捉的困境，因为其在中国文化史上有个不断形成和发展的过程，而且外延指向在历史地发生变化，从最初的音律转向人物品藻，后又转向书画。如果离开跨语言传达这个语境，原义就成了开放性且无从确定的东西，如此也就不可译了。置身翻译这个语境，就是要抛开其含义之变，用目标语思维和手段筛选出其不变之义。如此，首先可以确定，“韵”主要传达的并不是节律、律动之义，而是由节律、律动暗示物我间的某种对应或呼应。“韵”虽然可从对象中体会，但其实是人心和作品的呼应。这在出发语（汉语）中是无须如此道出的，“韵”这个词本身已经将此义囊括，所以在汉语探讨中无须指明什么与什么呼应；而翻译就要将此译出。这样一来，在 Rhythmus 之前就要加限定词，而且要规定出处与呼应关联中的物我各自指向，物是在对象中的节律（der Rhythmus），我是指人的精神或心意活动（der Geist），两者之间是一种互为激发或生发的关系（beleben），如此就会走向 Der Geist belebende Rhythmus 这个德译。

如此之译的等值在于译出了心之动与物之律动之间的呼应或对应关系，差异是 Geist 和 beleben 这两个词的外延与“韵”本身的指向不完全对等。这个外延上的不对等不能是目标语词小于出发语词，这样就会造成转译中部分语义的丢失，因而目标语词必须大于出发语词，原词的外延就都包含在内。超出的部分要么由读者自行去除，要么增生一些从跨文化角度看较为积极的意义。Geist 在德语中可以指精神，也可以指精灵、灵魂，甚至指一般的心意活动，这就覆盖了“韵”一词所指向的心意活动之义。beleben 在德语中有激活，即使其富有活力或富有生气之意；Geist 作其宾语，就有使心意活动起来之意。这也指向了“韵”一词所蕴藉的对象律动引发心意活动之意。虽然 beleben 一词在德语中还可以指向许多其他对象，但 Geist 作其宾语，必然指精神心意活动。

单从 Der Geist belebender Rhythmus 这个德译结果来看，显然不是直译，而是意译；不是做异化翻译，而是做归化翻译；与其说是语义翻译，不如说是交际翻译。因为这样带宾语的一分词限定是完全按照德语思维建构的，将出发语词“韵”中本来就暗含的意思在德语的语义逻辑中彰显。所以，就中华文论术语的德译而言，翻译策略应该倾向于意译、交际和归化翻译，而出发点应该是语义。但对语义的把握又要基于德语思维。这就是说，要跨越术语的出发语词本身的衍生和递变，捕捉能传译到目标语词中的点。因此，还是以交际和归化为重。唯有这样，中华传统审美文化才能借助术语的翻译向世界进行大范围传播，进而得到世界的广泛认可与接受。

作者简介

王涌，华东理工大学德语国家研究中心教授，硕士生导师，中国矿业大学德语系特聘教授。主要研究方向：德语文学与文化、德汉—汉德翻译。

国际传播推动国家治理话语体系的建构研究

夏旭晖

摘　要：国际竞争既有硬实力的角逐，又有软实力的博弈。国际传播力是国家软实力的重要体现，一个国家要在国际舆论场中占据主动，就必须重视话语体系建构。国家治理话语体系是国际对外传播的核心议题，掌握国家治理话语权，其实质是要捍卫本国发展权，维护国家主权、安全和发展利益。推动国家治理话语体系的建构，形成同我国国际地位相适应的国际话语权，推进中国范式的国家治理话语表达和情境叙事，持续增强国际传播能力，大力提升国际传播效能，能为推进中国式现代化的宏伟事业营造良好的外部环境。在“西强我弱”的国际舆论格局下，我们必须清醒地认识推动国家治理话语体系建构的必要性。全球治理格局风云激荡、国际舆论态势对立分化、全球开放合作深入推进、国际对外交往日益加深，这些都推动着国家治理话语体系的建构。国家治理话语体系的内容体系包括国家治理基本概念、本质内涵、范式优势三个方面。国家治理话语体系的建构路径包括：推进国家治理实践，总结治国理政经验；汲取优秀传统文化，丰富国家治理理论；加强新型智库建设，提炼治理话语要素。

关键词：国际传播；国家治理话语体系；理论建构

党的二十届三中全会指出，“加快构建中国话语和中国叙事体系，全面提升国际传播效能。”[①] 国际竞争既有硬实力的角逐，又有软实力的博弈。

国际传播力是国家软实力的重要体现，一个国家要在国际舆论场占据主动地位，就必须重视话语体系建设。虽然我国改革开放取得了巨大的成就，综合国力显著提升，但是西方国家仍然固守“西方中心论”“文明优越论”观念，对中国的发展模式和国家治理方式存在偏见。

国家治理话语体系是国际传播的核心议题，掌握国家治理话语权，其实质是捍卫本

① 中共中央关于进一步全面深化改革　推进中国式现代化的决定［N］. 人民日报，2024-07-22（1）.

国发展权，维护国家主权、安全和发展利益。我们要想打破西方的话语垄断，就不能在核心议题上失语缺位。我们要深刻领悟习近平文化思想的精髓要义，增强思想凝聚力和舆论引导力，筑牢国家治理的制度根基，推动国家治理话语体系的建构，形成同我国国际地位相适应的国际话语权，推进中国范式的国家治理话语表达和情境叙事，持续增强国际传播能力，大力提升国际传播效能，为推进中国式现代化的宏伟事业营造良好的外部舆论环境。

一、清醒认识推动国家治理话语体系建构的必要性

当前，国际形势复杂演变，不确定性因素增多，遏制打压中国的声音并未消停，涉华舆论斗争任务艰巨。加强国际传播能力建设，就是要争取国际舆论引导的主动权，把握传播规律和技巧，围绕主线，聚焦热点，透过风云变幻看清国际竞争的本质，客观全面地呈现我国国家治理的伟大成就，注重内外联动，双向发力，以内部治理的稳定性和有效性应对国际环境的复杂性与波动性，有效化解国际舆论矛盾和冲突，营造有利的国际舆论态势。

（一）全球治理变局加剧国家治理话语权竞争

经济全球化促进国际间的舆论传播，增进各领域的对话交流合作，推动不同文明相互交融、共存共荣，加速不同话语体系的融合互通。国家治理是不同国家高度关注的重大命题，是全世界人民面临的共同挑战。在经济全球化和世界多极化的背景下，面对百年未有之大变局，为有效应对人类共同的危机，大国需要加强国家治理，携手共进，共克难题，促进人类全面进步。

同时，全球政治局势复杂多变，国际经济秩序持续调整，大国地缘政治格局对立风险加剧，逆全球化趋势明显，全球金融风险持续蔓延，非传统安全风险增加。外部环境的多重挑战对现代国家治理产生深刻影响，对国家治理能力提出了更高要求。全球治理赤字导致信任缺失，共识危机动摇了治理的观念基础，疫情之后全球战略资源的紧缺性、全球价值链的恢复加剧了国家间软实力的竞争和各国对国家治理话语权的争夺。

（二）国际舆论态势加速国家治理话语体系建构

当今世界，受数字化、信息化影响，国际舆论传播更加高效，各国人民联系更加便捷，各国相互依存、彼此依赖，文明多样性让世界更加多姿多彩。与此同时，全球数字

鸿沟日益扩大，技术竞争更加激烈，全球深层次发展矛盾突出，争夺国际规则以制定主导权的较量并没有减弱。保护主义、单边主义不断抬头，冷战思潮回潮，“文明冲突论”沉渣泛起，各种霸凌行径严重冲击着现行国际体系和国际关系准则。地区形势中的不确定性因素急剧增多。①

霸权主义行径危害全球，大国博弈和两种制度之间的较量长期存在，地缘政治风险和冲突出现，部分地区局势动荡。充满冷战思维的论调此起彼伏，国际舆论形势暗流涌动。在这种国际背景下，面对各种谬论和误解，建构我国国家治理话语体系显得尤为重要。

在国际舆论场上，我国的国家治理话语权与当前的大国地位还不相称，丰富的文化资源和深厚的文化底蕴还未得到充分挖掘，我国仍处于话语弱势地位。因此，我们有必要向世界清晰地呈现国家治理图景，有效地传递国家治理之道，建构具有中国特色的国家治理话语体系，宣示国家治理发展路径。

（三）全球开放合作促进国家治理话语体系完善

为应对国际舆论斗争的新形势，我国必须坚持改革开放，统筹国际国内两个大局，以对外开放倒逼高质量发展。历史证明，筑造贸易藩篱、闭关锁国无助于自身发展，开放、合作、共赢才是人间正道。只有主动发声，取得对外传播话语体系优势，广泛团结和平力量，扩大朋友圈，密织与各国的利益连接网，才能有力维护世界和平与稳定发展的大局。中国坚持以自身开放为全球开放合作贡献力量，推动建设开放型世界经济体系。

我们要以高水平开放主动对接国际通行的经贸规则，参与新一轮的规则制定，积极融入开放型世界经济，服务建设开放型经济体制，为建立完善成熟的治理体系提供有力的制度支撑。高水平开放顺应了现代国家治理的必然逻辑和科学规律，它能推动治理机制的创新发展，增强国家治理的张力和韧性，促进国家治理话语体系的发展完善。

高水平开放能够增进国家间的相互了解，深化共识，有利于国际社会准确把握中国国家治理话语体系和战略政策布局。建构国家治理话语体系有助于消除国外舆论的误解，增强战略互信，加强战略沟通，把握战略主动，巩固国家意识形态安全，营造良好的国际舆论环境。

---

① 新华社．“从团结合作中获取力量”——记国家主席习近平 2019 年夏中亚之行［EB/OL］.（2025-06-25）［2019-06-17］.http://www.xinhuanet.com/politics/2019-06/17/c_1124634354.htm.

（四）国际对外交往推动国家治理话语体系建构

大国外交是国际传播的重要形式，彰显大国智慧和大国影响力。国际对外交往就是要维护世界和平稳定，加强国际交流合作，巩固友好关系，维护国际友谊，坚持互利共赢，增进其他国家对我国国家治理体系的认同和理解，助推我国国家治理话语体系建构。

国家治理话语体系的建构不是无中生有、凭空想象的，而是有着深刻的社会实践基础和特有的治理逻辑。改革开放40多年来，中国共产党带领全国各族人民创造了历史空前的辉煌成就，中国人民的面貌发生了翻天覆地的变化，人们奋力谱写时代发展的崭新篇章。新时代，全国人民勠力同心，决战脱贫攻坚，全面建成小康社会，意气风发地向第二个百年奋斗目标迈进。综合国力大幅跃升，国际影响力持续增强。在新的"赶考"之路上，以习近平新时代中国特色社会主义思想为指引，全党扎实开展党史学习教育，弘扬伟大建党精神，驰而不息地开展"四风"整治，真刀真枪解决了许多长期想解决而没有解决的难题，办成了许多过去想办而没有办成的大事，党和国家事业发生了历史性变革。[①]迅速崛起的中国，不仅成为发展中国家的典范，也成为国际舆论关注的焦点。中国国家治理的伟大历史成就丰富了国家治理的实践经验，推进了我国国家治理体系的现代化。

国际对外交往是见证发展巨变、密切经贸往来、发挥桥梁纽带作用的重要途径和形式。我们要通过叙述中国历史、讲好中国故事、传播中国声音，坚守中华文化立场，坚定捍卫国家民族利益，维护国家治理的良好外部环境。举旗定向不仅昭示着国家发展的道路方向和执政理念，也阐述着国家治理理论的本质内涵和治国理政的经验成就，凝聚着海内外中华儿女的共同心声，赢得国际社会的广泛支持，为全球治理贡献中国方案，为全球发展注入强劲动力。

二、系统阐释国家治理话语体系的主要内容

中华民族五千年的辉煌历史蕴含了厚重的治国思想，为建构超越西方又融通中外、具有中国特色又具有世界普遍性的国家治理话语体系提供了重要的理论支撑。国家治理话语体系的提出，吹响了建设"源于中国而属于世界"的话语体系的号角，体现了我国

① 习近平.高举中国特色社会主义伟大旗帜 为全面建设社会主义现代化国家而团结奋斗［N］.人民日报，2022-10-17（2）.

正在形成自主话语体系。我们要想改变“西强我弱”的国际舆论格局，扭转在国际舆论场中的不利局面，创造有利的舆论环境，必须提高国际传播能力，加强我国国家治理话语体系建构，团结国际社会大多数力量，赢得国际社会的广泛理解与认同。

习近平总书记关于治国理政的重要论述，创设了符合国情的理论表达和话语体系，内涵丰富，逻辑严密，结构完整，具有宽广的历史视野、宏大的理论格局和独有的创新特质，为丰富和完善国家治理理论提供了科学认识论和方法论，为建构国家治理话语体系指明了方向。本文将其具体内容概括为以下三个方面：

（一）国家治理话语体系的基本概念

一个大国不能没有自己的话语权，要形成引领时代的话语权，首先就要把概念讲清楚，明确新概念、新表述。“治理”是能体现一个国家综合指标的务实概念，我国基于中国历史文化和现实政治提出的“国家治理”更是一个好概念。自古以来，我国在国家治理方面就有许多积极探索，提出了许多丰富的治理思想。所谓“治国有常，而利民为本”“理道之远近而致贡”等，无不体现着古人的深刻洞见和哲学智慧。

新时代，习近平总书记明确设定了我国国家治理的概念边界和本源特征。“我们治国理政的本根，就是中国共产党领导和社会主义制度。我们思想上必须十分明确，推进国家治理体系和治理能力现代化，绝不是西方化、资本主义化。”① 在中国的基本国情和政治语境中，“国家治理”就是在中国共产党的领导下，构建纵览全局、统筹各方的治理格局，充分发挥政府、企业、社团组织、人民群众等多元主体的协同共治作用，增强各级党员干部、各方管理者的思想政治素质、科学文化素质、干事创业的能力，提升党的执政能力，筑牢党的执政根基，加快国家治理体系的高效运转。

（二）国家治理话语体系的本质内涵

内涵体系是话语体系的重要部分。我国国家治理的内涵，就是要推动中国特色社会主义制度更加成熟定型，提高依法管理国家事务的能力，促进国家治理制度化、规范化、程序化。我们要增强制度自信，遵循制度规范，探索完善国家治理制度体系，提升依照制度开展国家事务管理的能力，推动国家各项事业在制度的轨道上有序运行。社会主义建设的前半程，是建立社会主义基本制度，打牢制度基础；社会主义改革的后半程，则是要发展和完善社会主义制度，使社会主义伟大事业焕发蓬勃生机，为实现中华

---

① 习近平.在省部级主要领导干部学习贯彻十八届三中全会精神全面深化改革专题研讨班上的讲话［N］. 人民日报，2014-02-17（1）.

民族的伟大复兴提供坚强的制度保障。通过全面系统的制度建设和纵深改革，推动各领域的政策集成联动发展，形成国家治理的总体效应，取得总体效果。

习近平总书记强调，国家治理体系和治理能力是一个国家制度和制度执行能力的集中体现。国家治理体系，实质上就是“各领域体制机制、法律法规安排，也就是一整套紧密相连、相互协调的国家制度”①。国家治理能力则是运用国家制度管理社会各方面事务的能力，它涵盖改革发展稳定、内政外交国防、治党治国治军等各个方面。目前的任务尤其是要提高各级党政机关、党员干部的法治能力，并运用到党务、行政、军队国防等社会主义现代化建设的各方面，建设层次分明、条理清晰、运行有序的国家治理能力系统。习近平总书记在党的二十大报告中明确指出，“提高公共安全治理水平。坚持安全第一、预防为主，建立大安全大应急框架，完善公共安全体系，推动公共安全治理模式向事前预防转型；完善社会治理体系。健全共建共治共享的社会治理制度，提升社会治理效能。”②

习近平总书记关于国家治理的系统论述，是国家治理话语体系的重大创举和创新，会通中西，映照古今，生动体现了实践性与学术性的统一，有机体现了普适性和特殊性的统一，顺应了党和国家的事业要求，符合国际话语趋势和潮流。

（三）国家治理话语体系的范式优势

话语体系必须有自己的理论风格。“中国范式”是中国国家治理有别于西方国家治理的标志，“中国模式”是我国不断探索发展的经验总结，“中国特色”是我国发展道路的鲜明底色。世界文明的多样性和历史传承性决定了每个国家拥有不同的治理模式。从实践上看，我国国家治理的历史背景、现实条件和发展道路明显有别于西方国家。中国的发展道路拓展了发展中国家迈向现代化的途径，为人类社会贡献了中国智慧和中国方案。

中国国家治理极不平凡的探索实践和现代化改革的成功经验，构成了新时代国家治理话语权的坚定基石和坚实内核。国家治理实践推进一步，理论话语建构也要跟进一步。道路创新的逻辑、内生演进的规律、全球治理的思想，支撑起国家治理话语体系的主体内容。在百年未有之大变局和社会转型的时代背景下，我们要增强中国话语的叙事能力和中国理论的阐发能力，以“中国范式”打破“欧美范式”的话语垄断，以良政善

① 习近平．切实把思想统一到党的十八届三中全会精神上来［N］．人民日报，2014-01-01（2）．

② 习近平．高举中国特色社会主义伟大旗帜 为全面建设社会主义现代化国家而团结奋斗［N］．人民日报，2022-10-17（2）．

治巩固社会主义的制度根基，以国家治理体系建设促进全球治理升级。

“我国的实践向世界说明了一个道理：治理一个国家，推动一个国家实现现代化，并不只有西方制度模式这一条道，各国完全可以走出自己的道路来。”[①] 习近平总书记的重要论述明确了我国国家治理话语体系是具有中国范式的话语表达，与西方国家所谓的“民主”“自由”截然不同。“如果人民只有在投票时被唤醒、投票后就进入休眠期，只有竞选时聆听天花乱坠的口号、竞选后就毫无发言权，只有拉票时受宠、选举后就被冷落，这样的民主不是真正的民主。”[②] 在我国，国家治理从来不是空洞的口号，而是被赋予了明确的要求和具体的内容，要坚持党的领导，以人民为中心，以人民福祉为依归，注重人民获得感，着力解决人民群众的实际问题，体现中国特色社会主义的本质特征。

三、探索国家治理话语体系的建构路径

党的二十大报告指出：“加快构建中国话语和中国叙事体系，讲好中国故事、传播好中国声音，展现可信、可爱、可敬的中国形象。”[③] 在推进中国式现代化的伟大征程中，我们不仅要重视内在的国家治理硬实力建设，也要关注外在的国际传播软实力塑造，二者相互依存、相得益彰。我们要持续推动国家治理话语体系的建构，以深入浅出、通俗易懂的方式展示“中国之治”的全景优势，展现中华文明的独特魅力。

（一）推进国家治理实践，总结治国理政经验

理论是时代的产物，不同的时代创造不同的理论。实践没有止境，理论创新也没有止境。话语源自实践，国家治理话语体系源自我国国家治理实践，深深植根于我国的建设、发展、改革进程。如何开展社会主义国家治理，推进马克思主义中国化，是前所未有的历史命题，没有现成的样本可参照，没有现成的经验可借鉴。构建国家治理话语体系的过程，是不断深化对社会主义建设规律的认识，探索党的执政规律，更好地掌握国际舆论主动权，持续推进社会主义现代化事业的艰辛历程。

我们党从革命型政党走向成熟的执政党的探索过程，不是一蹴而就的。系统地总结执政建设的历史经验和理论成果，充分发挥社会主义制度优势，开启党和国家治国理政

① 中共中央文献研究室．习近平关于社会主义政治建设论述摘编［M］．北京：中央文献出版社，2017：7.

② 习近平．在中央人大工作会议上的讲话［J］．求是，2022（5）.

③ 习近平．高举中国特色社会主义伟大旗帜 为全面建设社会主义现代化国家而团结奋斗［N］．人民日报，2022-10-17（2）.

的新征程，是统一思想、凝聚民心的必然要求，是不忘初心、牢记使命的现实需要，是重大而神圣的历史使命。2013 年，在党的十八届三中全会上，以习近平总书记为核心的中央领导集体作出重大决策，在总结改革开放以来的历史经验和中国式现代化辉煌成就的基础上，系统的国家治理话语体系形成了。《中共中央关于全面深化改革若干重大问题的决定》系统地提出了国家治理、政府治理、治理体制、治理结构、系统治理、依法治理、综合治理、源头治理等多种话语概念，开启了当代中国国家治理的全新阶段，明确了新时代的战略目标任务，是各级干部必须掌握的工作方法。党的十九届四中全会审议通过的《中共中央关于坚持和完善中国特色社会主义制度、推进国家治理体系和治理能力现代化若干重大问题的决定》，回顾了党和人民推进国家治理现代化、探索建立科学制度体系的光辉历史，系统地提出坚持和完善根本制度、基本制度、重要制度，推动制度优势转化为治理效能，保持制度的稳定性，完善急需的制度和必备的制度，推动社会主义制度体系完善发展，推进国家治理体系和治理能力现代化。党的二十大报告提出，全面依法治国是国家治理的一场深刻革命，必须在法治轨道上全面建设社会主义现代化国家，这进一步加深了我们对国家治理的规律性认识。

（二）汲取优秀传统文化，丰富国家治理理论

中华文化历史悠久、源远流长，灿若星河、底蕴深厚，是人类文明的精神瑰宝和浩瀚宏伟的历史财富。我们要深刻理解“两个结合”的重大意义，坚定四个自信，坚守主阵地，弘扬主旋律，铸牢思想理论的根和魂。我们要克服盲目求洋、脱离实际的主观主义学风，坚决纠正唯西方理论马首是瞻的不良风气，防止自我矮化的思想倾向；既不盲目自傲，也不妄自菲薄，挺直精神脊梁，珍视民族文化，坚定地弘扬传统文化，形成具有中国风格、中国气派、中国精神的国家治理理论；坚持与时俱进，融会贯通，贡献中国治理方案，塑造并引领全球治理新格局。

在丰富国家治理理论的过程中，我们一方面要注重历史研究方法，突出纵向比较，传承中华优秀传统文化，把握世界社会主义历史和社会主义国家发展实践之间的联系，加强科学社会主义发展史、中共党史、中国革命史、中华人民共和国史的研究，同时要善于借鉴他国发展过程中的经验教训，取长补短，去粗取精，不能重复走历史弯路，如要力避中等收入陷阱，妥善解决贫富差距过大的问题，巩固脱贫攻坚成果；另一方面要注重比较治理研究，突出横向对比，对不同地区的治理方式、治理路径进行比较分析，发现不同治理模式的共同点和差异性，梳理总结典型的治理经验，把握逻辑必然性，探究内在导向性，形成系统化、结构化的治理思想体系。

（三）加强新型智库建设，提炼治理话语要素

智库为公共部门提供了智力支撑和决策辅助，同时集中各方智慧、凝聚广泛力量，提升政治参与水平。党政、科教、传媒、社企等各类智库改革创新，规范发展，增进了思想共识，释放了能量和活力，在智库发展中提炼话语体系，为国家治理开启民智、建言献策，起到了参谋助手和民意整合的作用。从延安时期开始，党就非常注重智库建设，成立了中央研究院、边区研究室等智库机构，还成立了中共中央党校、中国人民抗日军政大学、陕北公学等院校智库，培养了大批领导骨干，为革命胜利提供了有力的思想保障和战略支持。

在构建定位明晰、特色鲜明、规模适度、布局合理的中国特色新型智库体系的过程中，服务国家治理现代化、增强国家软实力是重要的使命任务。我们要把握当前大国竞争的国际形势，加快推动国家治理话语体系发展和建构，有效增强智库学术影响力、舆论引导力、国际话语能力，提升运用法治思维深化治理研究的能力，深入开展经济治理、社会治理、生态治理、网络治理等各领域问题研究，挖掘归纳各地治理的优秀案例，分析探究现代治理的科学规律，汇聚现代治理的学理知识，提高决策咨询智库和专业研究机构服务公共治理的能力。

作者简介

夏旭晖，江苏省战略与发展研究中心副研究员。主要研究方向：治理理论、创新理论。

对来华留学生传播中华文化的途径初探

——以杭州电子科技大学为例*

李君宇

摘　要：文化软实力的提升须打破传统留学生教育重语言轻文化的局限。针对现有教学模式中文化传播的表层化问题，本研究创新性地提出“活动引领文化传播”的教育范式，融合实验心理学与沉浸式教学理论，通过将课堂理论教学与课外茶艺研习、汉字艺术等具身实践结合，使学习者在沉浸式体验中完成从文化认知到价值认同的转变。实证数据显示，新模式使留学生文化认知的准确率提升了37%，价值认同度增长了42%，且形成持续强化机制。其创新价值体现为，理论层面建立“体验式认知”模型，实践层面形成可推广的文化育人方案，战略层面通过培养具有深度文化认同的国际传播者，显著增强中华文化的国际传播力。

关键词：留学生教育；文化传播；中国文化教育；“活动引领文化传播”

一、研究背景及意义

一个国家是否是大国，并不是看它地理面积有多大、人口有多少、经济发展有多快。真正判断一个国家是否是大国的标准应该是这个国家的文化传播力的强弱。

随着改革开放和“一带一路”发展战略的实施，来华留学生数量大幅度增加，教育部网站公布的统计数据显示，2018年共有来自196个国家和地区的492,185名各类外国留学人员在全国31个省（区、市）的1,004所高等院校学习，比2017年增加了3,013人，

* 本文系杭州电子科技大学高等教育教学改革研究项目（项目编号：YBJG202179）和杭州电子科技大学党建与思想政治工作研究课题（项目编号：202208）的阶段性成果。

增长比例为 0.62%（以上数据均不含港、澳、台地区）。① 因此，留学生教育已成为我国高等教育的重要组成部分。

中国提出“要在 2020 年使我国成为亚洲最大的留学目的地国家，还要培养一大批知华、友华的高素质来华留学毕业生。”②“要通过加大留学工作行动计划实施力度，加快培养来华杰出人才。”③ 党的十九大报告指出，要“深入挖掘中华优秀传统文化蕴含的思想观念、人文精神、道德规范，结合时代要求继承创新，让中华文化展现出永久魅力和时代风采。”④ 中华优秀传统文化是中华民族的精神标识和精神支撑。传承、弘扬中华优秀传统文化并对其进行创新性发展，增强文化自觉与文化自信，为人类提供正确的精神指引，是我国提升文化软实力、彰显国际影响力的题中应有之义。⑤ 因此，中国文化教育和传播力度必然成为衡量高校、特别是留学生教育办学质量的重要标准之一。

然而，过去大部分学校对来华留学生教育的重视程度不够，只重视语言知识的传授，不重视中国国情和中国文化的传播、教育和影响，从而导致来华留学生学习中国文化的积极性不高，培养质量较差。在习近平总书记提出加强中华文化育人、提高中国文化传播力的新时代，如何实现高校育人的时代使命，是值得每个教育工作者深思的问题。

培养什么样的人、怎样培养人，是包括留学生教育在内的教育的根本问题。⑥ 具体来说，就是把一个来华留学生教育成中国文化的使者，培养成知华、爱华的中国文化的传播者、践行者。实际上，对留学生进行的中国文化教育多为一些参观游览类的体验活动，留学生在这一类活动中对中国文化一知半解，对中国文化蕴含的中国精神的认知不够深入，这导致留学生教育的实际效果不理想。对此，笔者在近几年对留学生的教育教学和管理工作中有针对性地开展了一些工作，探索出“活动引领文化传播”这一行之有效的方法，希望为高校对来华留学生有效地开展中华文化传播提供参考。

---

① 中华人民共和国教育部 . 2018 年来华留学生统计［EB/OL］.（2025-06-25）［2019-04-12］. http://www.moe.gov.cn/jyb_xwfb/gzdt_gzdt/s5987/201904/t20190412_377692.html.

② 毛雪 .“一带一路”视域下国际学生汉语课堂“课程思政”的探索与实践——以汉语国际教育为例［J］. 河南教育（高校），2020（9）：34-37.

③ 李宝贵，李博文 . 新时代国际学生思想政治教育：意义、特点、内容与路径［J］. 辽宁师范大学学报（社会科学版），2018（4）：14-18.

④ 新华网 . 习近平：决胜全面建成小康社会　夺取新时代中国特色社会主义伟大胜利——在中国共产党第十九次全国代表大会上的报告［EB/OL］.（2025-07-25）［2017-10-27］. www.xinhuanet.com/politics/2017-10/27/c_1121867529.htm.

⑤《民生周刊》杂志编辑部 . 学习习总书记重要论述：办好人民满意的教育［EB/OL］.（2025-06-30）［2018-09-04］. http://politics.people.com.cn/BIG5/n1/2018/0904/c1001-30271201.html.

⑥ 首都教育 . 学校要培养什么样的人？总书记给出了明确答案［EB/OL］.（2025-06-30）［2018-05-03］. https://www.sohu.com/a/230259247_161260.

二、“活动引领文化传播”的实践

（一）趣味民俗文化引领：筷运乒乓与饮食文化活动

众所周知，筷子文化，即筷子使用，是传承至今的一种古老的中国文化习俗。筷子文化作为中国最具广泛实用性、民俗化的文化，不仅是开启人类饮食文化的重要标志，还是一种礼仪文化，例如，握筷的方法规定取位既不能太高，又不能太低，如果太高，容易被认为清高孤傲，远离家乡等；如果太低，则显得缺乏教养。

对于来华留学生而言，来中国学习需要克服的困难就包括在生活中灵活地使用筷子，但更重要的在于了解筷子制作的原理、功能，这一点对中国学生来说也是非常必要的。比如，筷子除了具有夹菜的功能，还具有娱乐功能，用筷子敲打不同的玻璃容器能产生不同的音色，奏出美妙的音乐；经常使用筷子还能运动手指，促进大脑发育。可见筷子是我们祖先巧妙应用科学知识的结晶，体现了中国人民的聪明才智。

此外，了解筷子的礼仪文化也是十分必要的。筷子应该整齐地放在进餐者的右手边，而筷子用于手持的一端要与桌面边缘垂直，用于进食的一端则应朝桌内摆放，不要把一双筷子一反一正并列摆放；夹菜方式也有讲究，不要游移不定，更不要旁若无人，夹菜时应尽量选择自己附近的菜，远处的菜可以让别人代夹，或者转到自己附近时再夹，否则会显得不懂礼貌。用餐完毕后，人们应将筷子轻轻地放在桌上，不可随意放置，尤其不要将筷子插在饭菜上，因为这被认为是很不吉利的做法，古俗认为，只有祭祀先人时才可以这样做。总之，筷子的使用是有很多礼仪要求的，切不可随意使用。

筷子不仅是中国饮食文化的一部分，而且传播到周边的许多国家，如日本、朝鲜、韩国、越南等，这些国家使用筷子的习惯一直延续至今，筷子成了东亚地区进餐的传统餐具。不仅如此，现在西方人也使用筷子，美国每年从中国进口数千万双竹筷；法国甚至还设立了“金筷奖”，用于表彰中餐厅及亚洲风味餐厅出色的经营者。可见，有着3,000年历史的筷子，正在世界各地的餐桌上发挥着独特的作用，是中华民族对世界饮食文明的一大贡献。

教育者可通过筷子文化让来华留学生进一步了解中华文明，让他们从细节中感受中国文化的魅力。筷子文化的传授，不能局限于传统的理论教学，而应结合生活实际，使来华留学生在愉快的氛围中感悟和体会。

心理学研究证明，多重的感官刺激比起单一的知觉更能让学习者关注学习内容，提高学习效率。对语言学习者来说，选择通过图片或者声音等方式呈现信息的媒体，可以弥补语言描述的不足。实验心理学家赤瑞特拉（Treicher）曾经做过两个著名的心理实验，结果表明，人类获取的信息有 83% 来自视觉，11% 来自听觉。另外，人们一般能记住自己看到的语言文字类内容的 10%，自己听到内容的 20%，自己看到的形象化图形类内容的 30%，自己听到和看到内容的 50%，在交流过程中自己所说内容的 70%。①

因此，在平时组织来华留学生开展活动时，教师可以利用筷子进行游戏，给学生以新鲜感，激发来华留学生的参与热情和学习兴趣。

在活动前，教师须布置自学作业，让来华留学生收集筷子的资料，如筷子的来历、制作原理、用途及使用礼仪等。赛前，老师出题，学生抢答，检验自主学习效果，从理论上了解筷子文化。

在活动中，学生对于用筷子夹乒乓球的活动积极性很高，感觉全身都在使劲，在规定时间即将结束时，竟然有的学生情急之下用筷子夹起球远投入蓝，在场学生忍俊不禁。一轮赛后，学生意犹未尽，第二轮角逐又开始了。学生们深有体会地说，这种方式不仅提高了我们使用筷子的熟练程度，而且使我们近距离体验中国的筷子文化，认识到筷子的发明是中国人对世界饮食文明的重要贡献。

（二）特色高雅文化引领：福多多与书法文化活动

书法是中国特有的一种传统艺术，然而这一传统文化在现代社会已基本失传。国家为保护该传统文化，近年来已在许多高校增设相关课程。

书法艺术的背景是中国传统文化，它植根于中国传统文化土壤。书法艺术本体包括笔法、字法、章法、墨法、笔势等内容。笔法是技法的核心内容，也称“用笔”，指运笔用锋的方法；字法是指字内点画的搭配；章法指一幅字的整体布局，包括字间关系、行间关系的处理；墨法是指用墨的方法，包括浓、淡、干、枯、湿等；笔势是指运笔的动态和趋势，包括技法风格、行笔的位置和结构等。也就是说，书法是按照文字特点及其含义，运用笔法、字法、章法、墨法、笔势等，最终获得富有美感的艺术作品。

书法离不开笔，毛笔作为中国传统的书写工具逐渐成为传统的绘画工具，是古代中国人在生产实践中发明的。随着人类社会的不断发展，勤劳智慧的中国人为创造中华民族光辉灿烂的文化，为促进中华民族与世界各民族的文化交流作出了卓越的贡献。毛笔正是中华民族为世界艺术宝库贡献的一件珍宝。

---

① 何克抗．信息技术与课程整合的目标与意义［J］．教育研究，2002（4）：39–43.

书法的书写效果与纸的质量息息相关。宣纸是中国传统的古典书画用纸。宣纸始于唐代、产于泾县，因唐代泾县隶属宣州，故名“宣纸”，迄今已有1,500余年的历史。2002年，安徽宣城泾县被国家确定为宣纸原产地。由于宣纸具有易于保存、经久不脆、不会褪色等特点，而得“纸寿千年”之誉。凭借高超的制作技艺，2006年宣纸被列入首批国家级非物质文化遗产；2009年9月30日，宣纸被联合国教科文组织列入人类非物质文化遗产名录。

宣纸是理想的书法用纸，但是初学者由于使用不熟练常常造成纸张浪费。为节省纸张和践行环保理念，代替宣纸能反复进行书写练习的产品——水写布随之诞生。它是一种用毛笔蘸清水在其表面书写后即可显现黑色墨迹，水干后可以重新书写的产品，不仅可用于书法，也可用于书画以及儿童涂鸦等练习。水写布与用墨水在宣纸上书写的效果基本是一样的，因此得到广大书法爱好者的青睐。中国书法所用到的笔、墨、纸、砚被称为“文房四宝”，而水写布常被称为“新五宝”“文房第五宝”。

新春佳节期间，学校可以通过组织来华留学生写福字、做对联等，让来华留学生体验中华文化之魅力。写福字前，教师可以让学生分析福字的构成，然后介绍福字的寓意及其书写规则，如“福”字的偏旁“礻”有祈神的意思，而“畐”可拆分为三部分，即“一”“口”“田”，意思是一个家庭里的每个人只要都有饭吃、有工作做、有学上，就是福。因此，春节贴“福”字，寄托了人们对幸福生活的向往，也是对美好未来的祝愿。[①]

（三）寝室命名文化引领：寝室名称中国元素化活动

寝室是学生日常休息和生活的主要场所，也是学生行为养成和综合素质提高的主要阵地。教师可以组织来华留学生在寝室开展文化活动，在学生共同学习、生活和人际交往的主要空间中形成一定的文化环境与氛围，学生就会在不知不觉中学到很多知识。具体而言，教师可以通过组织学生给自己所在的寝室，以中国名山、名人等进行命名，促使来华留学生学习中华文化相关的内容，掌握更多中华文化知识，更深入地了解中国。活动中，有的寝室学生用“孙子”给自己的寝室命名，并找出起名的依据——《孙子兵法》。老师解释了“孙子”的常见用法及含义，使学生进一步了解相关的语言文化知识和汉语词汇的使用方法。像这种有针对性的结合生活实际的文化活动，才能真正调动学生自觉学习中国文化的兴趣和积极性，经过动脑思考获取的知识，印象更深刻，效果更

① 杜平，姚连兵．跨文化交际教程［M］．北京：中国人民大学出版社，2015.

好。以往大部分学校在寝室文化方面开展的活动不外乎是组织寝室文化节，各寝室之间进行卫生、美化、设计等评比活动，[①]而针对留学生开展的寝室命名活动较少。这种活动不仅适用于留学生，也适用于中国学生。

结语

中华优秀传统文化教育是高校育人，尤其是对来华留学生进行中华文化教育的重要组成部分，而通过何种方式和途径来达到教育的目的与效果是值得探讨的。本文通过“活动引领文化传播”的实践，使来华留学生在活动中体会和感受中华文化的精神与魅力，培养他们热爱中国、热爱中国文化的情感，从生活细微处入手以达到滴水穿石的效果。几年来的实践中，很多留学生用汉语视频、书法艺术等形式，宣传他们在中国的所见所闻，称赞中国人民在中国共产党的领导下取得的成就，扩大了我国在世界范围内的影响力。

参考文献

[1] 中华人民共和国教育部. 2018年来华留学生统计[EB/OL].(2025-06-25)[2019-04-12]. http://www.moe.gov.cn/jyb_xwfb/gzdt_gzdt/s5987/201904/t20190412_377692.html.

[2] 毛雪. “一带一路”视域下国际学生汉语课堂“课程思政”的探索与实践——以汉语国际教育为例[J]. 河南教育（高校），2020（9）：34-37.

[3] 李宝贵，李博文. 新时代国际学生思想政治教育：意义、特点、内容与路径[J]. 辽宁师范大学学报（社会科学版），2018（4）：14-18.

[4]《民生周刊》杂志编辑部. 学习习总书记重要论述：办好人民满意的教育[EB/OL].(2025-06-30)[2018-09-04]. http://politics.people.com.cn/BIG5/n1/2018/0904/c1001-30271201.html.

[5] 首都教育. 学校要培养什么样的人？总书记给出了明确答案[EB/OL].(2025-06-30)[2018-05-03]. https://www.sohu.com/a/230259247_161260.

[6] 何克抗. 信息技术与课程整合的目标与意义[J]. 教育研究，2002（4）：

① 刘维，王慧琦. 大学生寝室文化建设的探索与实践[J]. 理论界，2006（8）：105-106.

39–43.

［7］杜平，姚连兵．跨文化交际教程［M］．北京：中国人民大学出版社，2015.

［8］刘维，王慧琦．大学生寝室文化建设的探索与实践［J］．理论界，2006（8）：105–106.

作者简介

李君宇，杭州电子科技大学材料与环境工程学院讲师，主要研究方向：来华留学生及研究生教育教学与管理研究。

评《真景：文物中的朝鲜王朝史》：兼谈对于中国韩国学研究与中韩人文学术交流的思考

姚诗聪

摘　要：申炳周教授所著《真景：文物中的朝鲜王朝史》系韩国古代历史通俗读物的代表作之一。该作品不仅是中国韩国学研究的重要对象，也为中韩人文学术交流提供了文本依据。该著作论从史出，叙事体例以小见大，以通俗性、文物性、现实性的特点而成为学界在跨文化研究领域深耕细作的代表作。同时，该书的译介也反映出中韩人文学术交流中学术著作的翻译存在明显的时间滞后性问题，这亟待引起中韩人文学界重视。双方要不断加强学术交流，加快优秀学术著作的翻译与出版，促进学术研究成果的资源共享。

关键词：《真景：文物中的朝鲜王朝史》；通俗性；文物性；韩国学研究

一、《真景：文物中的朝鲜王朝史》及申炳周研究概述

由社会科学文献出版社 2022 年出版的韩国古代历史通俗读物《真景：文物中的朝鲜王朝史》（下文正文简称《真景》）的韩文版原著名为《朝鲜评传：60 种绝景描绘的朝鲜》，2011 年 4 月由韩国글항아리出版社出版。作者申炳周是韩国建国大学史学科教授、韩国史学界知名学者，其在朝鲜王朝史研究领域颇有建树，注重历史的现实性，主张在历史现场还原历史并与当代史进行交叉对比研究，他关注现实并联系当代史的治学理念在本书中有着广泛而具体的体现。根据韩国建国大学史学科官网资料，申教授多年来笔耕不辍，学术著作多达 32 部，第一部是由韩国휴머니스트出版社于 2006 年 4 月出版的《朝鲜最好的名著》，最近一部是由韩国세창出版社于 2023 年 11 月出版的《王的秘书室：承政院人们和〈承政院日记〉》。这 32 部学术著作（包含 1 部学术翻译书籍，

即《孤台日录》）都是关于朝鲜王朝史的研究，政治史、医疗史、社会史、书籍史、文化史、建筑史、文物史、人物史、哲学史、文学史等各个方面均有所涉及，内容可谓广博。其中有 3 部在中国大陆先后得以出版，除了本文的写作对象《真景》，还有《仪轨：朝鲜王室记录文化之花》（社会科学文献出版社，2020 年），该书的韩文版原著名为《王室婚礼的风景》，2013 年 1 月由韩国돌베개出版社出版，以及《朝鲜国君的一生》（江苏人民出版社，2016 年），该书的韩文版原著名为《朝鲜国王的一生》，2009 年 8 月由韩国글항아리出版社出版。申教授的学术成果在中国学界拥有一定的影响力。除了学术著作，申教授还有 38 篇学术论文被译为中文，同样都是关于朝鲜王朝史的研究，涉及哲学史、经济史、书籍史、文化史、文物史、政治史、宫廷史、学术史、文献史、社会史、史学史、女性史、人物史等众多领域。在韩国国家学术平台 RISS 上检索申炳周教授发表的学术论文，数量多达 139 篇。由上述学术成果可见，申教授在朝鲜王朝史研究领域长期耕耘，学力精深，成果迭出。

《真景》一书共有 10 个专题，每个专题又分为 6 个主题，他用这 60 个主题介绍了朝鲜王朝时期的制度、政治变革、历史文献记录、思想文化、艺术、官吏和民众生活等多方面的历史。该书是作者在该领域长期进行教学研究与大众科普的集大成之作，既有宏观叙述，又有微观研究。

《真景》是在中国大陆出版的十分难得的韩国古代历史通俗读物，在此之前，在中国大陆翻译出版的韩国古代历史通俗读物仅有《朝鲜国君的一生》、《朝鲜两班的一生》（江苏人民出版社，2020 年）两本。和《朝鲜国君的一生》《朝鲜两班的一生》相比，《真景》的内容更加丰富多彩。《真景》作为关于韩国古代历史、朝鲜王朝史的通俗读物，通俗性自然是最突出的作品属性，其读者对象主要是一般大众，故向大众普及韩国历史知识、提升大众文化素养是申炳周教授写作此书的目的和宗旨。可以说，申炳周教授至今出版的 32 部学术著作，相当一部分都是关于韩国古代历史、朝鲜王朝史的通俗读物，如《王的秘书室：承政院人们和〈承政院日记〉》（세창出版社，2023 年）、《我们历史中的传染病》（매일경제신문사，2022 年）、《阅读 56 个空间的朝鲜史：从开国的欢喜到衰亡的痛恨》（위즈덤하우스，2021 年）、《申炳周教授的朝鲜散步：从民众的生活到王室的暗斗》（매일경제신문사，2018 年）、《读书的朝鲜历史：历史学家眼中的朝鲜畅销书 26》（휴머니스트，2017 年）、《作为王生活：从朝鲜的领导力中寻找国家经营的答案》（이콘，2017 年）、《在王室图书馆奎章阁寻找朝鲜宝物》（책과함께어린이，2010 年）、《朝鲜国王的一生》（글항아리，2009 年）、《在奎章阁找到的朝鲜名品》（책과함께，2007 年）、《朝鲜最好的名著》（휴머니스트，2006 年）等。

二、《真景：文物中的朝鲜王朝史》的通俗性

《真景》作为有关韩国古代历史、朝鲜王朝史的通俗读物，其通俗性主要体现在内容和语言两大方面。从本书 60 个主题的标题就可见该书内容的通俗性，如《朝鲜王朝时期新任官吏的入职仪式》《英祖和贞纯王后的婚礼》《朝鲜王朝时期人们的过夏方式》《古文献记载的朝鲜半岛地震》《传入朝鲜王朝的红薯和马铃薯》《朝鲜王朝时期的温泉》《朝鲜王朝国王的饮食习惯和食谱》《伴随韩国历史的牛》《古人射箭》《丢失的文化遗产：外奎章阁仪轨》《撼动朝鲜王朝的十大新闻》等，这些标题多为具体而微、直面现实的社会史内容，是记录性的书写。[①]《真景》的通俗性特点突出，全书语言不像学术论文或正统学术著作所使用的论证语言那样晦涩难懂，而是以叙述介绍性文字为主，便于读者阅读和理解，文献史料的引用也不多。

三、《真景：文物中的朝鲜王朝史》的文物性

除了通俗性，《真景》作为介绍韩国古代历史、朝鲜王朝史的通俗读物，另一个突出的作品属性便是文物性，或者说是文物配图的精美与众多。从某种程度上来讲，这也可理解为其通俗性的一种体现，因为严谨正统的学术研究著作一般不太可能会像该书一样运用如此多的精美配图。本书书名中有三个关键词，即“真景”“文物”“朝鲜王朝史”。“真景”，本是美术史用语，指真实、实际的景色或景观，即实景山水，故“真景山水”泛指以画家自己的画风画出朝鲜的盛景和名迹的朝鲜时代后期的山水画。[②] 作者在《撼动朝鲜王朝的十大新闻》一节也提到了“真景文化”，所以该书名的含义显而易见，即以文物作为重要媒介、手段和视角，去解读朝鲜王朝历史的方方面面，进而帮助读者了解和认识一个真实的朝鲜王朝。所以，文物当然是全书内容的基础和重中之重，书中运用如此之多的精美文物配图也就不难理解了。书中的文物配图不仅数量众多，而且每个主题之下基本都有不止一幅配图，所涉及的种类有古代书画、书籍、地图、文献，还有册封诏命、日晷、扇子、石碑、马牌、砚台、刀剑、货币、建筑、木盆、药罐、祭祀器具等，它们造型精美，质量极好，绝大多数都是因为此书在中国大陆的翻译出版才首次公布，如书中第 27 页配图《平生图》（即本书的封面），第 44—45 页、

---

① 申炳周．真景：文物中的朝鲜王朝史［M］．王海龙，译．北京：社会科学文献出版社，2022：30-425.

② 金银实．朝鲜朝后期真景山水画美的研究［D］．延边：延边大学，2015.

48—49 页配图《王世子入学图帖》，第 70 页配图《王子按司图》，第 71 页配图《王子夫人图》，第 73 页配图《那霸贵族妇人图》，第 76—77 页配图《琉球人行列图》，第 122—123 页配图《风俗图・津头过客》，第 127 页配图《风俗四季图・秋》，第 129 页配图《风俗四季图・冬》，第 133 页配图《东国舆图・京城图》，第 146—147 页配图《平生八曲图屏》，第 150—151 页配图《松都纪行帖・太宗台》，第 154—155 页配图《百扇图八曲屏》，第 156 页配图《风俗四季图・夏》，第 176—177 页配图《越中图》，第 213 页配图《青邱图・松都地图》，第 216 页配图《东舆备考》，第 248 页配图《春香传》，第 282 页配图《孝子图・娄伯捕虎》，第 307 页配图《绘本太阁记》，第 311 页配图《李舜臣肖像》，第 315 页配图《壬辰战乱图》，第 342—343 页配图《都城图》，第 346—347 页配图《北汉志》，第 373 页配图《耽罗巡历图・正方探胜》，第 416 页配图《江华府宫殿图・外奎章阁图》，第 424 页配图《北京城地图》，第 446 页配图《敬以勿毁・太祖忘忧岭驾幸图》，第 470 页配图《白岳春晓图》，第 471 页配图《御前濬川题名帖》，第 474 页配图《洪景来阵图》等都堪称兼具艺术价值和学术研究价值的精品文物，[①] 令中国大陆读者大饱眼福，阅读本书等于享受一场极其宝贵的关于韩国传统文化的饕餮盛宴。我们甚至可以说，本书精美文物配图的魅力要远远高于通俗文字的魅力，它们吸引眼球，美不胜收，精彩纷呈，令人手不释卷。

四、《真景：文物中的朝鲜王朝史》的现实性

除了通俗性和文物性，《真景》另一个突出的作品属性便是现实性，或者说是当代性。现实性指的是申炳周教授作为历史学者，在历史研究和写作中关注现实，主张在历史现场还原历史并与当代史进行交叉比较。他在书中习惯将历史事件与当代史进行交叉思考后得出结论，形成写作的固定章法和体例，从而凸显自己的研究特色。在全书的 60 个主题中，基本每个主题都会涉及现实性，如在开篇都会先从与本篇主题相关的现实问题入手，进而引出主题，详细介绍之后，再回到当下，强调历史对于现实的借鉴和启示意义，如《首尔城郭的历史及其痕迹》一节：

不久前，首尔市中心发生了一件罕见的事情：人们记忆中的东大门体育场被拆除，并有人对那里的遗址进行发掘。虽然 2008 年也发现了首尔城郭和二间水门，但 2009 年 6 月部分保存完整的首尔城郭出现后，引起了学界关注。东大门体育场原址的发掘证明

① 申炳周. 真景：文物中的朝鲜王朝史［M］. 王海龙，译. 北京：社会科学文献出版社，2022：27-474.

了首尔是一座城郭城市。

……

1993年，仁王山开放，人们得以目睹依山而建的首尔城郭。受1968年“1·21”青瓦台袭击事件的影响，肃靖门一带的首尔城郭道路成为禁区。2006年，禁区重新向市民开放，首尔城郭正慢慢地回到我们的怀抱。尽管有部分城郭道路中断，但只要有决心，人们就能将仁王山、北岳山、骆山和南山一带建成的首尔城郭游览个遍。建议读者朋友们也去环绕首尔城郭，探寻成长为国际都市的首尔的历史和文化踪迹。[①]

本节一开篇便从现实问题入手，先从距离本书写作时间不远的考古发现说起，然后引出首尔城郭，即本节的主题，对首尔城郭的历史进行一番详细介绍后，再回到现实，介绍首尔城郭在现代的变迁，最后来到当下，强调古为今用，对读者提出希望，强调首尔城郭遗迹对于探寻和感受首尔历史文化的重要意义。

五、《真景：文物中的朝鲜王朝史》在中国大陆韩国学研究著作中的地位

除了上文提及的《真景》作为韩国古代历史、朝鲜王朝史通俗读物所具备的通俗性、文物性、现实性等特点，笔者还想谈一谈在阅读本书之后更重要、更深层次的一些思考。首先，《真景》被翻译为中文在中国大陆出版之后，它在中国大陆出版的韩国学研究学术著作中处于一个怎样的地位？或者说本书为中国大陆的韩国学研究带来了怎样的启示或意义？这里提到的韩国学研究，一方面是指整体的韩国学研究，另一方面则是指更具体的朝鲜王朝史研究。目前，我国学界主要从事朝鲜王朝史研究的学人寥寥无几，仅有南开大学的孙卫国，山东大学的陈尚胜、石少颖、丁晨楠，复旦大学的王鑫磊，中山大学的朱玫等人，就算加上研究涉及朝鲜王朝史的学人，学术团队也算不上庞大，而在中国大陆已出版的关于朝鲜王朝史研究的学术著作，经过检索，目前仅有24部，研究成果还很薄弱，远不及申炳周教授一人所著的朝鲜王朝史研究的学术著作的数量，可以说相关研究还明显处于初级阶段，这24部学术著作包括孙卫国的《大明旗号与小中华意识：朝鲜王朝尊周思明问题研究（1637—1800）》（四川人民出版社，2021年），陈尚胜《朝鲜王朝（1392—1910）对华观的演变：〈朝天录〉和〈燕行录〉初探》（山东大学出版社，1999年），刘顺利《王朝间的对话：朝鲜领选使天津来往日记导读》（宁

① 申炳周．真景：文物中的朝鲜王朝史［M］．王海龙，译．北京：社会科学文献出版社，2022：328-329.

夏人民出版社，2006年），［韩］韩永愚《朝鲜王朝仪轨》（浙江大学出版社，2012年），杨军《朝鲜王朝前期的古史编纂》（社会科学文献出版社，2013年），魏嵩山《三千里江山回顾——朝鲜王朝政区建置沿革》（上海人民出版社，1997年），赵旭《朝鲜王朝礼制研究》（中国社会科学出版社，2017年），张光宇《朝鲜王朝正祖时期的官方史学研究（1776—1800）》（上海三联书店，2019年），黄枝连《东亚的礼仪世界：中国封建王朝与朝鲜半岛关系形态论》（中国人民大学出版社，1994年），［日］宫岛博史《两班：朝鲜王朝的特权阶层》（中西书局，2024年），［韩］申炳周《真景》（社会科学文献出版社，2022年），王誉棋、魏勇《朝鲜王朝三百年气象日记》（气象出版社，2021年），张钧波《朝鲜王朝法律史研究》（中国社会科学出版社，2021年），丁晨楠《海东五百年：朝鲜王朝（1392—1910）兴衰史》（漓江出版社，2021年），刘晓东《戚继光军事思想接受史研究——以朝鲜王朝为例》（社会科学文献出版社，2023年），［韩］郑炳说《权力与人：思悼世子之死与朝鲜王室》（上海书店出版社，2023年），［韩］周永河《绘画中的朝鲜饮食史》（社会科学文献出版社，2024年），［日］夫马进《朝鲜燕行使与朝鲜通信使：使节视野中的中国·日本》（商务印书馆，2020年），葛兆光《想象异域：读李朝朝鲜汉文燕行文献札记》（中华书局，2014年），王鑫磊《同文书史：从韩国汉文文献看近世中国》（复旦大学出版社，2015年），孙卫国《"再造藩邦"之师：万历抗倭援朝明军将士群体研究》（社会科学文献出版社，2021年），孙卫国《明清时期中国史学对朝鲜的影响：兼论两国学术交流与海外汉学》（上海辞书出版社，2009年），陈尚胜《壬辰战争期间明鲜军政合作问题研究》（山东大学出版社，2022年），［日］岸本美绪、宫岛博史《明清与李朝时代》（贵州人民出版社，2024年）。这24部在中国大陆出版的关于朝鲜王朝史研究的学术著作中译作有7部，真正由中国大陆学者所著的只有17部。这24部学术著作涉及思想史、史学史、文化史、科学史、法律史、军事史、政治史、宫廷史、社会史、交流史、文献史等诸多领域，但基本都只涉及朝鲜王朝史的某一领域，其中内容最丰富全面的学术著作非《真景》莫属，因而其学术价值更高，更值得一读。

就《真景》的内容而言，该书全面介绍了朝鲜王朝历史的方方面面。在17部由中国大陆学者所著的关于朝鲜王朝史研究的学术著作中，和《真景》作品属性最类似的当属丁晨楠的《海东五百年：朝鲜王朝（1392—1910）兴衰史》，它算是近些年中国大陆学界关于朝鲜王朝史研究的比较重要的成果，但该书从最传统、最基本，甚至已经过时的政治史视角对朝鲜王朝的五百年历史进行梳理。而申教授在《真景》中，将朝鲜王朝史各领域研究完全打通，且对各方面内容熟稔于心，运用自如，这体现的是研究者个人的学养、学识、学力方面的巨大差异。《真景》涉及的60个主题，在中国知网中检索可知，大多数在中国大陆学界的研究中尚处于空白的状态，这60个主题基本上都是从细小、具体、通俗的研究视角出发研究朝鲜王朝史，可以说对于中国学界的朝鲜王朝史研究具有极其重要的学术指导意义和启发性。

六、由《真景：文物中的朝鲜王朝史》窥探中韩人文学术交流问题

《真景》在中国由社会科学文献出版社出版于2022年，而其韩文版原著《朝鲜评传：60种绝景描绘的朝鲜》于2011年4月由韩国글항아리出版社出版，二者出版的时间相隔11年，并不算短。在此之前，在中国大陆翻译出版的韩国版韩国古代历史通俗读物仅有《朝鲜国君的一生》（江苏人民出版社，2016年）、《朝鲜两班的一生》（江苏人民出版社，2020年）。《朝鲜国君的一生》的韩文版原著《朝鲜国王的一生》，2009年8月由韩国글항아리出版社出版，二者出版的时间相隔7年，也不算短。《朝鲜两班的一生》的韩文版原著也叫《朝鲜两班的一生》，2009年12月由韩国글항아리出版社出版，二者出版的时间相隔11年，也不算短。在《真景》之后，中国大陆又新出版的韩国古代历史通俗读物仅有《权力与人：思悼世子之死与朝鲜王室》（上海书店出版社，2023年）、《绘画中的朝鲜饮食史》（社会科学文献出版社，2024年）两种。《权力与人：思悼世子之死与朝鲜王室》的韩文版原著也叫《权力与人：思悼世子之死与朝鲜王室》，2012年2月由韩国문학동네出版社出版，二者出版的时间相隔11年，还是不短。《绘画中的朝鲜饮食史》的韩文版原著也叫《绘画中的朝鲜饮食史》，2022年9月由韩国휴머니스트出版社出版，二者出版时间间隔不足2年，是目前所见的在中国大陆出版的韩国古代历史通俗读物中与韩文版原著出版时间间隔最短的一部。如果再算上在中国大陆已出版的关于朝鲜王朝史研究的学术著作中的那7部译作，去掉与前边提到的重复著作，还剩下［韩］韩永愚的《朝鲜王朝仪轨》、［日］宫岛博史的《两班：朝鲜王朝的特权阶层》、［日］夫马进的《朝鲜燕行使与朝鲜通信使：使节视野中的中国·日本》、［日］岸本美绪和宫岛博史的《明清与李朝时代》4部。7部译作中，日本学者的学术著作有3部，足见日本学者在朝鲜王朝史研究这一外国专门史研究领域的雄厚实力。［韩］韩永愚《朝鲜王朝仪轨》（浙江大学出版社，2012年）的韩文版原著也叫《朝鲜王朝仪轨》，2005年7月由韩国일지사出版社出版，二者出版的时间相隔7年，也不算短。《真景》《朝鲜国君的一生》《朝鲜两班的一生》《权力与人：思悼世子之死与朝鲜王室》《绘画中的朝鲜饮食史》《朝鲜王朝仪轨》这6部目前已知的在中国大陆出版的关于朝鲜王朝史研究的韩国学术译作，除了最近出版的《绘画中的朝鲜饮食史》和韩

文版原著的出版时间间隔不足 2 年，其余 5 部和韩文版原著的出版时间间隔都在 7 年及以上，由此足以见得，在中韩人文学术交流中学术著作翻译相对滞后。朝鲜王朝历史长达 518 年，大抵与中国明清两朝的历史长度之和等长，对于这样一个时间跨度极长、历史影响极为深远的重要历史朝代，韩国学界关于朝鲜王朝史研究的学术著作多到可以用汗牛充栋来形容，然而至今仅有 6 部韩国学术著作被引介翻译到中国大陆出版，实属遗憾，这与朝鲜王朝重要的历史地位和影响力不能完全匹配，也从一个侧面反映出中韩人文学术交流亟待加强与改进。另外，《朝鲜国君的一生》《朝鲜两班的一生》这两本韩国古代历史通俗读物其实是"奎章阁素养"丛书中的 2 部，该丛书是为了将因 2008 年进行的"奎章阁星期五大众讲座"而被大众熟知的韩国历史文化向更为广大的读者进行传播而编辑出版的，同属于该丛书、在出版计划之列的还有《朝鲜女性的一生》《朝鲜专门家的一生》，但出版时间距离上一本韩国古代历史通俗读物《朝鲜两班的一生》的出版为 4 年，《朝鲜女性的一生》《朝鲜专门家的一生》虽在出版计划之列，但未见出版。《〈朝鲜女性的一生〉的翻译实践报告》作为硕士论文在 2022 年便已出现，且《朝鲜女性的一生》《朝鲜专门家的一生》的韩文版原著出版于 2010 年，距离原著出版已经 14 年，中韩人文学术交流中学术著作翻译的明显滞后性这一点，亟待引起中韩人文学界重视，双方应不断加强学术交流，加快优秀学术著作的翻译与出版，促进学术研究成果的资源共享。

作者简介

姚诗聪，中国诗歌学会会员，陕西省作家协会会员，中国朝鲜史研究会会员，韩国庆北大学中语中文学科博士研究生。主要研究方向：韩国学研究、东亚文化交流及比较研究。

画路溯源：我在中央戏剧学院舞台美术系的求学经历

李文培　林观星

摘　要：六十多年以来，我在水墨京剧人物画方面取得的艺术成果，得益于在母校中央戏剧学院舞台美术系求学的这段宝贵经历，其中包括中央戏剧学院舞台美术系艺术教学课程实践与中西绘画教学内容相融的真实图景。本文以我的艺术人生经历为例，回溯和呈现我多年来的艺术实践历程和母校教学实践，以求抛砖引玉。

关键词：李文培；水墨戏曲人物画；中央戏剧学院舞台美术系；中戏校史；京剧舞台美术设计

1952年，我参加了北京五中美术组的招生考试，因成绩优异被录取。进入北京五中后，我便开始正式接触并投入美术课程的专业训练。美术专业老师在课堂上要求我们将石膏球体画出立体感，将方体画成块面结构。这对当时还是初一学生的我来说是一个非常具有挑战性的课题。怎样把实物的比例描绘得既准确又立体化，当时我内心的第一感觉就是怎样把物像变成实际的形象，后来我才知道，这是写实主义的绘画语言。这个想法在我脑海中扎下了根，即如何通过自己的画笔将物体形象化呈现。同时，北京五中的美术组老师带我们去北京各地进行水彩、素描写生，让我们有机会了解北京城的许多名胜古迹，以及中国传统寺庙中的佛像、塑像。从这一时期开始，我们的专业训练以及艺术审美就开始融入中国传统文化及视觉元素。这包括北京五中美术组的老师们带我们去参观北京雍和宫，那里一进门就能看到“四大金刚”。当时美术老师就和我说：“这四大金刚身躯庞大。每个金刚都手持不同的武器和道具，有拿伞的，有拿宝剑的，有拿琵琶的，但是你看它们的眼睛、鼻子、嘴、眉毛这些五官结构，是那么有神。”美术老师讲到了中国传统艺术的美学思想以及艺术精神，如今在我看来，这是中国古代雕塑所呈现的力量感和底蕴美。所以，当时我就用画笔画下这“四大金刚”。这是我在中学阶段通过美术老师接触中国传统文化及其美学思想的经历（见图 1，图 2）。

图 1　1955 年秋李文培与初三同班同学毕业合影留念

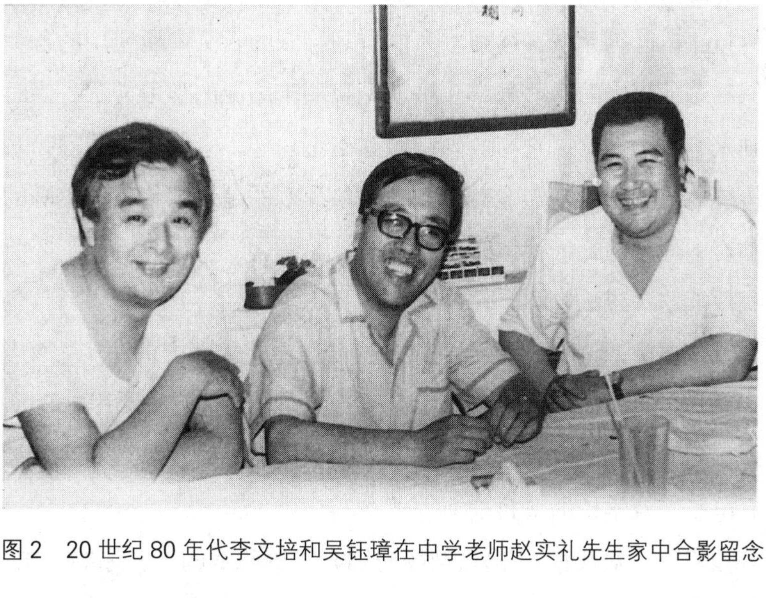

图 2　20 世纪 80 年代李文培和吴钰璋在中学老师赵实礼先生家中合影留念

后来，中央戏剧学院舞台美术系（下文简称“中戏舞美系”）开始招生，我在美术老师的建议下报了名。其中美术专业考试科目分别是素描、彩画和创作，我因专业课和文化课成绩优秀被录取。

1958年，我正式入读中戏舞美系。当时我们系的师资力量非常雄厚，专业绘画教员有冯法祀、钱辛稻、王宝康、马运鸿、张重庆、周祖泰、孙宗慰等先生；还有教国画的郭传璋先生，他原是北京画院山水画画家。我们的主课是油画和素描，每天上午都是油画课和素描课，下午是国画课和艺术史论课。现今回想起来，我们的课程设置遵循的是一种系统化、深入化的艺术训练思维。其中，系统化是指老师循序渐进地培养学生的绘画意识、审美认知与专业能力，譬如，从局部头像写生到胸像、全身像，再到人体画的整体训练过程；深入化则是指老师如何指导学生把艺术对象描绘得栩栩如生。

前几年，在一次与中央戏剧学院（下文简称“中戏”）的老同学聚会中，有一位叫刘树纲的老同学，他是著名剧作家、中央实验话剧院原院长。他跟我说：“文培啊，你的画作呈现了中国戏曲文化与西方写实主义的高度融合，我看这与咱们20世纪50年代在母校学习西画有重要关系啊！你的水墨戏曲绘画呈现了高度的中西结合的特征。”

我对树纲院长说：“你说得很对，中国绘画是我的一种表现手法，而西画是我绘画中造型能力的基础，这两重因素随着我在母校中戏求学与在中国京剧院工作、创作的经历而不知不觉地融汇起来，从而形成我目前的绘画风格与视觉形式语言。”

追溯其原因，当时我们下午的课程有国画课，国画课教员郭传璋先生每天上课都拿来十几张他自己的绘画作品。同学们便拿起他小斗方大小的画作进行观摩，画作上有石头、树干、树枝、树叶等元素，往细看还能看到绘制的石头中所使用的各种皴法，郭传璋先生让我们临摹他带来的这些画作。这就是我们国画课的学习方法。当时，我内心就觉得中国绘画是有继承性的。它与西画中的素描不一样，素描是对着静物写生，而中国绘画是按照传统的笔墨关系来塑造对象。我印象深刻的是，郭传璋先生画的云很有立体感，这与我脑海中理解的云的立体感是一致的。

于是，我便把这一想法告诉了郭传璋先生。

他后来对我说：“对，咱们中国绘画在现代阶段也追求西方的写实主义与立体感。”

有一次上主课的时候，冯法祀先生跟我们说：“学校有一门课程，每个礼拜可以安排二至三个晚上到剧场观摩，有时候是观看戏曲演出，有时候是观看话剧歌舞演出，还有时候是观看电影以及学校的节目表演等。”

另外，冯法祀先生对我说：“你到剧场时别光顾着欣赏剧目，你要在剧场里画速写，展现自己的特长，并且体现我们舞台美术系（下文简称“舞美系”）的教学特点，将舞台上演员表演的动作画出来。”

我问："那舞台上的演员一直在动，这和课堂画模特不一样啊。"冯法祀先生答："这就需要你的记忆力了。"从此，我对绘画有了新的感悟。冯法祀先生提到绘画还需要练习记忆力，意思就是说要把记忆力体现在纸张和画笔之中；换言之，舞台上演员的持续运动需要绘画创作者练习记忆力，至于记忆力准不准，就看个人速写能力的高低了。

中国画在绘制过程中强调"眼""心""手"合一，冯法祀先生对此说过："在舞台下进行速写创作时，就看你的'眼''心''手'三者的配合程度及记忆力的练习程度。你的眼睛快速地捕捉演员的动态，然后在脑海中记下来，同时你的手把脑海中一瞬间的记忆画出来，这就是'速写'。"

我说："那造型也不准啊。"

冯法祀先生回答："不准也没关系，你画出几条大动态线就行，最重要的是呈现台上演员的大动势和整体布局。"

数十载以来，我一直牢记恩师冯法祀先生所说的这几句话，这可以说是我绘画创作的启蒙思想，我在绘画创作道路上一直遵循和坚守着该思想。

现在我们常说绘画创作要"眼""心""手""脑"四者合一，过去可没有这个观念。当时我们画速写时，全凭记忆力，能记下来的赶快记，哪怕是顷刻之间的变化，我们都要牢牢抓住，生怕错过精彩瞬间。所以，我在剧场中画速写作业的时候，尽量将我脑海中的顷刻记忆在转瞬之间完成，用几根大的动态线定下来，附带些许局部内容；有时候可能没有画眼睛、鼻子等细节，但整体上能呈现演员的动态之美。其中有一次经历令我印象深刻，当时我们去长安大戏院观摩由中国京剧院演员演绎的《借东风》这出戏，班里同学在剧场寻找位置进行速写写生，大部分同学都往前坐，而我在前面侧边坐着，拿起速写画板，在画纸上画了几个龙套角色。后来在美术课堂上，冯法祀先生将同学们所有的作品往地上一放，逐张点评。当冯法祀先生点评到我的作品时，他对同学们说："大家看，文培这张速写挺有意思，有意思在什么地方呢？他在画面中呈现了人物的'雕塑感'。"

我当即提问："何谓'雕塑感'？先生您可否深入地讲一讲？"

冯法祀先生答："'雕塑感'就是力量，就是稳重。"对于此观点，我当时受到很大启发，原来在画速写的过程中，绘画本身和雕塑的内在核心是一致的，它代表着一种力量，是一种稳定的象征。现在看来，冯法祀先生所说的"雕塑感"，与北京雍和宫宫殿内的"四大金刚"塑像所体现的气势、力量有异曲同工之妙。因此，我认为中国戏曲艺术和中国古代雕塑艺术有着某种内在的一致性。20世纪80年代初期，我接手了一个舞台美术设计项目，于是前往北京居庸关长城考察元代浮雕琵琶天王像和罗汉像，这与我

20 世纪 50 年代上学时考察中国雕塑艺术时的感觉是一致的，浓烈且深刻。可以说，中国古代雕塑艺术贯穿着我的艺术设计生涯，它为我的水墨戏曲人物画创作带来了文化的滋养。

虽然“龙套”角色属于舞台演出中的次要人物，但冯法祀先生很认真地针对画面中的问题对我进行指导并提供建议。他并不是指出手、胳膊、鼻子等具体部位画得不对，而是对学生的艺术思路进行启发式教育。包括中戏的名师们，他们要解决的不是简单局部的问题，而是主张将学生的艺术审美与中国传统艺术中的美学精神进行高度且紧密地融汇。这对于我的艺术创作道路产生了重要的影响。回想起来，我非常感恩在中戏求学时遇到的众多好老师。

冯法祀先生曾说过一段话，至今令我深有感触。他说：“我们要把中国的戏曲人物当作中华文化的重要载体。因为它融合了雕塑、绘画等艺术美学精神，更包括了美术家运用线条、色块等视觉语言进行戏曲表演再创造的艺术成果。”

在当时，这是一种将西画与东方传统文化相融合的创新性实践，具体表现为我认真学习西画创作方法，扎实打基础，紧接着绘戏曲人物画，将西画与庙堂塑像艺术和中国优秀传统文化进行融汇。这种创作方法一直延续至今。1995 年，在中戏成立 45 周年之际，我回到母校，在舞美系教研室再次见到大卫石膏像时（见图 3），不由地回忆起 1958 年在母校学习西画与扎实绘画基础的点滴。

图 3　中戏成立 45 周年时李文培在绘画教研室留影

我非常感恩当时母校的领导和恩师，他们开明的教学理念和方法让我在艺术道路的求索中得到启蒙与精进。当时，老师们的思路结构和思想脉络大多以西方的教育理念和西画的知识体系为主。例如，冯法祀先生是现实主义的艺术风格，他一直跟随徐悲鸿先生在绘画领域进行深耕与创新。他曾多次跟我们说：“你们要认真地欣赏与学习法国巴比松画派的风景画艺术。”

还有一次难忘的经历。1960 年左右，冯法祀先生带着我们班的同学前往徐悲鸿纪念馆展览室（原址在北京市东城区东授禄街 16 号）学习徐悲鸿先生的作品。到了地方后，同学们先在馆内观看展览。尔后，廖静文老师给同学们讲起徐悲鸿先生在法国留学时创作的西画作品，以及回国后创作的中国画作品。这些西画作品给大家留下了很深的印象，因为这些作品与我们在课堂上学习和研究的西洋画种（这里指素描和油画）是一致的。徐悲鸿先生画的风景题材和人物题材的素描作品是如此形象生动，这让我们倍感亲切。

廖老师在一旁给我们讲解，冯法祀先生则在另一旁听着并补充：“悲鸿他走的路子是现实主义的路，所以他的作品中常常有一种生动且形象的生命力。”

廖老师跟我们说：“当时的留法学生不止徐悲鸿一人，还有很多学生，但是他们最终选择了别的艺术道路，大部分都不继续坚持现实主义这一艺术风格了。”

在当时，两位老师无疑是想鼓励我们走现实主义的绘画道路。另外，我们在展览室看到了徐悲鸿先生回国后创作的一些作品，有关于马的绘画作品，还有部分风景画的速写与人物画素描。此外，冯法祀先生和廖静文老师给我们讲：“中国的绘画技法，实际上在悲鸿的思想意识里已经根深蒂固。悲鸿也有很多用素描手法来画马的作品。可是为什么他后来坚持选择用中国的水墨语言来画马，并使之成为自己绘画创作的一个主体语言呢？”这是因为中国水墨的魅力。徐悲鸿先生画的马之所以具有磅礴的气势，是因为徐悲鸿先生原先画过结构解剖图，对马的生理结构和西方素描有一定的认识与了解。这属于西方的绘画流行语言，但他回国后看到了中国水墨画的优势。

值得一提的是，廖老师还给我们讲了《八十七神仙图卷》。她说徐悲鸿先生非常喜欢《八十七神仙图卷》中的线条，画面中所有的神仙都是以线条的方式（白描）呈现的。冯法祀先生跟我们说：“线是中国绘画所特有的一种艺术语言与视觉表现方式，徐悲鸿先生之所以将这幅画作保存下来，是因为这幅画的线条吸引了他。当初，欧洲艺术家认为用线条来塑造形象就好比是一大发明创造，但实际上我们的祖先在唐代就已经承袭了前人经验，将线条的视觉语言表现到炉火纯青、登峰造极的境界，如唐代的《八十七神仙图卷》就是很好的例子。”他紧接着说：“实际上，中国的绘画本身就很先进，线条其实是根本不存在的，唯独我们中国画把它进行了抽象化处理。”

廖老师还跟我们讲：“中国传统绘画在齐白石老人的笔下又得到进一步发展。这是一种大写意风格，远山是一种墨色的块面，近处山峰则是一个墨块，底下用画笔勾勒出几间房子，实际上这是将线的视觉语言进行了延伸并且高度概括化的表现。”

此外，廖老师回忆：“悲鸿对白石老人的画作非常赞赏，他看到的是中国水墨画未来的发展趋势，这是一种现代水墨画的感觉。与此同时，他和白石老人的关系甚是不错。20世纪40年代，当时的文化工作委员会派遣他去南京任职。这期间，白石老人在画作中画了一个老人拄着拐杖在月下等待着，这是白石老人在‘盼君回’。白石老人一直希望悲鸿赶快回来一起切磋艺术、探讨艺术。这体现了他们两人之间的真挚友谊。”

同学们参观完徐悲鸿纪念馆后，冯法祀先生做了一个课堂小结：“油画本身的色彩要丰富，徐先生有一个经验，在画布上画一遍颜色后，再全部刮掉，然后重新画一遍；第一遍颜色作为画面的‘底色’容易与第二遍的颜色混合，从而摆脱色彩单一的情况，这样的方式两遍即可，不宜太多。另外，在画物体的暗部的时候可以采用‘薄画法’，亮部则采用‘厚画法’。”现今我回想起来，无论是徐悲鸿先生、冯法祀先生抑或戴泽先生的油画作品，其画面色彩都是极为丰富的，数不清画面中有多少个色阶组合。后来我关注到中国现代油画家卫天霖先生，他画的花卉和瓶罐所呈现的色彩层次也非常丰富，非言语所能表达，只有看到原作才能感受到其色彩的魅力。所以我从这几位先生身上总结出一个心得：油画本身的特点就是色彩表达丰富化。

后来，我们学校新来了两位老师——王宝康、马运鸿先生，他们分别担任我们的班主任和油画的主科教员。二位先生毕业于苏联列宁格勒美术学院（今俄罗斯列宁格勒美术学院），他们带来的绘画技术和审美观念非常新潮。首先，在油画课中，两位先生教我们要以整体观去观察色彩关系以及色彩中微妙的视觉变化；其次，先生们强调写生时要注意画面中的色调处理以及气氛营造，如俄罗斯油画讲究色调运用，先生们拿出伊萨克·列维坦（Levitan，Isaak Iliich）的风景画、伊利亚·叶菲莫维奇·列宾（Ilya Efimovich Repin）的人物画图片给我们看。当时我们舞美系除了画人物画，还创作风景画。列维坦是俄罗斯风景画大师，他在画面中将色彩与环境周围的景色进行完美呼应。他擅长在画面中营造色调的氛围之美，其创作的风景画极其唯美，我们对他的作品甚是喜爱。

后来王宝康先生跟我说：“俄罗斯的绘画讲究整体观察，整体入手，最后局部。”我在中戏求学时得到了这么多优秀的前辈们传授的美术知识和观察方法，这其中既有相同之处，又有不同之处。所以在我看来，艺术是因人而异、因时代而异的，我们在不同的语境下要采用不同的艺术表现方法。我在中戏读书时，体会到先生们的艺术创作思想。值得一提的是，我的艺术人生历程与速写有很大关系，以至于现在我依然笔耕不辍，看到电视、日常生活中的人物、风景时我经常会动笔画速写。回想起来，这与我刚刚提到的冯法袓先生在中戏课堂上教导我绘画创作的经历有直接关系。

另外，我们在课堂上接受了专业的速写绘画训练。模特摆好动作，同学们先对着模特画一张速写，画完后模特离开，同学们赶紧按照自己的记忆再默写一张。最后，同学们将这两幅速写进行对比，观察人体动态、形态以及五官比例有哪些异同。实际上，这种反复写生与默写结合的训练方式为我的画功打下了坚实的基础。我认为，这种通过强化自身记忆力来提高绘画的基本功，对于“眼”“心”“手”的整体训练起到了系统强化的作用，这些均归功于中戏的先生们在教学上所作的努力及尝试。我们作为学生，在当时先生们所提出的专业训练方式下绘画能力得到有效提高。因此，我的戏曲人物画得益于日积月累的速写训练；而速写能力的基础夯实则得益于中戏恩师们的课程安排与严格、认真的教学指导。

我在中戏五年的求学历程中，对绘画认识的第一点是人物的造型，这源于绘画基础的扎实训练；此外，还得益于国画课上所习得的知识，水墨意识潜移默化地融入我们的绘画创作，以及先生们的谆谆教导与细心指导，包括当时中戏领导们审时度势的视野，能够尽量将课堂的教学安排与社会的实际需求相结合。例如，时任中戏院长欧阳予倩先生早年留学日本，他既懂中西方戏剧艺术，又了解西洋美术与中国传统美术。可以说，他在戏剧与美术领域是相互贯通的，因此，他将学校的美术课与戏剧课融汇在一起；另外，曹禺副院长早年在清华大学的时候也见过众多西方艺术形式，如西方油画；还有李伯钊副院长，她早年在延安从事戏剧教学工作，创作出众多优秀的话剧作品，她不仅是优秀的教育家，还是一名优秀的戏剧家。由此可见，中戏领导们深知戏剧、美术教育中西融汇的方向以及艺术教育培养的人才须与社会需求紧密结合的重要性，并反映在教学实践中。

1958 年我就读中戏的时候，正值中华人民共和国成立后文化教育步入正轨的新阶段。至 20 世纪 60 年代中期，教育稳定发展，学生们一心一意努力画画，老师们专心致志教学。回忆起我这五年的求学时光，上午五节课是绘画训练，下午是美术史论、戏剧史论的学习，晚上是戏剧戏曲观摩活动，周末参观画展。想必正是如此多的实践与理论积累，为我的专业课程学习打下了坚实的基础。不过，当时北京的美术馆与博物馆并不多，如中国美术馆是 1958 年开始建设的，我们去的最多的便是徐悲鸿纪念馆。那个年代，学校的学习氛围非常浓郁，学生们的求知欲也非常强烈。当时学校邀请了著名京剧演员盖叫天先生给我们做讲座，我们在实验剧场听盖老前辈讲课，他讲了许多舞台表演方面的问题，其中他讲的一句话至今让我难忘，盖老前辈说：“艺术和生活要手拉手！这是我一辈子以来的艺术总结。”

他进一步解释："我在参与拍摄京剧电影《武松》时，在京剧舞台上要表现武松打虎的故事情节和动作，如果打虎的时候我的眼睛朝下看老虎的头，那武松肯定是要摁住老虎的身体然后再打，但是观众在台下就只能看到我的脑门，这样动作呈现的视觉效果就会受影响。所以，我在舞台上将脸朝下，但是眼睛朝向台下的观众，这样就富含视觉美感与生活感。这就是生活在艺术创作方面给我的启示。"

以上便是盖老前辈在讲座上的心得分享。他将一辈子的艺术心得传授给我们。时隔六十载，我依然觉得盖老前辈这句话充满妙思，并将其运用到舞台美术设计与水墨戏曲绘画的创作中。

中国著名戏剧家、翻译家、北京人民艺术剧院原总导演焦菊隐先生的艺术理念对我的艺术创作同样产生了重要的影响。当时在一堂设计课上，陈永祥老师对我们说："我和焦导演合作的一部戏《蔡文姬》是按照剧情要求设计的，但焦先生看到设计图后说要把全部设计概念都揉碎，让我提供另一种设计想法，好好观看京剧、戏剧，从中理解与感悟'写意'这一概念，并将其呈现于作品创作。"

陈永祥老师在课堂上说："焦先生是一位戏剧大师，他在《蔡文姬》这部戏中灵活运用与呈现中国戏曲艺术的'写意'之美，突出了中国气派与中国风格。方知焦先生将中国艺术美学运用且呈现得淋漓尽致，让我记忆犹新的是，演出时，舞台上的大幕一拉开，舞台上只出现了四个大杆子和一面旗子，别的景物都没有呈现，通过舞台灯光的渲染呈现写意的气魄之美，令观众震撼不已，这可谓一种戏剧舞台的视觉艺术享受。"

所以，当时我们学校的授课老师与校外专家都有意识且主动地将中国美学精神与文化价值带入课堂教学，实现东西方艺术的融会贯通，并呈现在话剧、戏曲舞台的艺术实践中。

1959年，我们观看了国际著名芭蕾舞艺术大师加林娜·乌兰诺娃的演出。她的爱人雷金是《天鹅湖》的舞台美术设计师，当时我们在首都剧场观看了《天鹅湖》的排练。几天以后，雷金在课堂上给我们讲述了《天鹅湖》的舞台美术设计过程。他充分描述了俄罗斯艺术家在处理歌舞剧《天鹅湖》的时候，其美术设计的视觉语言如何在舞台中运用及呈现。那种美的意境非常绝妙，不是单一的绘画方式所能体现的。所以，当时国内的舞美设计师跟我们讲："咱们从事的舞台美术设计工作，实际上就是'形象的导演'。你们要深刻地体现剧本内容，要努力研究表演艺术，还要研究音乐与台上演员之间的关系及氛围营构，包括角色人物在舞台环境中如何活动、故事情节如何展开等方面，这些综合因素在舞台上的呈现远比一般性绘画困难得多，在舞台上你们需要考虑和权衡的问题更多且更复杂。"

这一段话对我的舞台美术设计和戏曲人物画创作有极大的启发。因为我个人的职业生活囊括了舞台美术设计、舞台服装设计，我很清楚且熟悉舞台上的戏曲人物所呈现的动态的视觉故事，包括需要了解人物角色的性格、情绪等方面。后来，我在国家京剧院给舞美中心的同事们讲课时，将之前先生们提及的观点作了进一步延伸："戏剧戏曲是综合性的表演艺术，有了舞台美术设计与演员的统筹配合，才算正式的演出，才能有更多观众来买票。"时隔数十载，有一次我在中国戏曲学院举办个人展览的时候，国家京剧院的一位舞台化妆设计师跟我讲，他依然记得当年我在国家京剧院讲课时提到的这段话。

我曾经就这一观点和中国戏曲学院的赵景勃教授交流："现在电视台主办的节目《角儿来了》，我认为这个做法很好，有利于宣传中国戏曲艺术，让更多年轻观众了解与接触中国戏曲文化。但是我觉得戏曲表演中'龙套'的作用依然很重要。为什么我在画《李陵碑》的时候除了画上杨老令公，还画了四个'龙套'（四位老军）？那是因为我非常重视'龙套'这一人物角色在戏曲表演中的作用。如果没有龙套，仅凭杨老令公一个人在台上唱，能有那么动人的效果吗？其中两位老军扛着督旗，另外两位老军扛着军刀出来，就此营造一种悲剧的气氛；尽管他们的胡子和眉毛都花白了，他们以一种人物扮相的方式登台亮相，尽管胡子和眉毛都花白了，但关键词由老军说出来，才使得这出戏一步步延伸。"

四位老军唱："饿呀！"

杨老令公答："饥饿了就该把战马宰了。"

四位老军紧接着说："冷呀！"

杨老令公答："身寒冷就该把大营焚烧……"

在我看来，这就是戏啊。如果没有四位老军的这几句台词，何以表达杨老令公身处悲情的环境？那什么能促使他最后壮烈牺牲呢？后来，我在水墨戏曲人物画创作中将主角杨老令公与四位"龙套"（老军）在同一个画面中呈现。一直以来，我以"一棵菜"的态度去对待艺术创作，讲究在作品中传达更具感染力、冲击力与令人思考的精神内涵，将"戏"与"画"进行融汇，以动情、传情的方式呈现感染力。

以上内容大致就是我在中戏舞美系的求学经历。我在水墨戏曲人物画中强调和践行中西融汇的创作方法是与中戏的教学和恩师们的指导息息相关的，至今看来，这为我以后数十年的艺术创作提供了重要的指引。在1995年中戏建校45周年之际，我和同学们一同回到母校与校领导和老师们相聚（见图4），毕业已经31年，我回到母校倍感亲切。我作为中戏舞美系的人，从舞台美术设计向水墨戏曲人物画创作的转向是深深植根于母校的艺术教学方法论的，这种与时代、社会密切融合的实践经验论与20世纪60年代我在中国京剧院的艺术实践，共同打开了水墨戏曲人物画中美学思想的堂奥大门。

图4　中戏成立45周年时李文培与刘元声、赵鸿亮、周瑞石、王瑞廷合影

我以本文抛砖引玉，希盼有更多机会呈现中戏舞美系、国家京剧院艺术创作室与水墨戏曲人物画之间的发展脉络，并且呈现中戏舞美系人的历史创作进程和鲜活的文艺精神思想。

【附记：本文由林观星学术口述史访谈李文培而成。访谈时间：2022年2月至2024年7月15日。访谈地点：李文培家。文章由林观星整理、撰写，李文培审阅。本文图片皆由李文培提供。】

作者简介

李文培，国家京剧院一级美术师。主要研究方向：京剧舞台美术设计、水墨戏曲人物画创作。

林观星，中国传媒大学艺术研究院博士研究生。主要研究方向：艺术传播学、中国非物质文化遗产与艺术人类学研究、近现代戏曲视觉文化研究。

丹青戏境：李文培水墨戏曲人物画的美学精神

林观星

摘　要：李文培水墨戏曲人物画不仅体现出水墨与京剧两种国粹艺术的美学思想，而且展现了这位优秀的京剧舞台美术设计家、水墨戏曲人物画家60多载以来在中国现代京剧艺术、中国水墨戏曲人物画领域的艺术轨迹。实际上，这还包括另一条主线，即对中央戏剧学院舞台美术系和国家京剧院发展史的复观与梳理。本文基于笔者数年来对李文培先生的学术口述史访谈，旨在呈现他60多载以来对中国京剧艺术和水墨戏曲人物画创作的思考，并探寻他在时代大潮中坚守绘画创作的初衷与心路历程，这对新时代水墨戏曲绘画的发展具有一定的借鉴意义。

关键词：李文培；水墨戏曲人物画；京剧艺术；美学精神；戏曲写意美学

引言

1976年至1998年，李文培先生担任中国京剧院（现国家京剧院）艺术创作室美术设计组组长，他参与并见证了中国现代京剧舞美设计的创作及创新历程，其在中央戏剧学院（下文简称“中戏”）求学与在中国京剧院工作期间均保持着中国戏曲人物写生与创作的习惯。60多载以来，他在京剧艺术环境中产生了深厚的戏曲艺术的美学思想，并将其融通于水墨人物画创作。李文培先生水墨戏曲人物画的艺术价值与美学精神，离不开他在艺术领域的求索历程和与京剧艺术的渊源，他在绘画创作中始终秉承着传统京剧艺术、中国水墨绘画的写意美学思想与西方绘画艺术之间的创新关系及艺术创作理念。

李文培水墨戏曲人物画让观者欣赏与感悟到京剧艺术和水墨画艺术融通后的美学思想与时代价值，并让观者认识到20世纪60年代以来中国京剧艺术所达到的高度以及水墨戏曲人物画的时代精神。诚然，李文培先生水墨戏曲人物画的艺术成就，不仅为中国水墨戏曲人物画的创作积累了丰富的艺术实践经验，而且在很大程度上推进了京剧艺术文化的海外传播。2015 年，梅葆玖先生对李文培的水墨戏曲人物画作出评论：“京剧是中国文化的符号，水墨画也是中国文化的符号，它们都是中国优秀文化的代表，是人类文化的瑰宝。旅日画家李文培先生长期从事水墨戏曲人物画的研究与创作，让众多日本民众了解中国的戏曲艺术以及中国水墨画艺术，并从中感受中国文化的魅力……在我看来，李先生笔下的戏曲人物传神写意，笔精墨妙，体现了京剧艺术之精髓，所以其画作能流芳传韵。”

李文培戏曲人物画的创作历程与思想表现浓缩了中戏舞台美术系和中国京剧院半个多世纪以来的历史钩沉，成为当下中国京剧艺术的真实写照。最重要的是，60 多载以来，李文培先生通过水墨戏曲人物画的艺术实践推动了京剧文化的海外输出和文化交流。多年以来，笔者通过学术口述史访谈的方式，详细梳理了李文培先生追求艺术的历程。本文在此抛砖引玉，希望吸引更多学界同人对该问题进行深入关注和探究。

一、李文培的艺术启蒙轨迹回溯

从“丹青戏境——李文培水墨戏曲人物画展”到“梅兰芳主题当代美术创作作品巡展”，李文培水墨戏曲人物画的创作呈现出继承国粹文化、与美学相融的新面貌。纵观 20 世纪中国戏曲人物画艺坛，不得不承认艺术大家们各领风骚，对中国人物画创作产生了重要的影响。李文培先生在创作中对传统的继承更多地体现在对题材内容和形式语言的认识与感悟，这使得他的水墨戏曲人物画呈现独特的美学新意。

首先，李文培水墨戏曲人物画体现了中西绘画艺术的融通与创新。中国现代人物画坚持的写实主义和传达的现实主义精神是否与传统中国画所秉承的写意性一脉相承，如何权衡二者的辩证关系及进行创新性转化，成为中国画创新性发展的难题。在 20 世纪西学东渐、西方写实绘画进入国门时，我国文化先驱就已在该领域进行过实践性探讨，他们主张尊重、维护本土传统文化的根基并强调中西交融的创作。其中，最具代表性的画家当属徐悲鸿与林风眠。从林风眠的人物画中，我们可以清晰地看到西方艺术观念与中国传统文化融汇的特色；但是从水墨戏曲人物画的角度来看，人物的写实主义与笔墨的写意性之间的有机融合成为 20 世纪下半叶人物画创作的方向。

其次，李文培的水墨戏曲人物画追求的是“工写结合”的艺术风格。悉心观察其作品，我们可以发现他在人物塑造时充满了“力量感”“雕塑感”，并且体现出丰厚的中国传统文化底蕴。这让绘画创作高度和作者的艺术境界直接与中国传统文化的精神思想相贯通，使其艺术造诣能够凸显内在的精神性追求，而画面中内在的中国传统文化精神底蕴的体现，则得益于他青少年求学时期在北京雍和宫、蓟县独乐寺的艺术考察经历。

1952 年，李文培进入北京市第五中学美术组，开始正式接触并投入美术课程的专业化训练。那时，美术专业课老师在课堂上要求学生在画面中表现石膏体的立体感和正方体的块面结构感，这对才初一的李文培和同学们来说是一个新颖的课题，即怎样把静物的比例准确地以立体化的方式进行描绘与呈现。当时他的第一感觉是把具体物像变成写实形象，随着阅历的增加，他逐渐认识到这属于写实主义的绘画风格，也成为他埋藏在脑海的一颗启蒙的种子。与此同时，学校美术组老师经常带领班里学生前往北京及周边地区进行水彩、素描写生训练，李文培便有了更多机会了解北京许多名胜建筑，包括中国传统寺庙中的佛像、塑像。从这一时期开始，李文培和班里同学的专业训练与艺术审美开始涉及中国传统文化，这其中包括他们在北京雍和宫考察“四大金刚”的经历。老师对李文培和同学们说：“这四大金刚身躯是如此庞大啊！每个都手持不同的武器和道具，有撑伞的，有手持宝剑的，有手抱琵琶的，但是你们观察他们的眼睛、鼻子、嘴、眉毛这些五官结构，是那么‘有神’。”[①] 在今天看来，这一段话的含义就是强调中国古代雕塑的“力量感”“雕塑感”“传神之美”。

笔者在访谈李文培先生并整理文献资料时发现，20 世纪 80 年代初，李文培先生接到一项舞台美术设计创作的任务，前往北京居庸关长城考察元代浮雕琵琶天王像、罗汉像（见图 1），时隔多年再对中国古代雕塑进行调研，李文培先生颇感亲切。

图 1　李文培考察北京居庸关长城的元代浮雕琵琶天王像

① 林观星学术口述史访谈李文培。时间：2022 年 12 月 7 日。地点：日本东京。

李文培用画笔详细记录、描绘出“四大金刚”的造型、神态，将内在的文化内涵、视觉美感应用到舞美设计与水墨戏曲人物画的创作中，使之形成自己的舞美设计与艺术创作风格。

20 世纪 60 年代初，王宝康先生[①]从苏联留学回来，任教于中戏舞台美术系，讲授油画专业课，同时担任李文培所在班级的西画主课教员和班主任。当时王宝康先生带领班级同学前往河北省蓟县盘山（现位于天津市蓟州区）进行田野考察，参观唐代的遗存建筑独乐寺（又称大佛寺）。王宝康先生跟李文培详细讲述了这座建筑的重要性和历史意义，尤其是这座古寺的斗拱所蕴藏的深厚的文化价值。据李文培回忆：

参观这些历史久远、文化浓郁的建筑，让我们感到非常震撼且收获满满。在北方见到这么多优秀的古建筑令我尤为欣喜，在我看来，虽然宝康老师留学于西方，但是，他对中国传统文化有着深厚的理解与炽热的爱，对于这些古建筑、古文化遗址的历史与美学价值，他总是能够娓娓道来；在这次蓟县田野考察之旅中，宝康老师在中国传统文化与历史方面给我们上了极为宝贵的一堂课。[②]

值得一提的是，在考察过程中，王宝康先生还细心给李文培和同学们讲解了很多创作理念：

过去我们中国山水画的苔点总是不易言喻，等观者靠近山峰时才发现自己在远处瞭望时看到的是山体的外形，而苔点全是石头，它组成并蕴藏在山体的脉络里。所以，国画艺术源于生活并在生活中得到验证，它需要我们留心观察生活之美、自然之美。[③]

诚然，我们可以回答的一个问题是，王宝康先生虽然留学苏联，但是他对于中国传统文化（古建筑、中国画）的热爱是坚定不移的，并将其与西画教学进行融合。此外，王宝康先生强调的“国画艺术源于生活并在生活中得到验证”这一思想观点和艺术主张，对李文培水墨戏曲绘画的观察方法、创作构思产生了重要影响。李文培水墨戏曲人物画是以西画作为造型能力的基础，以中国绘画作为表现手段，并且深深根植于中国传统文化。这两种因素随着李文培先生在中戏求学和在国家京剧院工作、创作的经历而不知不觉地融汇在一起，最终形成独具个人特色的绘画风格与视觉语言。

此外，在大学期间的国画课上，教员郭传璋先生每天都会带来十几张自己的绘画作品，让同学们在课堂上细致观摩画作中的石头、树干、树叶等山水元素和皴法等视

---

① 王宝康毕业于列宁格勒美术学院油画专业，师从俄罗斯艺术科学院院士梅尔尼科夫（A.A.Milnikov），与其同一批留学回国的学生有李俊、肖峰、全山石。

② 林观星学术访谈李文培。时间：2022 年 12 月 7 日。地点：日本东京。

③ 林观星学术访谈李文培。时间：2022 年 12 月 7 日。地点：日本东京。

觉元素，并进行画作临摹。这为李文培学习中国绘画的技法、为他多年来的艺术实践打下了坚实的基础。这一阶段，李文培凭借对中国传统绘画的敏锐直觉和灵活的艺术思维，在中国画课堂上将中国传统绘画与西方绘画的语言及思维方式进行了思辨性融合。

二、生命的艺术舞台

如果说李文培在中戏的求学经历奠定了他在艺术创作中的坚实基础，那么他在水墨戏曲人物画艺术实践中的创新性表现，则离不开他对京剧艺术浓厚的热爱与创新性思考，这具体表现在戏画同源、中西融汇与生活化艺术三个层面。

众所周知，中国戏曲艺术与中国画有共同的美学思想与意境营构，这一点在京剧艺术大师梅兰芳先生的戏曲表演中体现得淋漓尽致。在梅兰芳时代，戏曲演员除了学习基本功，还需要学习琴棋书画、诗词歌赋，这是梨园中普遍的风气。实际上这要求艺人兼容“技”与“道”。中国历代绘画和画论中包含着戏曲艺术可以借鉴的形式和意蕴。梅兰芳洞察到戏曲美学与中国画两者在精神意境上相通，他将内在的情境相生、物我两忘的艺术境界以及性灵超脱、外师造化作为戏曲表演的核心，这在舞台艺术表演中表现为对生命自由状态的追求。李文培对于二者的融通则表现在他坚实的水墨创作与色彩表现能力上。

最重要的是，20 世纪六七十年代，李文培跟随剧团在祖国各地演出，这让他对民间生活有了更深入的接触和认识，这种源自农村生活、群众生活并且深深扎根于祖国大地的创作思想为他今后的绘画创作打下了坚实的基础。譬如，在《红灯记》《红色娘子军》拍摄和演出的过程中，李文培全程参与艺术创作，他用相机、画笔记录并创作作品。如图 2、图 3、图 4、图 5、图 6 所示，一方面，红色娘子军演员与在海南岛的战士们交流艺术创作，呈现军民一家亲的景象，诚然，这份浓厚的军民情感、与百姓生活相连的情谊成为李文培艺术思想的土壤；另一方面，从这些珍贵的图片中，我们可以看出李文培先生与杜近芳先生等知名京剧大家数十载的友情，他们经常交流京剧艺术创作，京剧艺术之美也成为他们生命中最重要的组成部分，这种深厚的京剧艺术功底为他在水墨戏曲人物画创作中带来了飞跃式的提升。

图 2 《红灯记》剧组部分工作人员合影留念

图 3 时任中国京剧团党委书记郭瑞（第二排右四）与同事合影留念

图 4　李文培在河北遵化农村劳动时与同事合影留念

图 5　红色娘子军演员与年轻女战士交谈

图 6　李文培在延安窑洞前进行油画写生

因受梅葆玖（见图 7，图 8）、袁世海、杜近芳（见图 9）等的艺术启发，他特别注重观察戏曲演员的眼神和在纸张上的刻画描绘，加之他曾在中戏接受过中国画、西方绘画的系统化创作训练，因而可以迅速地捕捉戏曲演员的动作和神态变化，并专注于在水墨人物画中刻画演员丰富的情感变化。

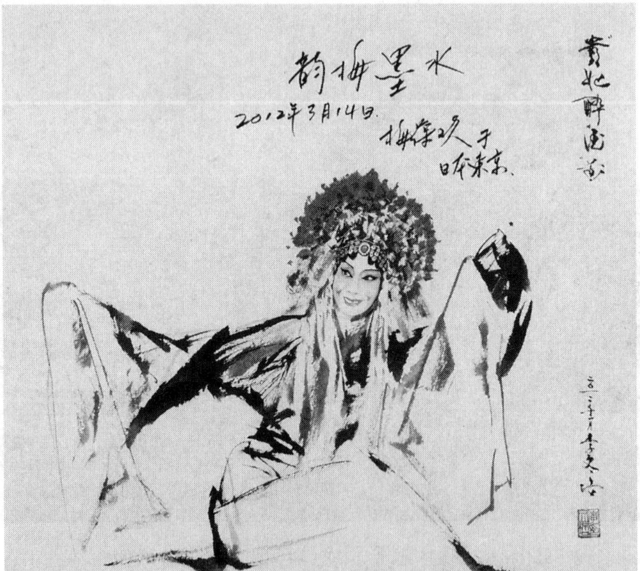

图 7　李文培作品《贵妃醉酒》

图 8　李文培与梅葆玖先生在日本东京相聚时合影留念

图 9　李文培与杜近芳交谈水墨京剧人物画《白蛇传》

60 多载以来，李文培坚持戏曲人物画创作。这不仅是他个人对于国粹文化（京剧、中国画）的热爱，更是通过笔墨记录中国京剧院老先生们在舞台和幕后的精彩瞬间的方式，是中国京剧表演艺术在宣纸上所呈现的经典且永恒之美。

李文培活用舞台美术设计语言，将中国民间工艺美术语言和京剧表演艺术相结合，使之在自身的艺术修为和眼界上登上新的高峰。

李文培回忆：“京剧《红灯记》中铁梅身着服装的图案设计，既需要运用艺术设计手法来体现梅花图案的视觉美感，又需要展现绒质服饰中传统手工技艺的特色。当时我和同事将五朵梅花整合成一朵梅花，并染上白颜色，然后在红绒上运用‘拔印’工艺呈现梅花图案。这样既保证了演出服装的亮色调，又呈现了‘梅花’这一装饰图案，还与铁梅的红头绳形成了视觉呼应。

在《红灯记》第 3 场戏‘粥棚’这一舞台场景设计中，我们运用剪纸的艺术形式来表现粥棚，在上面画了一条具有北方特色且富含空间纵深感的工人居住区街道。这在加强与呈现舞台视觉景深空间感的同时，真实地表现出当时中国老百姓的现实生活环境，拉近了演员、故事剧情、舞台场景与观众之间的距离。此外，当时为了设计与绘制这一真实的现实场景，我和赵金生、郭大有两位同志亲自到右安门和广安门附近的火车道旁的居民区，绘了诸多速写画稿，还拍摄了图片资料，回到京剧院进行设计，包括我绘画创作的北京鼓楼附近的烟袋斜街的视觉场景等均应用到这出戏中。”①

值得一提的是，《红灯记》第 10 场戏是创作人员后来添加的，原来并没有这一部分。众所周知，京剧舞台一旦出现了“开打戏”，那就意味着演出接近尾声了，过去曾有一句行话叫“一打一散”，特别是对于传统戏而言更是如此。但京剧《红灯记》属于现代戏，前 9 场戏都是为了营造暗无天日、低迷的故事情绪与舞台氛围，唯独第 10 场戏强调了“解放区的天”，这是我们中国游击队和东北武装部队的根据地。第 10 场戏由李文培担任舞台美术设计（见图 10，图 11），其设计思想是“祖国大好河山，岂容外敌摧残！中国人有自己的志气，一定要消灭、清除敌对的力量”。

在第 10 场戏的舞台设计上，李文培作出了以下几点创新：

第一，李文培将远处的山设定为早晨的朝霞映照着云层，山河近处是高大的视觉形象，松树、丛林以及在密密麻麻杂树丛中坚硬无比的岩石。整个舞台画面有着强烈的空间纵深感，通过近景的山来观看远景的山，用杂树丛中的三块岩石来呈现远景的空间透视，营造祖国山河的雄伟壮丽之美。

第二，第 10 场戏不是为了“开打”而“开打”，而是要宣扬中国人民的志气，展现要消灭外来侵略者和叛徒的决心和勇气，展示这是一支有智慧、有技巧、有强大能力的武装力量。

① 林观星学术访谈李文培。时间：2022 年 12 月 7 日。地点：日本东京。

图 10　李文培作品京剧《红灯记》手稿

图 11　李文培作品京剧《红灯记》剧照

第三，这场戏巧妙结合了传统京剧艺术的特点。舞台上的杂树丛中隐约有三块石头，这是京剧艺术表演中要充分运用的三块岩石。李文培认为：“武装部队要有压倒性的气势，他们从天而降，手拿大刀，或者手持红缨枪，从最高的一块岩石到第二块岩石，再到第三块岩石，这是直接的‘神兵天降’的感觉。也就是说，他要在该场戏中营造居高临下的氛围感。在演出中，武装战士们分别从岩石上三级跳下来，在舞台上，位于岩石前方的战士与位于岩石后方的战士组成了武装部队，鸠山和王连举正是被这种强大的武装力量消灭的，从而一个富含舞台层次感且有复杂故事情节的画面形成了。”

这一出戏的设计图富含“光影感”“立体层次感”，这源自他在求学时对西方“写实主义”绘画手法的刻苦钻研和经验积累，比如舞台上的松树、岩石以及远景中山峰的“光”“影”统一，与他当初接触的西方绘画语言有着极为重要的关系。

上述宝贵的人生经历成为李文培在京剧舞台生涯中进行艺术创作的重要组成部分，笔者将此归纳为“生命的艺术舞台”。他将舞台美术设计、水墨戏曲人物画艺术创作与京剧表演艺术紧密结合，形成了独具个人特色的艺术风格。一直以来，李文培主张中国绘画艺术对传统文化有继承性，它与西画中的素描不一样，素描是对着静物进行写生绘画，而中国绘画是按照传统的笔墨关系来塑造对象。李文培回忆：“郭传璋先生画云朵的皴法与自己脑海中云的物像的立体感是一致的。”[①]

对此，郭传璋先生回应李文培：“咱们中国绘画在现代阶段也追求西方的写实主义与立体感了。”[②]

诚然，郭传璋先生的课程教学对李文培的艺术人生产生了重要影响，李文培在《画戏随笔》中曾提及郭传璋先生：“郭传璋老师在课堂上拿出他的画。画作的尺幅虽小，却充满了诗意，尤其是他笔下的云朵，若隐若现，若有似无，飘逸隽永。水墨如此神奇。我如饥似渴地临摹着，领悟着先生的技法……”

从郭传璋先生的教学中我们可以发现，在李文培大学求学时期，即20世纪60年代初，其课程内容与教学体系已经融汇了中西方艺术的特色，李文培借鉴了徐悲鸿、郭传璋等前辈艺术家的实践经验，将戏曲人物进行脸部写实化、服装写意化处理，形成中西交融的绘画风格，加之他十分重视笔墨语言和戏曲美学的传达，从而形成了“形与非形”的艺术风格。具体而言，首先，“型”与“神”是一体的，李文培用“工写结合”的方式来营构水墨戏曲人物画的意境，呈现的不仅是“方圆结合”“虚实结合”的效果，更彰显了他在中西绘画创作语境中敢于突破、有取有舍的创作思维过程。其次，仅有“虚”没有“实”不容易让观者感受画作的主题思想内容，而仅有“实”没有“虚”则缺乏水墨艺术、戏曲表演艺术的意境美学追求。最后，李文培对于中西绘画的融通是基于对西方解剖学、光学技术的学习，这种科学化、系统化的认识和感悟为他将素描、中国画二者有机融通提供了可能性，在一定意义上，李文培将多年来的舞台艺术设计实践和水墨绘画创作经验进行了高度融汇。

---

① 林观星学术访谈李文培。时间：2022年12月7日。地点：日本东京。
② 林观星学术访谈李文培。时间：2022年12月7日。地点：日本东京。

三、水墨戏曲人物画的美学特征

从李文培的艺术经历来看，他的水墨戏曲人物画达到了炉火纯青的境地，这可以用“丹青戏境”来回答，具体而言，那便是“传神”。

中国画注重传神写照，在画法上讲究气韵生动。进言之，气韵生动不仅是中国绘画的美学追求，而且是中国传统艺术所追求的最高审美境界。李文培先生对于中国戏曲美学的领悟更是植根于他数十载以来在中国京剧院的工作经历以及受到诸位京剧名角的熏陶，他将戏曲舞台上的表演美学思想转化为自己笔锋下的写意之美，并将内在的“形似”与“神似”进一步发展到“写意传神”的境界。李文培曾在《画戏随笔》中提出：“我对京剧剧目中的人物感受较为深入。大多数京剧剧作家、导演、演员经常与我合作，数十年以来我们熟悉且亲切，工作中我们一起融洽创作，生活中我们又是朋友、知己。工作是戏，生活里也经常谈戏，无论是工作还是生活，戏是我们最主要的话题。例如，导演阿甲先生让我多看‘扬州八怪’的画作，分享李鱓的作品供我欣赏；袁世海老师跟我详细讲述他在京剧舞台表演方面的心得，勾勒脸谱时总结成六个字——‘发于内，形于外’；杜近芳老师给我讲旦角端庄秀美的台步表演特点；张云溪老师给我讲武生要领……回想起来，正是与这些艺术大家的交流，使我一步步掌握了京剧艺术的堂奥。”

几十年来，李文培先生潜心学习和研究中国戏曲艺术和水墨画，思考二者之间特有的民族特色和美学意蕴，并运用和表现在生活中。

“戏曲舞台美术追求一种‘是相非相’的神韵。神韵是一种灵动的、变化的、内在的韵致。”① 魏晋名士品藻人物“重神理而轻形骸”，也可作为对戏曲舞台美术追求神韵的诠释。苏国荣认为：“戏曲舞台美术之神韵，主要通过拟容取心、得意忘象、重本轻表等方面来体现。”② 具体而言，“拟容取心”是演员传其神、写其心的重要表现，以心来描容，将人物隐蔽的心态和内在的情性在面部上加以强调，甚至加以变形。李文培在《将相和》中通过廉颇负荆请罪的一幕呈现将相和解的场景（见图 12）。廉颇作为净角，其丰富的脸谱造型、视觉装饰语言与髯口形成了鲜明的视觉对比。他的神态与肢体动作能表露人物内心的复杂情感，而眼神是最能生动传达廉颇内心复杂情感的地方，这往往也成为戏曲脸谱大作文章之处。廉颇的眼神并未与蔺相如的眼神相对，二人反而跪地搀扶、互诉衷肠，更显得惺惺相惜。李文培将画中人物姿势进行了准确表达而尽显笔墨恣

① 苏国荣. 戏曲美学［M］. 北京：文化艺术出版社，1999：241.
② 苏国荣. 戏曲美学［M］. 北京：文化艺术出版社，1999：242.

肆之妙。京剧《将相和》于1950年由翁偶虹、王颉竹先生在京剧旧本《完璧归赵》《渑池会》《负荆请罪》的基础上改编而成。该画作正是李文培先生为纪念翁偶虹、王颉竹、李少春、袁世海等名家而创作的。

图12 李文培作品《将相和》手稿

戏曲舞台美术人物造型“不似之似”的写意性，是通过工整的构图、精细的纹饰体现的。工笔中含有写意，写意中兼具工笔。苏国荣认为，这体现了“美可以数取”的美学观念。实际上，这一观念曾由苏轼在《盐官大悲阁记》一文中明确提出：“岂其所以美者，不可以数取欤？然古之为方者，未尝遗数也。能者即数以得其妙；不能者循数以得其略。其出一也，有能有不能，而精粗见焉。”苏轼认为，能否在数中取美，关键在于你能否掌握其“分齐”和“度数”，即美的数量也须讲求适度。具体来说，戏曲的数美主要通过节奏、对称、比例等抽象形式获得。例如，在京剧剧目《宇宙锋》中，秦二世胡亥见赵艳容貌美欲纳为妃，赵艳容不从，故假装疯癫躲过一劫。《宇宙锋》是梅兰芳（梅派）的代表作，李文培在宣纸中通过将二人的位置进行恰当布局，抓住赵艳容的眼神、姿态等美的瞬间，在毛笔的挥毫下，墨色的气韵顺流而下，整幅画的气势一气呵成（见图13）。在一定程度上，这种熟练的构思、主题思想及墨法和笔法的呈现源于李文培先生 60 多载以来对京剧现场演出的深度学习与美学思想的转化。京剧《宇宙锋》的表演难度在于秦二世在赵高眼中是真疯，在观众眼中却是装疯；对于水墨戏曲创作者来说，李文培在画面节奏、韵律及主题思想等维度之间恰当地把握不同视觉元素与故事人物、情节的合理性，在此基础上营造美的意境。

图 13　李文培作品《宇宙锋》手稿

与此同时，张赣生认为："中国戏曲艺术是'写意'的，戏剧艺术不是来自对生活的模仿，而是艺术家言志、抒情之作，这是有来历的。在艺术作品和被描写的客观事物之间存在着一个中间环节，那就是艺术家的'心'，也就是经过多年社会生活锻炼出来的艺术家的思想品质和审美趣味，这包括艺术家在某种处境下的心理。"①

李文培先生通过多年来对京剧艺术的理解及戏曲美学意象的感悟，加之生活历练，将其融会贯通进水墨戏曲绘画创作，这对于戏曲美学实践的价值是不言而喻的。换言之，他将戏曲意象美学作为一种作用于水墨戏曲绘画的核心方法论，而全面运用在戏曲主题思想的营构和人物形象的塑造上，促使水墨戏曲人物画产生美学意象，并与观者形成审美共鸣、审美共感。李文培先生在实践"工写结合"的同时强调"一舍"，即在戏

① 陈多．戏曲美学［M］．成都：四川人民出版社，2001：272–273.

曲人物画创作中，他舍弃了不必要的枝节和装饰图案，将画面中的主题思想、人物的“神”传达给观者。由此可见，“一舍”便是上述提及的“分齐”和“度数”。譬如，在作品《三岔口》中，李文培先生将京剧演员的布局和艺术表达进行了“舍”与“得”的艺术思考（见图 14）。画作以浓墨和淡彩的方式进行深度鲜明的视觉对比，以此展现强烈的空间感，仿佛是舞台上的京剧演员不留神跳到了画纸上。不可否认，李文培先生将京剧演员的神态生动地勾勒在纸上，刻画得精妙入神。从更深层面分析，李文培先生舍弃了对舞台布景的刻画，而聚焦京剧演员的神态和姿态，让观者深入了解戏曲演员的形象美、动态美、程式美及思想美。如作品《李陵碑》，此剧为京剧经典之作，余三胜、谭鑫培、高宝贤、李和曾均演过此剧（见图 15）。其中，李和曾演得悲凉而高昂，战士们抗金刀，卷毒旗，夹雕弓，形态各异，表现愤懑与尽忠的人物形象。李文培先生用笔劲挺，人物角色的墨色与结构互相映衬。画面虽未呈现舞台美术元素，却凭几组人物形象的对比和神态呈现栩栩如生之妙。再如，1992 年，李文培先生创作的《龙凤呈祥 · 芦花荡》（张飞），以袁世海老师饰演的张飞这一角色为画面主题，袁世海先生以强劲的手臂握紧拳头，并摆出霸气十足的亮相姿势，双目炯炯有神，凝视前方，李文培先生用大写意“泼墨法”呈现张飞髯口的形态和色彩变化，同样是墨色层次的对比，张飞脸谱上的黑色更为焦浓且细致，以此在脸谱与髯口之间形成鲜明的视觉对比（见图 16，图 17）。这幅作品生动传神地表达了李文培先生求学时期对中国佛像雕塑艺术的学习和融会贯通，由此呈现张飞“雕塑般”“金刚般”的视觉形象和能量张力。2015 年春，李文培再次创作的《龙凤呈祥 · 芦花荡》（张飞），则呈现了另一番风貌（见图 18）。他将记忆中袁世海先生饰演的“张飞”一角姿态动作的外部轮廓以浓墨线形式更为精确地加以概括，人物脸谱的勾勒依旧栩栩如生，同时加以淡彩赋色服饰，让张飞的人物形象更为“真实”。由此可见李文培对袁世海先生在京剧表演艺术中的认可，同时，李文培擅于捕捉与记录京剧演员在舞台上的瞬间变化，将表演画面化念于心，将记忆深处的印象在宣纸与笔墨之间生动展现。与传统张飞形象极为严肃的神态相比，该作品表现的张飞更为活泼。

多年来，李文培先生通过丰富的艺术设计实践经验指引水墨戏曲人物画创作，二者相互融合，在传承中国传统文化的过程中做到了锐意创新。

图 14 李文培作品《三岔口》手稿

图 15 李文培作品《李陵碑》手稿

图 16　李文培作品《龙凤呈祥 · 芦花荡》（张飞）手稿

图 17　袁世海先生为李文培水墨戏曲人物画作《龙凤呈祥 · 芦花荡》（张飞）题字

图 18 李文培作品《龙凤呈祥·芦花荡》（张飞）手稿

四、水墨戏曲人物画美学思想的复归

在中国京剧发展史上，存在着一种特殊且极为重要的艺术表现形式——戏曲绘画，从明清时期全国各地画师创作的戏曲木版年画、月份牌、戏单、海报、戏曲油画、戏曲水墨画等多元媒介和创作载体可见，中国戏曲艺术与绘画艺术的交融催生了诸多艺术创作人才和佳作。

站在 20 世纪下半叶的时代浪潮里，艺术界、学界同人忽略了对李文培水墨戏曲人物画的深入研究。笔者在口述史访谈与文献梳理过程中，发现李文培水墨戏曲人物画与现代京剧艺术的内在钩沉的历史脉络，其中需要强调三个层面的问题：一是李文培与京剧艺术的深厚缘分及共同成长的脉络，二是李文培在舞台美术设计中的贡献及其思想对水墨戏曲人物画的影响，三是李文培在水墨戏曲人物画领域与京剧舞台美术设计双轨并行的实践成果指归于中国传统文化的土壤。因此，对李文培水墨戏曲人物画的美学精神的探讨和思考，实际上是从更深的层面探索中戏舞台美术系和中国京剧院艺术创作室美术设计组与现代京剧改革发展进程的内在关系；它不仅彰显了李文培在水墨戏曲人物画领域（美术史论层面）承上启下的地位，更是他将自己 60 多年来的艺术设计实践经验转化为独具特色的美学思想的过程，这为当下水墨戏曲人物画创作、虚拟现实技术与京剧艺术的跨学科融合提供了宝贵的经验。

1988 年 8 月，“李文培戏曲人物画展”在香港美的天使画廊举办，共展出《醉酒》《白素贞》《太白醉写》等 48 幅个人画作（展出作品详细名录见图 20）。该展览标题由中国著名雕塑家刘开渠先生题字；并且，著名剧作家、戏曲理论家马少波先生于 1988 年 7 月在北京题写诗句祝贺画展举办，诗句内容载于展览画册内页（见图 19）。

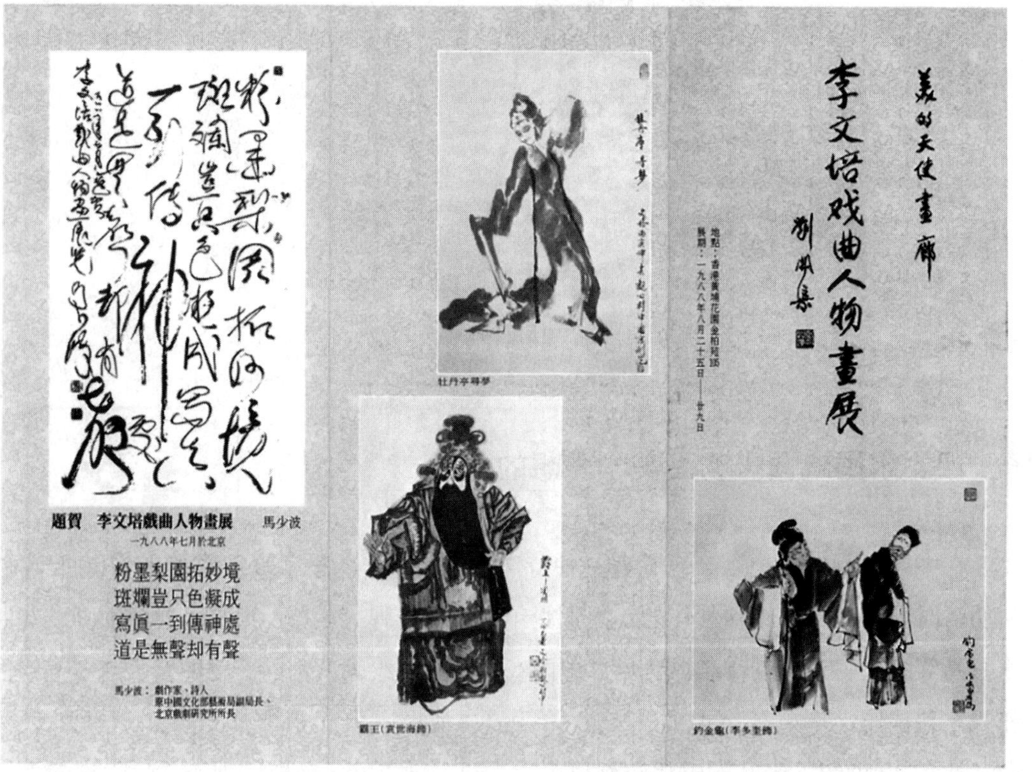

图 19　李文培戏曲人物画展（画册内页 1）

“粉墨梨园拓妙境，斑斓岂只色凝成。写真一到传神处，道是无声却有声。”

可见，马少波先生对李文培的水墨戏曲人物画有着极高的赞誉和认可；与此同时，我们从该展览画册的另一张内页中可以详细看到香港作家箫铜在展览“前言”中对李文培戏曲人物画的客观评价。箫铜认为：“京剧人物画家第一代（代表人物）是清末的沈蓉圃，他为京剧第一代艺术大师程长庚、徐小香、谭鑫培、梅巧玲等留下了彩色画像称为《同光十三绝》。近代的京剧人物著名画家有叶浅予、蒋兆和、关良等。我觉得京剧人物画最重要的是形似。李文培先生是中国京剧院高级美术设计师，是京剧界内行，他画的京剧人物，既形似，又能以形写神，实属不易。笔下《满江红》的岳飞，甩发飞起，手带锁铐，神态激昂，生动得很，可以说是李先生的杰作。”

诚然，箫铜对李文培水墨戏曲人物画的评价是结合当时的时代语境进行的横向和纵向的对比分析。这张展览画册内页呈现了诸多宝贵的信息。李文培对古今人物画进行了继承与吸收，他的画作既有表现京剧名家表演风采的瞬间，比如在此次展览中，李文培创作了多幅展现京剧表演艺术名家精神风貌的作品，《醉酒》《白素贞》《空城计》《林冲》《定军山》《梅妃》等画作（见图 20）；又有将古今京剧题材及人物故事进行创新的实践，其中最为重要的就是李文培在写实与写意之间的创新性实践，如图 20 所示的《林冲》和《梅妃》两幅画作中，李文培运用了大写意的艺术表现手法来呈现林冲的神态变化；同时，梅妃含羞的神态在李文培笔下表现得活灵活现；而且，两幅作品的墨色运用又大有不同，李文培运用墨线、墨色线面结合的方式表现林冲的人物形象，这种线面结合的方式交代了人物的轮廓形态，画面整体有更大的“留白”空间，而《梅妃》一作采用墨色块面的表现手法，整幅画作只有眉毛、眼睛处采用了局部点线手法，其余地方均采用不同层次的墨色进行人物塑造和表达。在写实手法方面，李文培先生对《定军山》中谭鑫培饰演的黄忠作了更为详细的人物塑造和描绘，人物形象的立体感明显，繁复的服饰、道具纹样也在画中得到了一定程度的描绘。

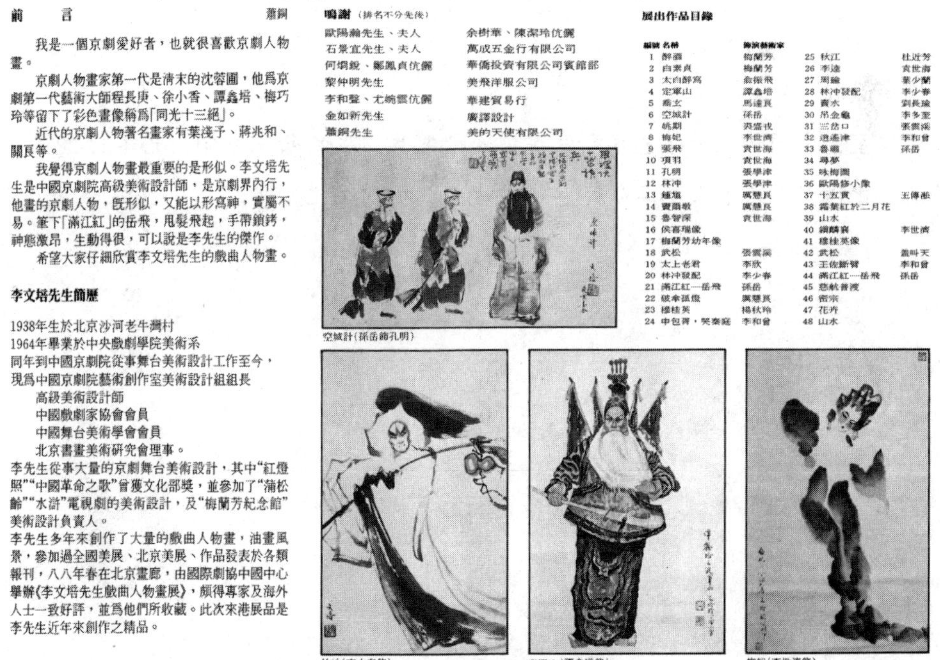

前　　言　　　蕭銅

我是一個京劇愛好者，也就很喜歡京劇人物畫。

京劇人物畫家第一代是清末的沈蓉圃，他爲京劇第一代藝術大師程長庚、徐小香、譚鑫培、梅巧玲等留下了彩色畫像稱爲「同光十三絕」。

近代的京劇人物著名畫家有葉淺予、蔣兆和、關良等。

我覺得京劇人物畫最重要的是形似。李文培先生是中國京劇院高級美術設計師，是京劇界內行，他畫的京劇人物，既形似，又能以形寫神，實屬不易。筆下「滿江紅」的岳飛，甩髮飛起，手帶鎖銬，神態激昂，生動得很，可以說是李先生的傑作。

希望大家仔細欣賞李文培先生的戲曲人物畫。

李文培先生簡歷

1938年生於北京沙河老牛灣村
1964年畢業於中央戲劇學院美術系
同年到中國京劇院從事舞台美術設計工作至今，
現爲中國京劇院藝術創作室美術設計組組長
高級美術設計師
中國戲劇家協會會員
中國舞台美術學會會員
北京書畫美術研究會理事。

李先生從事大量的京劇舞台美術設計，其中“紅燈照”“中國革命之歌”曾獲文化部獎，並參加了“蒲松齡”“水滸”電視劇的美術設計，及“梅蘭芳紀念館”美術設計負責人。

李先生多年來創作了大量的戲曲人物畫，油畫風景，參加過全國美展、北京美展、作品發表於各類報刊，八八年春在北京畫廊，由國際劇協中國中心舉辦《李文培先生戲曲人物畫展》，頗得專家及海外人士一致好評，並爲他們所收藏。此次來港展品是李先生近年來創作之精品。

鳴謝（排名不分先後）

歐陽翰先生、夫人
石景宜先生、夫人
何焗銳、鄺鳳貞伉儷
黎仲明先生
李和聲、尤婉儀伉儷
金如新先生
蕭銅先生
余樹華、陳潔玲伉儷
萬成五金行有限公司
華僑投資有限公司賓館部
美飛洋服公司
華建貿易行
廣譯設計
美的天使有限公司

展出作品目錄

編號	名稱	飾演藝術家	編號	名稱	飾演藝術家
1	醉酒	梅蘭芳	25	秋江	杜近芳
2	白素貞	梅蘭芳	26	李逵	袁世海
3	太白醉寫	俞振飛	27	周瑜	葉少蘭
4	定軍山	譚鑫培	28	林冲發配	李少春
5	齋玄	馬連良	29	賣水	劉長瑜
6	空城計	孫岳	30	吊金龜	李多奎
7	姚期	裘盛戎	31	三岔口	張雲溪
8	梅妃	李世濟	32	逍遙津	李和曾
9	張飛	袁世海	33	魯肅	孫岳
10	項羽	袁世海	34	尋夢	
11	孔明	張學津	35	詠梅圖	
12	林冲	張學津	36	歐陽修小像	
13	鍾馗	厲慧良	37	十五貫	王傳淞
14	竇爾墩	厲慧良	38	霜葉紅於二月花	
15	魯智深	袁世海	39	山水	
16	侯喜瑞像		40	鎖麟囊	李世濟
17	梅蘭芳幼年像		41	穆桂英像	
18	武松	張雲溪	42	武松	蓋叫天
19	太上老君	李欣	43	王佐斷臂	李和曾
20	林冲發配	李少春	44	滿江紅—岳飛	孫岳
21	滿江紅—岳飛	孫岳	45	慈航普渡	
22	破傘孤燈	厲慧良	46	徽宗	
23	穆桂英	楊秋玲	47	花卉	
24	申包胥·哭秦庭	李和曾	48	山水	

空城計（孫岳飾孔明）

林冲（李少春飾）

定軍山（譚鑫培飾）

梅妃（李世濟飾）

图 20　李文培戏曲人物画展（画册内页 2）

纵观上述文献资料，我们大致可以梳理出李文培从 20 世纪 50 年代至今的艺术发展脉络，其兼容写意与写实的艺术表现方式源于他对中国京剧艺术、中国传统文化（雕塑、古建筑等）的吸收，他留下的一系列作品都是其善于观察日常生活与创新性实践的结果。

结语

本文通过对李文培先生与京剧艺术数十载共同成长的事迹进行梳理，不仅强调与凸显 20 世纪中叶中戏舞台美术系的教学方针与实践成果，并且对 20 世纪六七十年代国家京剧院京剧现代戏在舞台美术方面的改革和创新作了深入的思考和研究。进一步来讲，未来学界同人对李文培先生在中日文化、中法文化方面艺术交流的深入研究亦需要彰显李文培水墨戏曲人物画作为大国文化桥梁的重要性。了解李文培先生的人生事迹、艺术修养及他与京剧艺术的渊源后，我们就不难解释他在绘画实践中对于“中西交融”及戏曲美学精神的主张，他所呈现的美学意境是如此飘逸、沉雄与质朴。他对京剧人物的“传神”塑造，通过驾驭笔法、墨法，在画面中实现了传统性与现代性的融汇。而且，这份美学精神更多地体现在他通过自己的人生经历和艺术修炼实现对中西绘画的领悟与贯通，并转化为对中国水墨写意美学的理解与运用，以此达到一种新的绘画境界。

作者简介

林观星，中国传媒大学艺术研究院博士研究生。主要研究方向：艺术传播学、中国非物质文化遗产与艺术人类学研究、近现代戏曲视觉文化研究。

冲突与新变：传播对新文人画派的建构与影响研究

张异枫

摘　要：20 世纪末兴起的新文人画派不仅是研究中国文人画无法绕开的对象，也是回溯中国艺术史时非常值得关注的艺术现象。本文通过爬梳传统文人画的历史脉络，试图在归纳其演变逻辑的基础上，以文人画的核心内涵为标准，把握当代新文人画的艺术本质。新文人画尽管与传统文人画有着极强的相似性，但其并非艺术意志自觉发展的结果，而是在传播中建构自身、寻求生存、向前发展的产物。在 20 世纪末的信息场域里，社会环境、意见领袖、学术话语三股力量合力形塑了新文人画派。

关键词：中国文人画；新文人画派；艺术意志；艺术传播；社会建构

2024 年 5 月，光明网、《新快报》、澎湃新闻先后发表评论员文章，文章内容一方面表达了对中央美术学院毕业生作品展“为何缺少写意作品”的关切，另一方面也对中国写意画日渐式微的现状进行了反思。毫无疑问，当下中国传统绘画面临困境，但诸如中国画式微的言论并非今日才有。早在 20 世纪末，李小山、彭德、陈孝信等人就已经对当代中国画进行过评述。例如，李小山在《当代中国画之我见》中主张的“穷途末日论”，即“中国画已到了穷途末日的时候”[①]，曾将“中国画的变革迫在眉睫”的改革论调推向高潮。这批理论学者言辞颇为中肯，内容切合实际，但从他们的文章来看，其立论的基本出发点大都以社会决定论或历史决定论为主，沿用的是“笔墨当随时代”的基本理路，并未从内涵上把握本质，也并未运用传播学的研究视角进行审视，缺乏对中国画多元维度的观照；而且在对艺术家的分析上也未充分就中国文人士大夫的发展脉络展开论述，尚未挖掘艺术家自我的身份认同问题。

① 李小山 . 当代中国画之我见［J］. 江苏画刊，1985（7）：2.

一、问题的提出

需要指出的是，自 19 世纪末西方绘画以强势的姿态涌入近代中国，大量西方艺术作品和绘画理论促使中国传统画界不得不思考中国画该何去何从的问题。社会转型和思想变迁挤压了中国传统绘画的生存空间。挤压首先表现在中国传统文人画家的身份问题上。在中国漫长的历史发展过程中，士大夫身份一直处在大传统与小传统之间动态生成的张力关系里，但就处于传统社会的整体氛围之中而言，文人风貌并未发生根本变化。进入 19 世纪之后，画家开始直面士大夫和现代知识分子两种身份，从而陷入转型的焦虑。就其发展过程而言，他们的身份转型大体可以分为两个阶段：第一个阶段为转向阶段，特指传统文人向现代知识分子的身份转变过程，代表人物是吴昌硕、齐白石、黄宾虹等近代画家。齐白石的“似与不似之间”[①]，黄宾虹的“得胸中千卷之书，又能泛览古今名迹”[②]等，鲜明地体现了他们身上的中国传统士大夫的影子。第二个阶段为 20 世纪 80 年代之后，画家身份完成了向现代知识分子身份的转型。但就其创作宣言来看，学院派、现代水墨派和新文人画派三个现代中国画画派里都有一部分画家没有对自身身份形成清晰的认知，接受过现代教育的他们仍然以古代文人士大夫自居。其中，新文人画派的这种身份错位表现得最为明显。

黑格尔认为“密涅瓦的猫头鹰在黄昏的时候起飞”，艺术现象往往应经过时间的洗礼之后再进行探讨，才能真正得出本质。因此，本文试图基于新文人画与当前中国传统绘画的关联，在新文人画创作高潮已经过去近三十年的当下，通过爬梳文人历史，定义传统文人画，探究作为一种与传统强关联的艺术流派——新文人画派——的作品是否可以置于传统文人画的框架中进行理解？如果不能，二者的相似、差异和冲突又是什么？解决好这几个问题之后，新文人画的本质也就不言自明了。

二、以社会为媒：文人画的内涵演变与新文人画的历史生成

关于文人画的起源问题，学界一直有争论。在学术研究中，关于文人画肇始的界说存在魏晋南北朝之说、顾恺之之说、王维之说、苏轼之说等版本。本文在梳理文人画的历史脉络时，主要依托历史典籍的记述，将讨论范围集中在中国古代社会中文人士大夫

① 王振德，李天庥 . 齐白石谈艺录［M］. 郑州：河南美术出版社，2002：52.

② 张同标 . 黄宾虹谈艺录［M］. 郑州：河南美术出版社，2019：1.

阶层所创作的绘画上。

“文人”一词最早出现在《尚书·周书》中，“汝肇刑文武，用会绍乃辟，追孝于前文人。”[①] 此处“文人”指的是有文德之人。随后，该词又出现在《诗经·大雅·江汉》里：“釐尔圭瓒，秬鬯一卣。告于文人，锡山土田。”曹丕在《典论·论文》中直接将“文人”称为“有文学才能的人”。此后关于“文人”一词的使用大抵在这一范围中。有文德和文学才能的人仍然是一个非常模糊的概念。从中国文学的发展历史来看，文德和文学才能明确指向儒家的君子品格，如《诗经》中的比兴传统，《楚辞》中“香草美人”“山水比德”的思想，秦汉的咏物传统，唐诗宋词等，文学中大量的物象或作为文人政治情怀的媒介，或作为义理载体，与儒家的家国抱负、道德立场以及文人品格等相关联，表达了主体人格在“出世”“入世”两者内部以及两者之间的张力关系，其最终指向主体人格中的“德”，再深一层则指向文人强调伦理修身背后的始基层面，即对或“天理”、或“道”、或“本心”的追寻。在文道、文德和诗性思维的影响下，文人之思进入绘画领域，经由绘画语言表达，成为文人画。俞剑华将这种在绘画上显露的特殊精神性称为“文人氛围”。结合中国古典文论对诗画关系的阐释，“诗是无形画，画是有形诗”“画者，无声之诗；诗者，有声之画”等，就艺术形式本身而言，文人画也能成为对“诗画一律”的有力论证。

至于两种艺术语言形式对文德和文道呈现高低关系的表达上，邓椿在《画继》中发展了郭若虚各言其志的表述，他开宗明义地指出：“画者，文之极也。”[②] 其后，人们多从评画和作画两方面论证其观点。在语言形式层面，绘画通过直接投射于视觉的方式，比文字语言更容易让主体获取意象，即张彦远所谓的“宣物莫大于言，存形莫善于画”。但绘画能否被称为“文之极”，仍需要更多讨论。例如，在邓椿之前，苏轼就指出：“与可之文，其德之糟粕；与可之诗，其文之毫末。诗不能尽，溢出为书，变而为画，皆诗之余也。”[③] 另外，从历代画论可以看出，中国绘画受老庄哲学的影响极大，“夫阴阳陶蒸，万象错布。玄化亡言，神工独运”[④]，绘画作为艺术语言的一种，其最终目的是让事物背后的“道”“理”等始基的深层内涵得以呈现。总之，抛开绘画和文学的关系，无可争辩的是，文人画不仅是依托绘画作为门类艺术的特殊艺术语言，还需要借由创作者的主体品格修养，最终到达艺术语言背后的始基层面，即对大宇宙世界的整体体悟。可

① 商务印书馆．辞源［Z］．北京：商务印书馆，1998：734.
② 邓椿．画继［M］// 俞剑华．中国画论类编．北京：人民美术出版社，1998：75.
③ 苏东坡．文与可画筼筜谷偃竹记［M］// 俞剑华．中国画论类编．北京：人民美术出版社，1998：1033.
④ 张彦远．历代名画记［M］// 俞剑华．中国画论类编．北京：人民美术出版社，1998：37.

以说，文人画创作是画家以自然为媒，凭借笔墨和意象显示“道”的过程。

虽然文人画的根本是指向画家自身的德性和宇宙自然的始基层面，但不同时期的文人画经由不同的特性实现其目的。从文人画的分期来看，它大体可以分为宋元、明清、近现代以及20世纪80年代以后四个时期。从唐代开始，文人画家已经发现可以通过削弱色彩的方式加强观看者对作品精神层面的思考，这同时有助于表达文人们对道的追求，自此水墨画的地位开始提升。“萧条淡泊，此难画之意”[①]，“边鸾雀写生，赵昌花传神。何如此两幅，疏澹含精匀。”萧条淡泊是宋代文人画的审美理想，这也成为评价画作审美价值的重要标准。在此基础上，黄休复延袭传统评画的标准，将笔简形具提升至绘画的最高品格。元四家的作品与之相似，笔墨简淡，由山水、树、石三段式布局构成画面，整体追求醇然淡泊，力求表达作者的淡泊之志和高蹈情怀。尤其是倪瓒的《六君子图》《幽涧寒松图》等作品呈现的对时间、生命、个体价值和宇宙价值的思考，这种思考具体体现为“逸笔草草，聊写心中逸气”中的“逸气”，同时被传统文人画奉为圭臬。唐宋元是通过冲淡、淡泊的精神性呈现，让观画者感受画家的胸中逸气，从而完成对自身德性的彰显和对道的追求。明清文人画尽管呈现与前人不同的风貌，但一大批文人画家，如徐渭、石涛、八大山人、髡残等，或是基于切身的生命体验，或是拥有深厚的佛道哲学背景，他们在扎实的笔墨技法基础上，表现极强的先锋性，如徐渭的大写意，八大山人翻白眼的鸟和瞪眼的鱼。

此外，郑板桥的“三竹法”、石涛的“我自用我法”“蒙养笔墨”等绘画理论也对之后的文人画家产生深远影响。不难看出，明清之际的文人是通过表达反抗和创造的精神来写胸中逸气的，他们在此基础上将观看者引向对画家品格的关注，也引向对道的思考。从三代文人画的发展过程来看，特定时期文人画家们立足自身的德性，这在绘画上有完全不同的体现，但最终以或是冲淡，或是抗争，或是乐观等纯粹精神性的形式通往主体对道的追求。传统文人画在上述对“道”的追求中，主体的“文人之思”和以“自然”“社会”为媒彼此纠缠，二者的张力使得传播成为一种不停沟通和斡旋的内在力量。

进入近现代，受西方文化的影响，文人们尽管在“传统笔墨”“中西合璧”“全盘西化”三股思潮中摇摆不定，但激荡的社会变迁并未减少他们对传统笔墨技法的承袭，以及对自身品格的重视和锤炼。在动荡的时代环境中，潘天寿的鹰、齐白石的瓜果蔬菜，表现出与社会现实全然不同的强劲生命力和无可比拟的乐观精神，并且这个时候的人物、花鸟、山水画等领域都出现了集大成者。从新文人画的历史生成来看，“文人之思”

---

① 欧阳修．六一跋画［M］// 俞剑华．中国画论类编．北京：人民美术出版社，1998：42.

尽管仍然是其重要的精神内涵，但新文人画派是在画家与社会的互动中形成和发展的。“自然”和“社会”是新文人画的媒介，这不仅体现在画家对自然的把握和对社会的关切上，更体现在他们以绘画作品引发的思考、对话和协商中，他们在信息流动和相互关联的网络中标识自身、建构自身。

三、“相似”与“冲突”：新文人画与传统文人画的互动关系

新文人画依托传统的笔墨形式，从当时的艺术门类来看隶属于新时期的水墨画变革。在中国画与水墨画两个概念的区别问题上，人们在强调与传统文人画的亲和关系时一般采用中国画概念，而在突出其与传统文人画的不同之处时则更多地使用水墨画概念。如果说现代水墨画走向对传统文人画的反叛式继承，那么新文人画则试图站在巨人的肩膀上发展。德国艺术史家李格尔认为，艺术意志推动了艺术风格的发展，这种推动力来自艺术内部，越是纯粹地从对象中剥离出来的形式就越适合成为内容本身。[①] 一般来说，中西方绘画理论分属不同的体系，沿用不同的方法，然而，新文人画对传统文人画的继承首先是在形式层面；同时，从新文人画派所处的历史语境来看，创作者的身份完成了从文人士大夫到现代知识分子的转变，就此而言，新的社会环境和社会结构推动了新文人画的形式革新和风格演变。那么，新文人画派本身是艺术意志推动的结果吗？新文人画派的生成，究竟是艺术自内向外的力量，还是在社会变迁中由外及内的力量所发挥作用的结果？抑或这两者形成了往复、迂回的通路？

从学界对新文人画的界定来看，一般认为“新文人画”一词由20世纪40年代岭南画派高剑父提出，真正普及是在20世纪80年代中期。[②] 学界一般认为，新文人画派由陈绶祥发起，主要代表人物有朱新建、边平山、杨春华、徐乐乐、季酉辰、田黎明、何建国等。翻阅他们的履历，我们能够发现他们接受了西方的现代教育，并在技法层面对中国画进行了学习。在艺术语言方面，他们继承了传统笔墨形式，使用墨色浓淡和线条变化来表现意象。新文人画派中的部分画家还受到西方抽象绘画的影响。例如，他们在使用传统笔墨语言的同时，经常使用大块面的淡彩或者淡墨晕染、涂抹以及色彩上的变化来表现情感。这种方式在传统文人画中鲜少使用。比如，朱新建的《神仙买酒图》，神仙衣服的块面表达就采用了水墨晕染，还有文徵明的《万壑争流图》等。至于在意象

① 鲍尔.形式、风格、结构：形式分析和形式史的方法［M］//贝尔廷，迪利，肯普，等.艺术史导论.贺询，译.北京：北京大学出版社，2021：141.

② 吕澎.20世纪中国艺术史［M］.北京：新星出版社，2013：317.

层面，“荷”“芭蕉”“山石”“枯木”等是传统文人画的常见意象，而新文人画则会选择带有超越性的意象，既不止步于功能性或物性，又向日常生活敞开。

除了艺术语言的相似性，新文人画家也意识到画家主体人格之于绘画创作的重要性，他们会自觉规避艺术作品的买卖行为，以达到远离世俗名利的目的，他们还进行文学写作以阐释自身作品，帮助观看者理解作品中人格表达层面的含义。最为重要的是，他们察觉到艺术是关乎“道”本身的追求，比如陈绶祥本人在《新文人画·序》中写到：“文心生万象，丹青究玄黄。一画出神去，通情理亦彰。”他已然意识到文人画的核心是继承历代文人画家通过绘画创作进行本源层面的哲学探讨。该种讨论明显试图延续中国古代绘画的传统论法，就艺术宣言来看，颇有王微“以一管之笔，拟太虚之体”、郭若虚“得自天机，出于灵府”、石涛“太古无法，太朴不散，太朴一散，而法立矣，法于何立，立于一画”等传统文人画大家的特点。许多评论家也在分析画家作品的基础上肯定了这种相似性，例如邓福星在观看“90 春季画展”之后认为，新文人画与古代文人画一致，追求的都是古拙和隐逸趣味，其作品是出世的。

这样看来，新文人画似乎是传统文人画艺术意志发展的结果，但除了上面的相似性，新文人画在后中西之辩、后古今之辩的历史语境中生成，与传统文人画有诸多冲突，形成了更为复杂的本质特性，具体体现在以下几个方面：

其一，艺术语言上的冲突。传统文人画对笔墨的选择是自由且自主的，新文人画则是出于复古目的而选择水墨形式。“中国文人画给予观看者的视觉刺激远弱于西方绘画。但中国绘画深远隽永的韵味之美是西方绘画所不能及的。究其原因，在于中国绘画语言形象的外视觉感官刺激远弱于西方绘画。”[①] 文人画家出于表达自身德性和追求道的目的，采用单一的色彩语言、简练的线条，以不容商榷的态度迫使观看者激活内视觉。受到“85 美术思潮”的影响，新文人画家经历了各种时起时落的艺术现象，结合传统与现代、东方与西方，迎合改革开放新国画的浪潮，他们十分“讨巧”地选择笔墨语言。仔细观之，新文人画的用笔对诸如顾恺之的游丝描、吴道子的兰叶描之类的程式性笔墨继承质量并不高，画家们的笔力和笔法也有较大的进步空间。

其二，艺术意象塑造上的冲突。新文人画派的作品中大量怪异裸体的女性形象的出现也是传统文人画不曾有过的。自明清以来，大量女性开始以仕女、宫女等形象进入画家的视野，观其情态大都是温婉、平和的，如仇英的《宫女游园图》，与新文人画中出现的女性形象截然不同。除了女性，还有现代工业社会生产的电风扇、电灯等工业产品

① 王韶华．以文为图：中国古典文学中的文图对话［M］．北京：中国文史出版社，2019：218.

意象，此类意象从自然层面来讲，本身就违背了“外师造化，中得心源”等传统文人画重视自然的原则，从艺术意境来看，“妙悟即自然”“自然即妙悟”“妙悟与自然圆融一体”。自然和妙悟所示皆为意境——一种人的生存样态。① 当意象开始走向非自然，这暗示着新文人画的意境与传统文人画的意境已经有所不同，进而很难找出传统文人画原先的意境氛围了。

其三，新文人画派的绘画作品所呈现的精神性特征与传统文人画中所展现的文德、寻道等精神性艺术意蕴相冲突。自 1987 年以来，新文人画派几乎每年都会举办集体性的画展和学术性的讨论会，然而文人品格的陶冶、铸造和对道的追寻两者本身就指向个体生命层面。从“中国新文人画展及研讨活动”的举办来看，1989 年的主题是“道在足下”，1994 年的主题为“自强不息”，1991 年的主题是“走向老区”，1993 年的主题则是“自讨苦吃”，画展主题是对时代的回应。从个人作品的表达来看，题跋的文字内容出现了对世俗情怀的宣泄，还有逃避社会现实的消极情绪，以及品味艺术的闲趣。

综上所述，除去形式上的差异，新文人画与传统文人画的核心冲突集中在两点。第一点是品格问题，品格一体两面地包含作品中所含有的意蕴，也包含画家主体的个人精神修养。第二点是“逸笔草草，聊写心中逸气”的“逸气”问题。新文人画更多地表现出群体性意识和对社会与时代的顺应，而非个体的“逸气”以及对始基层面的思考。新文人画和传统文人画的“相似”与“冲突”不是二元对立的，二者始终在互动中保持着边界。这种互动既根植于新文人画家在历史情境中的承续和反思，又立基于其与社会的交流。由于新文人画在“言、象、意”三个层面所呈现的内涵与传统文人画的内涵并不一致，本文认为，尽管形式相似，但作为艺术现象的新文人画派并非传统文人画艺术意志发展的结果。那应该如何定性新文人画派呢？

四、社会环境·意见领袖·学术话语：传播对新文人画派的三重建构

艺术传播学是以艺术传播现象为对象，横跨艺术学和传播学两大专业的交叉学科。② 从时间维度上看，艺术传播学是伴随传播媒介和传播学理论的兴盛而发展起来的新兴学科。本文以艺术传播学作为方法论切入新文人画派这一独特的艺术现象和艺术事件，发现在整个新文人画派的产生、发展和演变过程中，信息流动对新文人画派具有形

① 徐辉．东参西悟：徐辉自选集［M］．北京：中国传媒大学出版社，2024：7.
② 王廷信．艺术学的理论与方法［M］．南京：东南大学出版社，2011：441.

塑之力，该力量又在社会环境、意见领袖、学术话语三个方面最具代表性。

首先，需要着眼于社会环境对新文人画派的形塑力量。无论是水墨画的反叛发展抑或新文人画的继承发展，究其根本都是传统中国画遭遇新事物之后作出的回应。传统中国画与新事物的相遇离不开传播，中国画之新变同样始于传播。直到18世纪，意大利天主教传教士郎世宁和法国传教士王致诚、波西米亚传教士艾启蒙等在清朝开始“线法画”，清朝时任海关监督年希尧编纂透视学著作《视学》，用西方科学观念改造中国山水画的实验悄然开始。[①] 文化的交流和传播对中国画的自我革新起到了主要的推动作用，同时，中国画的自我革新是被动且私密的。从继承改革的角度来说，东西方的文化相遇也是新文人画产生的根本诱因。具体到中国的20世纪末，媒介环境学派所强调的作为信息流动的场域——社会环境，表现出更具特殊性和复杂性的特征。同时需要注意的是，除了外部环境，艺术界中特殊的内部生态也影响了新文人画派的建立。一则来自代表性艺术家朱新建的材料可以刻画新文人画的艺术家所依存的社会环境的大致面貌。“在那个政治斗争的时代，忠孝节义这样一些传统的中国道德标准被废弃了，四书五经、《三字经》或者《千字文》这类的经典不再是人们争相阅读的经典。可是，传统文化总是通过社会生活中的细节被保留下来，在民间生活中存在着。”[②] 新文人画派的艺术家年纪相仿，经历相似，在特殊的历史时期，传统文化得不到广泛地认可和传播，这使得艺术家群体无法获得传统艺术的滋养，进而导致他们无法继承和延续传统的艺术意志。1976年以后，整个社会环境对传统的诗书画印不再一味地抵制，而是采取了缓慢接纳的态度。这使得与中国画相似的新文人画的审美趣味有了喘息的空间，且有了相对自由的表达和演说的空间，也就有了传播的余地。从艺术生态来看，进入20世纪80年代，观念艺术异军突起，以“求新”“求变”“反叛传统”为宣言的现当代艺术观念以对立性的姿态激发了艺术家主体的复古情绪，从而让新文人画派表现出民族意识的自卫倾向。

其次，需要重视意见领袖对新文人画派的形塑力量。拉扎斯菲尔德在《人民的选择》中提出“意见领袖”这一概念，随后他在《个人影响》一书中对该概念进行了理论深化。在传播学中，意见领袖指的是在人际网络中能够对他人施加影响的个人或群体。在新文人画派中，较为典型的意见领袖是陈绶祥。一方面，他在创作层面较为成功且具有广泛的社交圈子；另一方面，他具有话语权。此外，陈绶祥会对新文人画的创作群体进行圈定，如在他列举的名单中，赵卫、方骏、徐乐乐、王孟奇、朱新建、边平山、陈大龙、了庐、周亚鸣、刘二刚、王镛、聂欧、田黎明、卢虞舜、胡石、季酉辰、陈向

① 杨伯达.清代院画［M］.北京：紫禁城出版社，1993：131.
② 吕澎.20世纪中国艺术史［M］.北京：新星出版社，2013：319.

迅、常进、何建国、霍春阳这20位画家被圈出来，同时在这20位画家中，也并非所有人的作品都能出现在陈绶祥的专著中。名单和言说本身就意味着梯度的形成，艺术传播和艺术市场会对该梯度造成影响，而意见领袖的身份又能够对该梯度进行确认，从而影响新文人画派的内部结构，对结果施加影响。除了新文人画派内部具有意见领袖，其他艺术界的权威者也能发挥意见领袖的作用。栗宪庭借鉴南宗北宗的理论，提出了“南线北皴”理论，表面上是栗宪庭对新文人画派内部画家的艺术风格和特点的归纳，实质上也可以理解为一种艺术标准的传播。巧合的是，这种传播也发生在刘曦林身上，他在《向现代形态转换的求索》中质疑栗宪庭归纳的“南线北皴”理论，提出了自己心中新文人画南派的代表人物为南京的常进、朱新建等人，北派的代表人物有北京的边平山、陈平等人。这些人际网络中的活跃者能够彼此影响，并且触及艺术界中其他领域的人物，从而对新文人画派产生塑造作用。

最后，还要重视学术话语对新文人画派的形塑力量。在艺术市场商品交易和流动等方面，20世纪90年代正统的山水、花鸟和新文人画销量表现最佳，我们也能够从不少新文人画家的作品中看到与之接近的创作倾向。不少画家敏锐洞悉市场，迎合潮流，调整自我。这种属于实践层面的流动传播是显而易见的，值得注意的是其背后通过学术流动建立的话语权对新文人画派的塑造作用。米歇尔·福柯认为，话语是一种社会实践活动，它涉及知识生产、传播和应用，继而成为权力关系的表现形式。权力通过知识的流动和传播达到运作自身从而建构新文人画派的目的。对“新文人画”语词的使用始于《中华民国三十六年中国美术年鉴》，而新文人画家大范围的学术专论则发端于1989年第七届全国美展的中国画子项的展览。与画展几乎同时，与新文人画相关的各类学术研讨会在全国范围内召开，并取得了丰硕的学术成果，研讨会后发表的文章包括季酉辰、蒋国良的《中国文人画》，薛永年的《新文人画小议》，郎绍君的《反古：现代的悲哀——也谈“新文人画”》等。陈绶祥在北京成立的陈绶祥艺术教育工作室影响了一大批艺术家，如申晓国等人的艺术创作。就个人创作而言，学术交流让新文人画家更重视集体创作。他们围绕画展主题进行集体创作，会因不断壮大的、逾万人的文人画家群体的形成而欢欣鼓舞。陈绶祥将这种新的创作模式称为“新的聚合”。总之，新文人画能够在20世纪末和21世纪初形成与当代现实主义、现代水墨三足鼎立的局面，离不开学术话语的建构。

结语

文人画是中国传统绘画的高峰，创作者主体由于自身的文德品格修养，结合对个体生命经验和宇宙大道至理的思考，经由诗书画印和笔墨形式表现在画纸上，成为文人画。文人画以一“逸”字贯穿始终，经比照现实，实现了对现实的超越和对道的追求。如果从内涵出发理解新文人画派，它并不符合传统文人画的精神内核和演变规律，并非艺术意志演变的结果。作为艺术现象的新文人画派的形成与发展，在根源上是中国传统文人画自我更新的观念和西学东渐共同推动的。新文人画家以自然和社会为媒介，赋予绘画以交流、沟通的本质。新文人画在社会环境、意见领袖和学术话语三方的合力作用下，在传播中对自身进行建构并谋求生存和发展。传播在整个流派的诞生、发展和演变中都起了不可取代的作用。

参考文献

［1］李小山．当代中国画之我见［J］．江苏画刊，1985（7）：2.

［2］王振德，李天庥．齐白石谈艺录［M］．郑州：河南美术出版社，2002.

［3］张同标．黄宾虹谈艺录［M］．郑州：河南美术出版社，2019.

［4］商务印书馆．辞源［M］．北京：商务印书馆，1998.

［5］俞剑华．中国画论类编［M］．北京：人民美术出版社，1998.

［6］贝尔廷，迪利，肯普，等．艺术史导论［M］．贺询，译．北京：北京大学出版社，2021.

［7］吕澎．20世纪中国艺术史［M］．北京：新星出版社，2013.

［8］王韶华．以文为图：中国古典文学中的文图对话［M］．北京：中国文史出版社，2019.

［9］徐辉．东参西悟：徐辉自选集［M］．北京：中国传媒大学出版社，2024.

［10］王廷信．艺术学的理论与方法［M］．南京：东南大学出版社，2011.

［11］杨伯达．清代院画［M］．北京：紫禁城出版社，1993.

作者简介

张异枫，中国传媒大学艺术研究院硕士研究生。研究方向：艺术哲学、中国古代画论。

从非遗题材电影《天工苏作》看中华优秀传统文化的国际传播*

李晓燕　张立昆　罗诗玮

摘　要：非遗题材电影作为中华优秀传统文化传播的重要载体，承担着助推中华优秀传统文化“走出去”的重任。传统非遗题材电影往往因影像文本的刻板化、程式化，文化表达的抽象性以及传播策略的单一性而难以在国际传播中取得良好效果。《天工苏作》打破了传统非遗题材电影的局限性，对中华优秀传统文化精神进行深层次开掘，在影像文本书写中突出中华传统文化精神的创新性传达与诗意表现；在影像建构中基于人类共通的情感逻辑展开中华优秀传统文化的多维表达；在传播策略层面，将中外合作高校作为传播场域，利用新媒体平台进行传播，选择专业的海外电影宣发公司进行推介。这使得海外青年群体、主流圈层受众可以更好地参与观影，从而为中华优秀传统文化的“出海”提供范例与实践镜鉴。

关键词：非遗题材电影;《天工苏作》；中华优秀传统文化；国际传播

《天工苏作》是一部由苏州市非物质文化遗产保护管理办公室与当地电视台联合出品的非遗题材电影。该部影片立足于以中华优秀传统文化为内蕴的苏州非物质文化遗产门类，以技艺传承人的视角为平行叙事逻辑铺陈故事，将苏州大量珍贵的非物质文化遗产呈现于银幕，以电影的形式向国外民众宣传推广中华优秀传统文化，推动中华文化对外传播。不同于传统的非遗题材电影，《天工苏作》善于推陈出新，打破创作模式的窠臼，这为其走出国门并取得良好的国际传播效果打下了良好基础。从传播范围看，2022年6月，该片在温哥华、旧金山、多伦多、纽约、洛杉矶等北美主流院线陆续上映。加拿大第一院线 Cineplex 影院、美国主流院线 AMC 影院均给予该片较大的排片量。2022

* 本文系 2022 年度江苏高校哲学社会科学研究项目“江苏传统建筑艺术在现代公共环境中的应用研究”（项目编号：2022SJYB1930）的阶段性成果。

年7月28日，《天工苏作》在新西兰上映；同年7月31日，在澳大利亚的悉尼、墨尔本和新西兰最大的城市奥克兰的主流院线上映，播映范围覆盖北美洲、大洋洲。海外对该部影片予以高度评价，纽约著名影评家阿维·欧佛尔（Avi Offer）观影后在权威电影评论网站发表影评，认为影片中“每一样艺术品和手工艺品都拥有魔法般的魅力，这超越了语言可以描绘的境界”[①]。

知名电影平台FILM THREAT指出，《天工苏作》的匠人匠心串联起几千年的中华优秀传统文化。北美与加拿大主流院线的消费者认为，《天工苏作》可以使他们感受到中国传统文化的魅力，找到他们的身份认同，找到文化自信，彰显中华优秀传统文化的创新性表达与创造性转化。中华优秀传统文化借助电影这种独特的艺术形式，通过对非物质文化遗产进行活化的光影叙事，以海外受众认可的方式呈现。香港商报网认为《天工苏作》走入海外年轻人的社群文化，代表中国走向世界，是非遗文化走向世界的代表性作品。《天工苏作》成为近年来非遗题材电影中为数不多的在国际传播中取得良好效果的力作，也成为我国社会主义文化强国建设中文化“出海”的典范。深度挖掘影片在叙事文本内核与文化精神表现、影像建构与文化呈现方面的特征，审思该片在传播策略方面的独特性，将可能为“具有强文化传播属性的”[②]非遗电影“走出去”，为中华优秀传统文化的国际传播，提供更多有价值、有意义的理论镜鉴与实践参考。

一、影像叙事文本的内核：中华优秀传统文化精神的创新性传达与诗意表现

电影作为可以记载、留存和传播社会历史文化遗产的一种直观、形象、简洁的艺术形式，既是讲好中国故事的主要力量，又是体现中华民族优秀思想精神、传播中华优秀文化的重要载体，承担着对外传播中国优秀传统文化的历史使命与重任。[③]非物质文化遗产作为传统文化的“活化石”与“民族记忆的背影”，一方面，它是连接历史文化传统与当下现实的重要纽带，可以以影像化的方式展现我国传统文化的精髓，以更为直观、形象的方式为世人所熟知。另一方面，它是各族人民世代相传、具有悠久历史积淀

① 中国江苏网.苏州非遗借力光影扬帆“出海”[EB/OL].（2025-02-05）[2022-06-28].https://baijiahao.baidu.com/s?id=1736870453960426637&wfr=spider&for=pc.

② 于丽金.传承与重构：民间文学与中国电影——以江苏省国家级“非遗”民间文学项目为例[J].电影文学，2020（24）：17-20.

③ 张立民，李晓燕，宋芳斌.由“走出去”到“走进去”：中国文艺出版海外传播力的提升策略[J].新疆社会科学，2022（1）：130-136.

的文化资源，是民族历史文化记忆的重要标志，代表着各族人民最深层次的文化心理追求与价值取向，是中国历朝历代各族人民关于文化记忆的最形象的脉络关联。电影艺术的丰富性与影像表现手法的多元化为中华传统优秀文化的传承提供了良好的艺术形式，国内众多的电影制作公司和成熟的创作团队为非遗题材电影的制作提供了良好的条件。总体而言，传统的中国非遗题材影片习惯以曲折的情节变化为主导叙事逻辑，突出叙事文本的情节性与多变性。它基于非物质文化遗产的流变性、多样态以及多民族文化交融的特征，以非遗传承人的经验为主体的活态流变属性进行影像叙事。在叙事文本体系构建中，故事性居于首要位置。电影通过营构情节复杂的故事为受众提供叙事节奏紧凑的影像文本，通过挖掘非物质文化遗产传承过程中的独立故事并对其进行改编，以提供前置性叙事文本。影像呈现中突出对非遗传承人的形象塑造、聚焦非物质文化技艺的表达以及视觉形象呈现，是我国传统非遗类影片经常采用的叙事文本书写方式。

以传统非遗题材电影《鳖鼓小子》为参照，该片以陕西洛川非物质文化遗产鳖鼓发展的历史兴衰为叙事脉络，虚构了一位鳖鼓传承人余果的形象。以余果为叙事中心编织故事，影片更加突出创作者本人对非物质文化遗产的个体想象，文本中充斥着大量的艺术加工与非写实元素，主旨在于表现非遗传承人的生存困境与非物质文化遗产传承面临断裂风险的现实境遇，而对非物质文化遗产蕴含的文化属性则没有进行全景式的“深描”。不同于传统类型的非遗题材影片，《天工苏作》在叙事文本方面更加注重对中华优秀传统文化精神的深层次开掘、诗意传达与创新性转化。非物质文化遗产以中华传统优秀文化为精神内蕴支撑，以对中华优秀传统文化的诗意表达、现代意义启迪为价值导向，以对中华优秀传统文化的创造性发展为目标旨归，以对中华优秀传统文化的传承为历史使命。尽管不同门类的非遗工艺在所蕴含的文化的地域性、民族性上各有差异，但是根植于所在区域生产生活方式的文化个性、民族审美习惯等所蕴蓄的文化基因以及对文化资源的活化利用，使其在内质层面具有极其深厚的文化底蕴。

影片能否将这种内在于非物质文化遗产内核层面的中华优秀传统文化的精神精髓展现出来，是衡量其是否成功的重要标志。从数量上看，苏州非物质文化遗产多达一百五十余项，但是《天工苏作》没有对这些非遗技艺进行全景式的大而全的反映。影片重点撷选苏州非物质文化遗产技艺中具有代表性的灯彩、宋锦、苏绣、玉雕、核雕、缂丝、香山帮建筑营造、船点、明式家具等九项进行影像表达。选取的种类并不多，但是几乎涵盖了雕塑、工艺美术、实用艺术、建筑艺术、设计艺术、纺织技艺、织造技艺等所有重要的艺术门类。文化的表达与艺术之间历来构成和谐共生的互适关系，中华优秀传统文化精神可以通过涵盖广泛的艺术门类进行多层次展现，从而最大限度地唤起受众参与理解的主体能动性，提升文化表达与传递的效能。中华优秀传统文化作为中华民族的显性优势，以抽象性的基本哲学精神为根本内核。

中华基本哲学精神的抽象性决定了以其为主导逻辑的中华优秀传统文化在面向不同文化语境的海外受众群体进行影像表达时，可能遇到因文化差异过大而导致的理解阻滞问题。中华优秀传统文化注重抽象思维与象征性的精神表达，集整体性、内外合一与和谐性于一体的抽象精神表达与西方文化精神中的崇尚分析、讲究逻辑思维推理极易产生差异，进而使外国受众在理解中华优秀传统文化时产生认知困难。《天工苏作》避开了中华文化精神抽象性的现实规制，从而有效规避了受众理解困难的问题，较好地突破了中华优秀传统文化进行跨文化传播的障碍。

一方面，《天工苏作》选取多样化的艺术门类进行整体性影像表现，多样性是确保文化展现的多层次性、帮助受众建立从抽象性本质到具象性情境体验的基础。例如，选取香山帮建筑营造技艺作为表现对象就较好地实现了中华优秀传统文化抽象精神的具象化展现，有效破除了文化抽象性带来的理解障碍。香山帮建筑营造以物理空间的形式承载文化，以具体的建筑实践将抽象的精神理念转化为可感知的、可见的建筑形式，使中华优秀传统文化变得更为具象。

另一方面，《天工苏作》弥补了文化抽象性在影像空间中的不可传达性缺陷，通过对叙事文本的形塑实现对抽象性文化的创新性转化。《天工苏作》对中华优秀传统文化的呈现贯穿影片始终。影片以淡雅清新、大气舒朗的中国水墨画作为开场，开场便将镜头聚焦一名小学徒，以学徒的学艺与中华优秀传统文化强调的修身文化为切入点展开叙事，强调艺品与人品的统一。清人王昱在《东庄论画》中有言，学艺者当“贵立品”，立品后可修身养性，气清理正，胸中有浩然之气，工艺乃自带奇逸之趣。《天工苏作》的叙事文本将艺格与人格进行有机关联，将中华优秀传统文化的诠释植入影片的叙事框架与内质肌理。为避免因中华优秀传统文化的抽象性而使影像表达受到制约，影片将《周礼·考工记》等经典性文化典籍融入叙事文本，以海外受众容易接受的、生动可感的方式进行文本编排，同时对叙事文本进行视觉语言的实时转化，使语言与画面双重作用于受众的视听感官。传统非遗题材影片极易因其承载社会使命的功能性表征而使文化的表现流于扁平化，非遗题材影片《高甲第一丑》《摆手舞之恋》在文化精髓内化方面的不足与表达的程式化即为例证。

《天工苏作》打破传统非遗题材影片在文化表现方面的桎梏，在对中华优秀传统文化精髓深入把握的基础上创新表现手段，力避叙事文本语言的单调性，赋予静置的非遗工艺品以灵性与生命力，让中华优秀传统文化在影像的作用下变得灵动。明式家具是该片重点展示的非遗工艺，它在世界家具体系中以精巧的设计、简约的风格与独具匠心的制作等特征称奇。造型设计的简洁意味着其视觉形象在吸引力方面的不足与文化表现力方面的弱势。在快节奏的视觉文化中，简洁的外形、清冷的色调较难吸引国外受众的注意力。明式家具的连接方式和比例关系与中国古代的哲学思想、工艺精神紧密关联，而这种独属于中国古代的哲思也是较难表达的。《天工苏作》善于抽绎关键性技术环节，聚焦榫卯这种中国家具的特殊结构方式，从中国古代哲学精神与科技思想融合的维度对非遗工艺的关键性技术进行深度剖析与影像呈现。

影片在叙事文本中力避文化阐释的抽象性、单调性，“脱离枯燥”[①]，寻求文化阐释与非遗工艺呈现之间的动态平衡。叙事文本力图透过技术，挖掘工艺背后蕴含的深层次文化精神。榫卯被创造性地阐释为中国天人合一、阴阳交合文化体系观念作用于生产生活的具体形态。《天工苏作》在影像叙事文本中以榫卯为聚焦点，表现人与木的关系彰显的传统生态观和天人合一理念，赋予非遗工艺以文化的深层哲思与情感温度。影片将明式家具比作“天然去雕饰的美人”，设喻形象大厦体而不失雅趣，揭示出明式家具简约设计与精致工艺的二元统一，既摆脱了文化表达抽象性的桎梏，又为叙事文本增添了几分诗意情趣与情感温度。

二、影像建构：基于人类共通情感逻辑与海外受众期待的中华优秀传统文化的多维呈现

从媒介历史发展变迁的视域进行审视，电影作为一种新型技术作用下的艺术形态，承担着传播媒介的功能。电影本身具备的艺术与媒介双重特性决定了它要深耕光影空间，以鲜明的影像风格实现自身的艺术价值。影片中的光影变化、色彩搭配和镜头选择都可以为影片服务，提升其艺术品质和情感冲击力。

此外，电影作为大众传媒技术发展过程中的产物，是面向最广泛受众的艺术形式，利用运动的图像向广大受众传递创作者的情感思想、文化观念、精神内质，是电影生产的主旨。电影在传递创作者思想情感的同时，承担着传播文化价值的社会责任，这就意味着在文化观念的国际传播中要以入心、促进海外受众跨域文化理解，实现背后深层文化价值的认同为旨归。作为一部致力于向海外民众推广中华优秀传统文化的非遗题材影片，《天工苏作》站在海外受众的立场进行影像书写。以历时性维度进行审视，非物质

① 朱荣清，钟欣颖．非遗纪录片创作中的叙事策略研究［J］．电影文学，2022（13）：14–19.

文化遗产作为一种文化存在的完整形态，自身历史的延续性及其与特定种族、人群、地域、宗教的内生关联性决定了它在被搬上银幕、面对不同文化语境的海外受众时会遇到共通意义空间生成难的问题。

共通意义空间是传播学中关涉符号背后意义达成的重要学术范畴。共通意义空间是传播达成所必需的受众在语言、文字、生活经验抑或文化背景方面具备的能够理解传播信息的逻辑前提，是确保受众可以有效接受传播内容的基础，也是决定海外受众看得懂内容并主动接受中华优秀传统文化的关键所在。共通意义空间难以形成是当前制约非遗题材电影高质量"走出去"的重要原因。即使是像《爱在廊桥》之类的非遗题材影片，它跨时空交叉呈现古朴典雅的乡村建筑、民俗景观、廊桥彩绘、北路戏等中华优秀传统文化元素，并聚合了乡土风情、原生态景观以及非遗技艺元素的视觉奇观，都难以打动海外受众，更别提使他们读懂影片并产生共鸣。《天工苏作》以推动海外受众产生共通意义空间为立足点，摒弃传统非遗题材电影长于真实的特质，将情感的真实置于对技艺场景真实性的表现基础之上。影片着力挖掘全人类最深层次的共通性情感，在影像建构过程中突出以情动人。苏绣、船点是影片重点展示的非遗工艺。《天工苏作》在对非遗工艺进行呈现时以情感作为影像建构的主要支点。

《天工苏作》善于从情感的维度进行深入开掘，在对苏绣工艺的影像建构中以贯通全人类共通情感价值的"深描"框定画面主基调。传统非遗题材影片，诸如《摆手舞之恋》《不肯去观音》等，擅长以技艺传承人作为影像建构的核心，摄像机在框取构图、舞美形态、灯光调整以及镜头调度等方面呈现以非遗传承人的故事叙事为核心的影像特征。《天工苏作》并未将传承人作为影像建构的焦点，而是聚焦于人类情感的流动。在呈现苏绣工艺时，影片着重展现了非遗传承人姚慧芬对苏绣的情感。不同于普通绣娘为了谋生而刺绣，对于姚慧芬来说，刺绣是她的整个世界，只有在刺绣的世界中她才是成长的、永不凋零的、推陈出新的。追求极致的匠人之心与对非遗工艺的虔诚之情拉近了技艺与时代的距离。姚慧芬的技艺在当代社会有了良好传承，她和她的徒弟对苏绣的虔敬、热忱成为《天工苏作》叙事的逻辑前提，在一种符合情感的逻辑下，师徒二人对于人类美好造物艺术的执着成为全人类情感沟通的写照。海外受众可以基于共通的人类情感理解域外艺术，进而达到文化层面的认同。

党的二十大报告提出，推进文化自信自强，以创造性的艺术形象推进中华优秀传统文化发展，从而推动建设社会主义文化强国。中华优秀传统文化的海外传播构成社会主义文化强国建设的重要组成部分。以文化人、沟通情感、建立互信，是文化对外传播的主要目标。《天工苏作》以人对客观事物是否能满足自身需要而产生的不同态度为切入点，不进行单向度、灌输式的以自我文化为核心的影像表达，善于从最深层次的情感视角打通异域文化传统的隔阂，建构起双向互动的情感交流，如苏绣师徒对于技艺的热忱；船点技艺呈现中折射的年迈祖父与孙女的隔代情，船点师傅董嘉荣虽因手抖无法再登上国际舞台献艺，但是他愿意破例为孙女做一次船点，技艺的高下让位于情感逻辑。充溢在画面之外的人类共通情感不仅有效冲破了语言的藩篱，还很好地突破了不同文化传统所带来的心理区隔，从而有效地满足了海外受众的需求，也很好地回应了海外观众对于人类共通情感的期待。

以人类共通情感作为影像建构的原点，以对人类共通情感的唤起为主要目标，在镜头调度方面遵循人类情感内在运动的逻辑序列，影像画面构图对表现对象进行有组织的排布调整。秉持受众为本的原则，影片的影像建构将焦点放在人的情感交流与体验上，而非单纯的技艺展示，这就更容易让国际受众感同身受，在细腻的情感表达中融入自身的文化经验，从而真正实现在人类共通情感方面的双向互动。同时，《天工苏作》在展现九项苏州非遗技艺的过程中有意识地在中外文化间进行自由切换，敏锐捕捉海外受众可以接受的文化兴趣点，有意识地对中外文化中相通的领域进行呈现。达·芬奇是欧洲绘画美学的代表性人物，强调绘画与自然模仿之间的关系，并首创明暗转移法。《天工苏作》在对苏绣技艺进行影像表现时，不仅展现了传统苏绣善于表现国画的传统优势，还突出了这项非遗工艺对西方绘画的表现力，展示了苏绣逼真模仿现实物象的一面。

同时，影片导演在画面的控制上表现出连续性的由明到暗、由暗到明的色彩感与节奏感。在从一项非遗技艺向另一项非遗技艺的过渡中，没有泾渭分明的画面界限。影像色彩的表现完全从属于光影，以光影的变化展示非遗技艺丰富的层次性，通过对画面明暗节奏的控制，整体影像表现出浓重的浮雕感。影片很好地契合了海外受众的视觉审美习惯，在此基础上，非遗的文化表现空间也变得丰富多元且更具创造性。匠心独运、讲求温度和哲思的造物理念通过蒙太奇式的镜头组接，以符合国际受众视听语言的惯例进行视觉化呈现。缂丝技艺、家具制作技艺折射的文化意蕴通过画面横向延展线与支撑起整个影像画面的冷暖色调对比形成的视觉聚焦点得以徐徐展开。在多位来自不同非遗领域的各攻其巧的匠人与技艺的“厮磨纠缠”中，中国优秀传统文化所蕴含的开放包容、精益求精、生生不息、守正创新的核心理念得以多维、完满地展现。

三、传播策略的多样性：非遗题材电影对外传播的范例

置身消费社会的语境中，如何让海外受众更好地接受中国非遗题材电影，一直是困

扰电影宣发的难题，也成为跨文化影视传播中的焦点问题。非遗题材电影的小众化和长期以来被少数精英主导的文化特征，使其很难满足普通大众在文化消费方面的需求，异域文化圈层的传播更是困难重重。《百鸟朝凤》制片人在直播平台跪求排片的艰难处境，便是该类题材影片传播困境的真实写照。《天工苏作》在传播策略方面避开传统非遗题材影片在对外传播实效方面的不足，探索独特的传播策略，这些策略具体表现在以下两个方面。

（一）专业宣发公司的推介

国产电影在海外的成功传播离不开专业宣发公司的推介。畅通的传播渠道是一部电影在国外成功传播的关键。《卧虎藏龙》的宣发依托索尼经典电影公司，《英雄》《一代宗师》等影片的成功发行离不开米拉麦克斯影业公司和韦恩斯坦影业公司的推介。鉴于此，《天工苏作》选择了专业的海外电影发行公司——华狮电影发行公司（下文简称华狮）负责该片在海外的宣传与发行。与其他海外电影发行公司相比，华狮具有丰富的文化交流经验，因而可以在跨文化传播过程中给予更为精准的支持。华狮是北美首家专门从事影片海外发行的公司，公司总部设在美国洛杉矶，该发行公司以开拓海外市场为主要业务，能够为电影发行提供全方位的宣传推广支持，从影片的国际市场推广策略到制订宣传发行计划，再到跨文化的市场定位，华狮都有一套成熟的宣发策略。华狮的运营理念是吸引海外主流观众，作为专业的海外电影发行公司，它早已建立起成熟的北美院线市场，这使其有着稳定的观众来源，也在最大限度上保障了影片在国外的传播。早在《天工苏作》上映之前，华狮便在海外受众经常光顾的商圈和高速公路广告牌上开始投放大型户外广告，投入较多的发行资源，为影片的海外发行铺平道路。

同时，华狮注重受众市场调研。针对国产非遗题材影片难以走进海外主流圈层的现状，华狮找准“文化阻隔”的“首要因素”。[①] 针对大多数国外受众不爱看字幕和对中国典故的储备量不足的问题，华狮在《天工苏作》海外版的发行中，配音尽量选用海外受众可以理解的、符合他们文化习惯的语言，减少典故的运用量，选取与所表现非遗工艺类似的、在国外有着极高认同度的文化形式进行互文性翻译。例如，在对非遗宋锦工艺的表现中，解说词贯穿着一种海外观众能够接受的数学逻辑，将经线和纬线比作两种代码，宋锦便成为由两种代码组成的神秘图谱，每一个非遗传承人都是在二进制原理基础上进行图谱破译的探索。这些符合海外受众思维逻辑的解说词对吸引当地主流圈层

① 第一财经．国产电影能拿全球票房第一，为什么没全球影响力［EB/OL］．（2025-02-05）［2021-11-22］．https://new.qq.com/rain/a/20211122A01KRZ00.

起到了重要作用，从而成为“传递文化的使者”①，为电影的海外传播提供了较为有效的保障。

（二）多元传播渠道的开辟

《天工苏作》选择在新媒体弹幕网站哔哩哔哩（下文简称 B 站）进行播映，播放量短时间内便突破 30 万次，并在社交媒体上引起相当高的话题讨论热度。作为一部非遗题材影片，《天工苏作》并没有选择传统的大众传播渠道进行播映，而是将 B 站开辟为重要的播放平台。早在 2018 年 9 月，B 站便宣布与美国 Discovery 探索频道达成合作伙伴关系，双方签订合作推出 145 部电影和电视作品的计划协议。此外，B 站与日本 NHK、英国 SKY 和 BBC 等媒体之间展开版权合作，这就为影片拓宽了对外传播渠道。同时，B 站作为年轻群体高度聚集的文化社区与视频网站，现已发展为涵盖 7,000 多个兴趣圈层的多元文化社区，且这些文化社区拥有大量国外青年受众，影片在 B 站播放后易引起年轻群体极高的讨论度，这有助于吸引海外 Z 时代受众，借助他们的互动吸引更多具有国际视野的年轻受众，使他们参与影片的传播。

此外，在国外知名的社交媒体平台，如 Instgram 等，影片的相关内容也得到了传播。通过短视频剪辑等方式，《天工苏作》在国际社交媒体平台的曝光度提高了，热爱中华优秀传统文化的年轻海外受众的互动与分享增加了影片的话题性，该影片的海外影响力被进一步提升。《天工苏作》还选择在中外合作院校，如西交利物浦大学影视与创意科技学院等进行点映，邀请影片中的非遗传承人姚惠芬、汪丽秋与观众面对面交流互动，并邀请观众体验非遗创作，这种实际参与活动更能加深受众对这些技艺所蕴含的文化哲思与历史积淀的了解，成功地将传统技艺带入受众的视野。西交利物浦大学影视与创意科技学院作为中外合作的高等教育机构，具有深厚的国际化背景与多元文化融合的优势。该学院学生群体的文化背景具有多样性的特点，这有助于影片的海外传播。多元的传播平台在最大限度上引起了社会各阶层、不同文化取向与价值理念的受众的兴趣，对提升《天工苏作》的海外传播效果发挥了积极作用。

综上所述，非遗题材电影作为文化传播的重要载体，承担着助推中华优秀传统文化“走出去”的重任。非遗题材电影往往因影像文本的刻板化、文化表达的抽象性以及传播策略的滞后性难以在国际传播中获得良好效果。《天工苏作》对传统文化精神进行深层次开掘，在影像文本书写中突出中华优秀传统文化精神的创新性传达与诗意表现；在

① 王乙涵．从西游题材电影看经典文化的海外传播［J］．电影文学，2016（13）：52-54.

影像建构中基于人类共通的情感逻辑展开中华优秀传统文化的多维表达，在传播策略方面，专业宣发公司的推介和多元传播渠道的开辟为影片拓展广阔的海外市场提供了良好的助力，也为中华优秀传统文化更好地“出海”提供了良好的契机。

作者简介

李晓燕，淮阴师范学院新闻与传播学院，副教授。主要研究方向：国际传播。

张立昆，淮阴师范学院美术学院，副教授。主要研究方向：国际传播。

罗诗玮，南通大学文学院硕士研究生。主要研究方向：文学传播。

河津社火的文化密码与时代回响

——从黄土高原到世界舞台：民俗狂欢的传承与创新

河津市委宣传部

导言

“不点花灯月不圆，不耍社火难过年。”社火作为每年春节、元宵节的一个仪式，多年来一直热度不减，各大短视频平台上，关于社火的推文总是能让人啧啧称奇。其中，有一个城市的社火最为瞩目，那就是山西河津。这种群众自编、自导、自演、自乐的文化娱乐活动，是春节期间当地最普遍、最隆重的农村群众性文化活动，它从乡村走向城市，打造了一场黄土高原城乡人民共同参与的独一无二的民俗狂欢。在这场狂欢的背后，是人民群众的文化自信，是民俗文化的与时俱进，是三晋大地上最质朴的乡风文明。可以说，河津正在用社火里的“年味儿”回应民俗文化创新发展的时代命题。“世界社火看中国，中国社火看山西，山西社火看河津”，河津社火为何拥有如此美誉？这让人不得不去一探究竟。

寻根溯源：千年社火的文明印记

社火，中国民间的传统庆典活动，起源于上古时期的祭祀活动，主要用于祭祀土地神和火神。这种活动不仅体现了老百姓对土地和火的崇拜，也寄托了人们对风调雨顺、五谷丰登、国泰民安的美好愿望。社火的表演形式多种多样，包括锣鼓、高跷、舞龙、舞狮、秧歌、旱船等，这些活动在春节期间尤为盛行，成为展示和传播传统文化的重要方式。随着社会的发展，社火逐渐从单纯的祭祀活动演变为包含娱乐、表演和民俗在内的综合性文化活动。在历史文献中，社火的起源可以追溯到商朝时期的宫廷祭祀活动，到了周代演变成大傩仪式，随后在秦汉时期融入百戏，到了唐宋时期，社火与社祭活动相结合，成为重要的文化娱乐形式。明清时期，社火的表演形式更加丰富多样。社火不仅是中国非物质文化遗产的重要组成部分，也是中华民族传统文化的重要体现。通过社火表演，人们能够感受到浓厚的传统文化氛围和民族认同感。

河津属于中原地区，其社火习俗由来已久。《河津市志》记载，河津社火源远流长，起始年代已不可考。1964 年，中国舞蹈家协会整理出版的《全国民间舞蹈调查表》中记载，河津民间广场艺术有跑灯、转灯、旱船、高跷、花车、狮子、龙灯、麒麟、老虎、花鼓、走马、神州会、跑锣和太平车。山西省作家协会会员、中华诗词学会会员、河津文化研究会副会长任罗乐所著《河津经典人文》一书记载，河津社火是春节期间民间自演自娱的活动，它源自古代老百姓对土地与火的崇拜。民间社火在河津俗称“热闹”“故事”“闹红火”。

时至今日，每到元宵佳节，全市各地社火节目异彩纷呈，好不热闹（见图 1）。有好多节目已自成一派、影响深远，如李家堡转花灯（见图 2）、高家湾端阳锣鼓、南原花鼓（见图 3）、三迁锣鼓（见图 4）等曾多次赴全国各地表演，展示了黄河儿女的别样风情。

图 1　2025 年河津社火表演现场

图 2　李家堡转花灯

图 3　南原花鼓

图 4　三迁锣鼓

守正创新：传统与现代的激情碰撞

一场精彩的社火表演，从策划到筹备，再到排练、演出，大抵要经过一个月的时间，一般从前一年腊月初就开始准备。

时间回到甲辰年腊月十一（2025 年 1 月 10 日），位于河津市委大楼的市委宣传部灯火通明，人声鼎沸，一场关于社火节目的激烈讨论正在进行。按照惯例，河津市 9 个乡镇轮流表演，每年有 2 个乡镇参与。表演内容其实就是各乡镇的历史故事挖掘、非遗文化展演、红色血脉追溯、乡村振兴和工业发展的展示，这是区域性文化自信的集中体现。社火是年俗、是传承、是年味，也是一场精神洗礼和精神重振，这样的社火就应该“火”，这样的社火不“火”都难，因为它接地气，是对本乡本土文化的发掘、创造和弘扬，也是对文化蕴含的集体精神、生命精神的彰显。闹社火需要花费大量的财力、人力，“不闹社火似乎年也没劲”“宁穷一年不穷一节”，这似乎是大多数河津人的一份“傻”和执着。河津人用社火感恩过去一年的收获，寄托未来一年的期盼，也常常因为表演时谁家排在前面、谁家节目更优秀而相互竞争。每到此时，总有一些乡镇主动请缨，要求表演。

从2024年开始，河津市的社火节目基本遵循了四个定位。一是演出节目“接地气”，社火就是社家事，是群众演给群众看的，以群众广泛参与、喜闻乐见为主。二是演出乡镇“和为贵”，坚决抵制节目攀比、唯奖竞争等不良风气，一来避免各家在社火表演时因分高下而引发纠纷，二来能集中力量彰显每个乡镇的文化艺术特色。三是项目开支“大缩水”，社火表演遵循节约开支、隆重热烈的原则，减少不必要的场景设置、花车造型等。四是现场秩序“安保全”，坚持人民至上、安全第一，发动更多力量维护群众安全。经过充分的讨论，宣传部最终决定由僧楼镇、小梁乡进行乙巳蛇年的社火表演。

河津社火的爆火，要归功于甲辰龙年的社火节目。在社火节目中展现红色文化，当时在全国都是少有的。河津有着丰富的红色文化资源，有山西早期共产党员，有年少牺牲的革命烈士，有令人发指的日寇屠杀惨案，河津人民历来注重红色文化传承，牢记党的恩情。2024 年进行社火表演的赵家庄街道，是河津地下县委旧址的所在地。情景剧《星星之火》以歌剧、舞蹈的形式，把红色教育融入社火，将河津地下县委旧址等多个场景模型、如今的赵家庄街道党建阵地造型，分别设置在两辆花车造型的舞台上，让故去的河津先烈与当代共产党人“隔空对话”（见图 5），让故人看今日之盛世，今人知故人之牺牲。

图5 情景剧《星星之火》中的“隔空对话”环节

“现在你们能吃上白面馍吗？”“能，都能，天天吃得都像过年一样好。”“我多想看看，我们的国家现在是什么样子……”“我们胜利了，我们的祖国国泰民安，这盛世如您所愿……让我们向您，向所有革命前辈和先烈们致敬……”台上展现一代代共产党人为人民谋幸福、为民族谋复兴而进行艰苦卓绝的革命斗争的画面，台下是有着300人的“河汾欢歌”秧歌腰鼓队伍（见图6），随后是500人的“胜利锣鼓”队伍，铿锵的节奏、豪迈的身姿、载歌载舞的盛大场面，深度还原了1947年4月河津人民欢庆河津解放以及改革开放后他们勠力建设家乡的场面，将社火表演一次次推向高潮。

图6 “河汾欢歌”秧歌腰鼓表演

节目立意深远，感染力强，通过社火表演向千万民众传递了赓续红色基因、忠心向党爱国的民族情怀，无数群众看后当场热泪盈眶。多组节目形成一个主题，彰显了中国共产党带领人民从浴血奋斗到逐梦前行的豪情壮志。市民王洁美在观看完节目后深情地说:“我们不会忘记先烈们的流血牺牲，要珍惜现在，建设好我们的家园。”

河津社火“出圈”的另一大亮点就是融入历史文化。河津有着深厚的历史底蕴，大禹治水、鲤鱼跳龙门等传说均发生在此地，这里早在新石器时代就有先民聚居，殷商时期商祖乙在此建都七世，国都名耿，春秋时为耿国，秦置皮氏县，隋唐间为龙门郡治，宋宣和二年（公元 1120 年）改名河津，因该地有黄河和禹门口而得名，1994 年撤县建市。河津人文资源众多，现存古遗址、古墓葬、古建筑 20 多处，真武庙、镇风塔、高禖庙、薛仁贵寒窑、卜子夏墓祠、司马迁故里、王通弹琴处、王绩隐居洞等闻名遐迩。春秋时晋国正卿郤缺、孔子高足卜子夏、“史圣”司马迁、隋代大儒王通、初唐四杰之首王勃、唐朝大将薛仁贵、明代大理学家薛瑄、中华人民共和国上将董其武等皆出自河津。

从 2024 年开始，河津市注重在社火表演中展示当地历史文化，“黄河西来决昆仑，咆哮万里触龙门”是有关河津的古诗名句，黄河文化、鲤鱼跳龙门的传说也是河津市近年来唱响的一大文化 IP，展现了 40 万河津儿女争强好胜、勇为人先的可贵精神。

2024 年进行社火表演的清涧街道紧靠黄河，由黄河岸边的龙门村制作的“禹凿龙门”“鱼跃龙门”两辆彩车（见图 7），以高台上高昂龙首、盘龙华表等展现石凿山开、龙门横出等典故，激励人们逆流前进、奋发向上。500 人表演的《禹王锣鼓》节目（见图 8），演员们身着古装，用排山倒海的鼓点传递大禹坚韧不拔、勇往直前的治水精神。

《鲤鱼跳龙门》节目中，200 名小朋友扮演小鲤鱼，配合着 120 条飘带龙，形象地展示出群鲤竞跃、跳跃龙门、化身为龙的生动画面（见图 9）。

图 7　彩车“禹凿龙门”“鱼跃龙门”

图 8 《禹王锣鼓》节目表演现场

图 9 《鲤鱼跳龙门》节目表演现场

300 人参与的《黄河号子一声吼》舞蹈表演，意在表现大河子民勇毅彪悍、百折不挠的个性和艰苦奋斗的时代精神。

经过多次充分讨论，2025 年河津市决定继续在社火节目中展示浓厚的历史文化、民俗文化，向全社会传播河津人民引以为傲的黄河文化、龙门文化。

一场成功的社火表演背后，凝聚着数万人的心血，从活动策划到节目编排，从后勤服务到调度组织，都需要大量的人力、物力。社火表演从开始到正月十五结束，每一天都会有新情况，每一时都会有新变化，得益于河津市委市政府的全程指导、严格把关，得益于上万群众的认真彩排、卖力表演，得益于全市干群的密切关注、倾力配合，一台精彩纷呈的社火节目才能呈现在观众面前。

群策群力：万人共铸的民俗“群英谱”

为了给观众呈现最完美的表演，每个社火节目都要经过反复彩排，有的大型锣鼓表演从腊月二十就开始练习，村民们利用闲暇时间，聚集到党群服务中心或者较大的场馆，一个鼓点一个鼓点地揣摩，一段谱子一段谱子地融合，一般经过十几天才能完整地敲出整个鼓谱。大部分节目是从正月初五以后开始彩排，有表演任务的村会聘请专业老师进行指导，村民们不论刮风下雨都会准时准点到达指定地点开始排练。没有表演任务的村也会自发组织社火节目，丰富群众节日文化，这是刻在河津人民骨子里的文化，仿佛不闹社火就不算过年。

经过近十天的排练，节目组一般正月十三在本村表演，正月十四在本乡镇表演，一来是为了丰富当地群众节日文化，二来也算是进行一次“带妆彩排”，发现问题及时纠正，确保正月十五的表演不出任何差错。

元宵节当天，所有演员会在凌晨 4 点钟起床，化妆、整理服装道具，9 点之前赶到社火表演处。这对大人来说不算事，但对儿童来说可算是个不小的“挑战”，小家伙们一个个睡眼惺忪，耷拉着脑袋，穿上各种古装，懵懂中透着可爱，活泼中夹杂着认真。

今年两个乡镇表演的节目依然深度融合了河津历史文化。拿僧楼镇来说，其所编排的序章《金蛇报岁》（见图 10）及《河汾门下》《风追大唐》《时代雄风》《春和万象》四个篇章节目，坚持“历史为根、文化为魂、喜乐为本、与古为新”的原则，仿佛一幅幅优美的历史画卷，将河津的故事从古至今娓娓道来。

图 10 《金蛇报岁》节目表演现场

2025年春节是春节被正式列入联合国教科文组织人类非物质文化遗产名录后的第一个春节，在这样的大背景下，河津市结合本市特色文化名片——十二生肖“报岁旗”，以10面天干旗、12面地支旗、60面甲子纪年旗、60面生肖旗、春夏秋冬四季旗、二十四节气旗组成的队伍，通过跑旗表演，演绎天地相合、阴阳调和、春生夏长、秋收冬藏的中国传统文化。

中华民族的母亲河黄河与山西的母亲河汾河，都穿河津境而过，“河汾门下”一词就出自河津。2025年河津社火节目《河汾门下》，再现了隋末大儒王通在此广收学徒、著书立说、设馆讲学、教化士民的恢宏场面，折射出这片热土尊师重教的深厚底蕴。

说起唐朝，我们第一时间想到的就是盛世大唐、万国来朝。《风追大唐》篇章，以盛唐贞观十九年（公元645年）玄奘取经回国，太子李治镇守定州，薛仁贵东征高句丽，大唐盛世空前繁荣为创作蓝本，以小商小贩、看社火的群众涌入古镇的热闹景象为切入点，再现千百年前的僧楼游人如织、灯火辉煌、生机勃勃的场面（见图11）。这种场面与社火现场观看表演的簇拥的人群和彩旗飘扬的社火队伍，达成了跨越时空的无缝契合，让大唐气象与当代盛世相互映照，展现了中华民族赓续不断的文脉，彰显了当代河津人传承创新文化的智慧。

图11 《风追大唐》节目表演现场

值得一提的是河津的转花灯，该项目是河津非物质文化遗产的一张亮丽名片。早在1,400多年前的唐朝，僧楼人民将风车与灯笼巧妙结合，创作了转花灯。光源燃烧只有一个燃点容易着火，花灯立体转动，解决了一个燃点变为无数个燃点后不易着火的难题。后来人们越做越精巧，不断更新改进，使得花灯既成为日常生活照明用品，又成为富有观赏性的工艺品。相传开元元年（公元 713 年），为庆祝国泰民安，玄宗皇帝昭告天下，让人们张灯结彩表演节目，以示庆贺。僧楼宝胜寺当时有僧侣千人，他们将僧楼村的转灯技艺引进宝胜寺，排练各种舞蹈，并受邀赴京都长安进行助兴表演，受到玄宗皇帝的赞赏。至此，这一传统民俗在古耿大地上广为流传，数代传承，几经改革，发展成僧楼人民庆祝节日、传递喜悦的传统节目。

在《春和万象》篇章中，《幸福转一转》节目便将非遗转花灯和舞蹈相融合，借助人力跑动与自然风力令灯群旋转，如群星闪耀，灯火蜿蜒，转出了僧楼人民奋楫扬帆再出发、勇立潮头铸辉煌的精气神，正如河津社火一般，给人以视觉和文化的双重体验（见图 12）。

图 12 《幸福转一转》节目表演现场

时间指针慢慢来到了现代。争强好胜、勇为人先的河津人勤奋苦干，将河津打造成晋南地区的工业强市。《时代雄风》节目将河津干板腔和队形变化、集体合唱紧密融合，500 人的方队先后舞出“河津”“元宵”“春”“福”“工业”的字样，展示新时代工业重镇的崭新风貌，整齐的步伐走出了新时代工人的精气神，头顶的安全帽撑起了蔚蓝的天空，挥舞的工具凝聚着所向披靡的雄风（见图 13）。

图 13 《时代雄风》节目表演现场

传统秧歌节目《幸福扭一扭》中，演员们穿着传统的彩色衣裳，随着歌曲节奏踩踏、摆手、舞动身体，表达着僧楼人民欣逢盛世、沐浴党恩、追逐美好生活的喜悦心情（见图 14）。情景表演节目《幸福抖一抖》则是运用抖音这一时尚的社交工具，“抖”出了僧楼人民惬意悠然的幸福生活，“抖”出了他们昂扬向上的精神风采（见图 15）。《幸福唱一唱》和原创歌舞表演《幸福河津唱起来》节目，唱出了僧楼人民对全国人民的新春祝福，唱出了河津全市人民勇于追逐幸福生活的浓浓情怀。

图 14 《幸福扭一扭》节目表演现场

图 15 《幸福抖一抖》节目表演现场

小梁乡的社火文艺节目围绕着中国传统文化、乡村振兴、新时代精神等主题展开，设计精巧、形式新颖，展示了小梁乡儿女守护传统、展望未来的喜悦心情，彰显了小梁乡人民精益求精、不断进取的昂扬斗志，表达了小梁乡人民祝福家乡、祝福祖国繁荣富强的美好愿望。

小梁乡社火表演在马拉鼓车表演节目《策马奔腾》中拉开了帷幕，四匹骏马身姿矫健，步调整齐划一，如旋风一般奔驰而来，铿锵有力的震天锣鼓声，激越豪壮的踏踏马蹄声，声声激情昂扬，展现了人民群众携手迈向和美乡村的豪迈气概（见图 16）。

图 16 《策马奔腾》节目表演现场

听，威风锣鼓震天响！《雄风锣鼓》节目表演方阵浩浩荡荡、震天动地，500 位鼓手身着鲜艳的传统服饰，将自然流动变换的队形与铿锵的鼓点紧密结合，展示了传统锣鼓的独特魅力，承载了小梁乡儿女对美好生活的向往（见图 17）。

图 17 《雄风锣鼓》节目表演现场

小梁乡素有“赛车文化小镇”之称，《激越冲锋》节目由 60 人组成的摩托车队进行表演，骑手们身着专业的赛车服，炫酷帅气，在场地中自由穿梭，编队前行，划出一道道优美的弧线。他们用勇气与激情为观众奉献了一场视觉与听觉的盛宴，充分展现了小梁乡以赛促旅、以旅兴业、以业富民的发展优势（见图 18）。

图 18 《激越冲锋》节目表演现场

《船漾春潮 马踏歌来》节目融合了纸马与旱船两种经典艺术形式，既有乡土气息，又洋溢着节日的喜庆氛围。表演者在一来一回的划与跑的优美动作中，传递坚韧乐观的心态和对幸福生活的向往，带领观众感受传统文化的魅力与新春的勃勃生机（见图19）。

图 19 《船漾春潮 马踏歌来》节目表演现场

龙狮表演《祥龙金狮耀华夏》由 2 条长龙、10 条小龙、10 只大狮子和 30 只小狮子组成，舞狮表演者用富于变换的动作和姿态将狮子的喜怒哀乐表现得淋漓尽致；舞龙表演在传统动作的基础上还融入了“巨龙倒海”“过龙门”等新花样，不仅为观众带来了视觉上的享受，还让他们感受到中华传统文化的魅力（见图 20）。

图 20 《祥龙金狮耀华夏》节目表演现场

《非遗抬阁》节目由 20 辆造型各异、内容丰富的抬阁车组成，节目由舞台艺术与杂技表演整合而成，逼真巧妙、活灵活现，尽显凌空造型之美（见图 21，图 22）。

图 21 《非遗抬阁》节目表演现场（一）

图 22 《非遗抬阁》节目表演现场（二）

《花鼓舞盛世》节目在传统花鼓的基础上，增添了舞蹈、歌曲等现代元素，表达了人们生龙活虎、喜庆丰收闹元宵的喜悦心情。200 人组成的花鼓方阵，用激扬澎湃的鼓点，敲出了河津人民的幸福生活，充分彰显了非遗文化的魅力（见图 23）。

图 23 《花鼓舞盛世》节目表演现场

小梁乡又被誉为“鲁班之乡”，在《鲁乡硕果耀中华》节目中，由 160 人组成的大型舞蹈方阵带着满满的热情和祝福，展现了工人们辛勤劳动和积极向上的精神风貌，展示了小梁乡的四季耕耘，表达了小梁乡人民祝福家乡风调雨顺、祝福祖国繁荣富强的美好愿望（见图 24）。

图 24 《鲁乡硕果耀中华》节目表演现场

据河津融媒体中心统计，共有 20 余家媒体通过抖音、视频号、快手等网络平台对河津社火进行直播，500 余万名网友在线欣赏河津社火，感受传统民俗文化的独特魅力。

锐意改革:“三老三新”激活社火生命力

河津社火爆火的原因，可归结为三“老”三“新”。

一是“老”传统融合“新”时尚。这两年的社火表演中，河津保留了自古流传下来的锣鼓、旱船、抬阁、舞龙舞狮等传统节目，这些节目欢快热闹、趣味性强，能带动现场气氛，同时融入了许多新元素，2023年《早安隆回》歌曲因梅西夺冠广为流传，阳村街道的社火节目便巧妙地融入了该歌曲的副歌部分，加之街道办干部模仿梅西领奖的神态，手捧当地特色农产品进行宣传，该节目迅速登上了各大平台的热搜榜，广为流传。2025年的社火节目《幸福生活抖一抖》巧妙融合当下流行的抖音短视频，通过直播带货、才艺展示等仿真场景，表达人们利用网络媒体记录美好生活的真实画面，观众的代入感与参与感得到增强。同时，原创节目数量在逐年攀升，《河津我为你而来》《远航吧，河津》《情系这方热土》《我的阳村我的歌》《我是河津排头兵》《幸福河津唱起来》《红红的日子》《河津之恋》等原创歌舞，因朗朗上口的歌词、宛转悠扬的旋律在群众中广为流传，成为河津晚会、音乐会、群众文化活动、民间文艺活动的保留曲目。

二是“老”故事激发“新”创意。这两年的河津社火表演提高了历史文化节目的比重，今年僧楼镇的《河汾门下》《风追大唐》，去年的《禹凿龙门》、《鱼跃龙门》、《相敬如宾》(见图25)、《古风新韵》、《星星之火》、《青春万岁》等，都是以河津历史人物、历史故事为核心，挖掘其精神文化内涵，并通过群众喜闻乐见的形式进行展示，寓教于乐。

图25 《相敬如宾》节目表演现场

河津经济社会发展迈入新时代后，这两年的社火表演同样增加了展示新面貌、新发展的元素。河津是以工业为主导的县级市，经济发展势头强劲，“235”产业转型矩阵起势成形，2023 年工业总产值突破千亿大关，清涧街道和僧楼镇都是河津市的工业重镇，《奋斗者》（见图 26）和《时代雄风》等节目，展现了产业工人奋进新时代的劳模精神、工匠精神，勾勒出兴旺发达、产业振兴的河津工业“百景图”。

图 26 《奋斗者》节目表演现场

赵家庄街道近 1,000 人联合演出的歌舞情景剧《锦绣河津》，将河津这两年实行城乡公交全免费这一事实搬上了社火舞台，通过市民坐着免费公交去上班、去看爸妈、去上学这三个场景，全面展示了河津市委市政府关注民生，让群众共享发展成果的真实画面（见图 27）。

图 27 《锦绣河津》节目表演现场

现场除了公交车、欢乐的人群，还有主题鲜明、制作精美的大型花车，上面陈列着中国空间站、国产大飞机 C919、神舟飞船等国之重器模型，将节目升华至歌颂伟大祖国繁荣富强的高度。身着节日盛装的演员们载歌载舞，歌唱着对春天的美好期望，舞动着对中国式现代化的无限憧憬。

三是“老”把式帮带“新”后生。河津社火的传承，有赖于祖祖辈辈河津人的传帮带，有的老演员已经参加了十几次社火表演，他们通过社火节目记录着河津的发展、祖国的繁荣昌盛。以往的社火表演以老演员为主，他们经验丰富，且拉车、放铳等节目都需要力气，这些人依然是社火节目的中坚力量。近两年，各村的青少年逐渐在社火节目中崭露头角，今年的所有社火节目基本上都有青年参加，时尚“哪吒头”美女、阳光的秧歌帅哥、活力满满的青年工人，都成为观众关注的焦点，这在一定程度上也吸引了年轻观众的目光。“在今年的社火表演中，社火队员有 1/4 年龄在 30 岁以下，举办社火活动调动了年轻人参加村级文化活动的积极性，有利于这门民间艺术的传承。”在现场观看节目的观众高杨有感而发。

聚沙成塔：社火背后的“正能量”效应

俗话说，众人拾柴火焰高，十指抱拳力千斤。为了给观众呈现喜庆热烈的社火节目，河津经常是举全市之力，全方位保障供给，这也从侧面反映出河津人民凝心聚力、团结奋斗的精神面貌（见图 28）。

图 28　2024 年元宵节河津社火表演现场

群众参与热情不减。每年的社火活动都需要近万人的表演团队，涵盖老、中、青各个年龄段的人。节目策划完成后，各村会通过喇叭广播、张贴招募令、微信群转发等方式号召村民参加。每次收到通知，各村村民总是踊跃报名，积极参加。僧楼镇贺家庄村村民房俊兰平时爱唱爱跳，性格开朗，得知村里招募演员，她一大早就报了名，且深有感慨地说："今年贺家庄村有进城表演的机会，我们都很激动。我早早地就报名参加了村里的社火活动，我会好好配合导演，努力排练，把节目演好，争取将最好的精神面貌展现给大家。"小梁乡东湖潮村村民高乐同样积极参与，每天除了集中排练，他还会抽出时间自己在家练习，"这是我第一次参加社火表演，心情很激动，和大家一起排练也非常开心，希望通过我们的表演把我们小梁乡人民的精气神展示出来，把我们对美好生活的期盼表达出来。"河津有一个约定俗成的规矩，举办活动时，有时间的村民主动参与，没时间的积极捐款，为的是让演员们能够卸下包袱全身心投入演出。僧楼镇的宏达集团、小梁乡的鑫马集团更是倾情赞助，给予社火节目大力支持。全市上下同向同行，感人事迹层出不穷。2024 年赵家庄街道邵庄村经过集思广益，决定创作怀旧节目《二八大杠》。创意确定后，大家分头行动，出脚本、定演员、编音乐，由邻村东庄村捐赠道具。正月十五将近，河津遭遇连续降雪天气，邵庄村紧急更换排练场地，社火演员们由室外排练转为室内排练。在排练现场，演员们发扬不怕苦不怕累的精神，不畏寒冷，耐心完善动作细节，不断调整和优化站位、队形等，最终节目演出成功（见图 29）。

图 29 《二八大杠》节目表演现场

小梁乡马家庄村抬阁作为运城市的非遗特色，在 2025 年的节目中压轴出场。今年参加表演的马家庄村抬阁共 20 架，大部分保存完好。只有"河津腾飞"和"关公与貂蝉"这 2 架因保存不善，存在不同程度的损坏，需要重新制作。非遗抬阁传承人马庆仁自掏腰包 1 万余元，聘请能人巧匠，利用现有的条件加班加点制作。从正月初五一直奋战到正月十二中午，终于使抬阁精彩亮相，擦亮了马家庄村非遗抬阁这张靓丽的名片。

社会关注持续升温。2024 年的河津社火从年头“火”到了年尾，关于群众文化和民俗文化的讨论热度始终不减，2025 年的社火自然而然成了许多人的期待。2025 年春节，在网络热度的加持下，运城、万荣、乡宁、韩城等周边县市群众纷纷前往河津过年，一睹社火“顶流”的风采（见图 30）。河津社火屡屡登上热搜榜单，不少网友在直播间里跟着河津人“云过年”，而这场传统的社火巡演被网络直播后，引来无数关注、点赞、热评。一些因工作原因早早离开河津的在外人士留言：“河津这几年变化太大了，工业经济持续发展，城乡面貌日新月异，免费公交等一大批民生项目深得人心，社火节目充分展示了河津的繁荣昌盛，我们为家乡感到骄傲。”就连远在美国、新西兰等国家的河津籍华人华侨也纷纷通过网络媒体收听收看社火节目，与家乡人民一起欢度元宵，感受久违的中国年味。据不完全统计，共有 500 余万名网友在线上观看河津社火表演，感受传统民俗文化的独特魅力。一些网友留言：“这个三晋小城可谓中国年味的天花板”“在这里，传统民俗不是标本，而是流动的江河，是活着的呼吸”，一条条热评推动着河津社火火爆“出圈”。“社火一要起来，年味这不就旺起来了”“大家聚在一起热热闹闹、开开心心地看看节目，这才叫过年嘛”“前几天就在网上看到社火表演的预告了，今早我们一家人都赶过来看了，我拍了很多小视频发到朋友圈，点赞特别多”。市民们看着精彩的社火表演，你一句我一句地表达着内心的喜悦。更有人在直播间喊话摄制组：“在外地能看到家乡的社火，心里洋溢着满满的自豪感”“我们村的镜头太少了，看不够就过去了”“特写镜头能不能多一点”。字里行间流露着作为河津人的骄傲。

图 30　乡村社火活动现场

后勤保障更加有序。元宵社火大狂欢，多彩民俗“闹”新春。河津社火表演的圆满举行，离不开表演乡镇的精心组织，也离不开相关部门和志愿者的助力（见图 31）。

图 31　2025 年社火沿街表演现场

每年的社火表演长达五六个小时，绵延街道 5,000 多米，组织协调的难度很大。为了让更多的群众现场观看，河津市委市政府对表演的各个环节进行改革，2025 年的表演场地更加开阔，观礼台周围可容纳的观众数量增加了 30%；表演点增加到了 5 处，方便群众就近观看；合理设置了可停放 500 余辆轿车的停车场，增设了多个移动卫生间，设置了 14 个志愿者服务点，提供了更为细致的后勤保障服务。据河津市委社会工作部工作人员介绍，每个志愿者服务点发放茶水都在 1 万杯以上，群众脸上的笑容就是最好的情感表达。稷山县游客黄吉良接过志愿者递上的一杯热水后，十分高兴地说：“我专程来河津看社火，没想到能享受这么贴心的服务！”

现场秩序和群众安全是社火表演最重要的保障。为确保活动安全有序地进行，河津市委宣传部、河津市公安局提前谋划，制订了详细周密的安保方案，对警力部署、交通疏导、应急处置等工作进行全面安排，确保重点区域、重点时段的安全管控。活动现场，执勤警力提前到岗，分片划段、定人定岗，拉好警戒带、摆好护栏，确保活动顺利开展、万无一失。河津市公安局民警张家栋早上 7 点就已到达执勤点，他说：“工作虽然辛苦，但是为了广大市民能过一个热闹祥和而又安全的元宵佳节，我们义不容辞。”在社火表演沿线路段，处处能看到人民警察忙碌的身影。他们各司其职，对车辆进行分流，维护现场秩序，及时疏导人流，避免拥挤、踩踏、火灾等事故发生，筑起了一道道亮丽的风“警”线。据了解，元宵节当天，河津市共出动警力 1,000 名以上，有力保障了现场秩序。现场还有医护、消防、供电、环卫等相关部门工作人员，他们不辞辛劳、连续作战，全力投入元宵节社火表演活动的安全和后勤保障等工作，默默守护着人民群众的安全和城市的干净整洁。

节目感染力愈来愈强。观众明显感觉到，河津市这两年的社火文化特色越来越明显，历史底蕴越来越深厚，民俗气息越来越浓烈。河津古称龙门，位于黄河中游、汾河下游、吕梁山南，自禹凿龙门以来，在这块神奇的土地上，河津人用勤劳和智慧创造了光辉灿烂的龙门文化，孕育出司马迁、薛仁贵、王通、王绩、王勃、薛暄等彪炳史册的历史名人，培育了西河设教、河汾门下、文清书院等影响深远的教育"天团"，继承发扬了传播千年的儒家文化，发明了琉璃、转花灯、剪纸、花馍、瓷枕等广为流传的非遗产品，形成了争强好胜、勇为人先的河津精神。这些历史人物、灿烂文化在这两年的河津社火中得到大篇幅展示，对当代年轻人了解河津历史、传承河津精神发挥了潜移默化的作用。尤其是发生在这块热土上的红色故事，在群众演员的演绎下，令观众热泪盈眶。社火表演更令许多外地人赞叹不已，他们不仅感受到河津人民的豪迈直率、热情好客，了解到河津的风土人情，更对河津市委市政府锐意进取、改革创新、弘扬传统文化、发展群众文化、做足后勤保障的举措大加赞赏。

文商融合发展。民俗文化活动不仅打造了蛇年元宵社火的亮点，也是河津市文旅在春节和元宵节期间实现"开门红"的重要抓手。它带火了景区景点，催热了乡村旅游，激发了河津倾力打造文商融合旅游热点门户的新活力。黄河大梯子崖景区举办了舞狮、"金龙登顶"等新春系列活动，让游客在登天梯、跃龙门的同时，体验红火热闹的中国年。黄河龙门景区、古今天下景区也依托各自具有的特色民俗活动，吸引各地游客前来打卡。航天牡丹园、北城公园、子夏书屋等地设置的各色灯饰琳琅满目，美不胜收，看的人目不暇接，流连忘返。樊村镇西磑村是全省乡村旅游重点村，在这里，游客可以穿汉服，游古堡，尝美食，看社火表演，尽情感受乡村旅游的乐趣。僧楼镇小张村、阳村街道苍头村以民俗村、游乐场等为着眼点，给游客带来不同的乡村旅游体验。特别是黄河大梯子崖景区、古今天下景区、小张村游乐园、航天牡丹园等景点，春节期间营业额纷纷突破百万元大关，有效激发了文化旅游市场的活力，加快了文旅产业与相关产业的纵深融合，释放出经济、社会与文化的多重红利。

民俗文化源远流长，充满群众智慧。河津市委常委、宣传部部长蔡斌说："河津市将持续挖掘民俗文化富矿，讲好乡土故事，不断丰富河津社火内涵，探索文商融合新路径，为实现'重回百强'目标提供源源不断的精神动力，全力争当运城市'一城两区三门户'的排头兵。"

后记

社火表演丰富了传统节日的文化内涵，展示了中华民族丰富的文化底蕴，营造了节日的文化氛围。在充满希望的时代，在一个又一个普通人的身上，我们看到了中国式现代化河津实践的成效，看到了人民群众以独特的文化形式演绎不断增加的获得感、幸福感、安全感，看到了传统民俗文化在新时代有序传承、不断创新的无限潜能。

以社火为契机，河津成为焦点、热点，有了流量也有了口碑，社火真正走进市民的春节娱乐活动、走进市民的幸福生活，并成为涵育市民文化素养、塑造市民精神气质的重要力量。当民俗文化与舞台艺术相结合，当非遗与时代相交汇，社火就不仅是一场春节的欢庆活动，还是传统文化面对新时代的要求给出的答卷。这份答卷里写着人民群众的幸福欢乐、文化传承意识和创新精神，更满载着河津本土文化强大的发展潜力。

习近平总书记指出："要让活态的乡土文化传下去，深入挖掘民间艺术、戏曲曲艺、手工技艺、民族服饰、民俗活动等非物质文化遗产。"[①] 河津市必将在习近平新时代中国特色社会主义思想的指引下，盘活社火等民俗文化资源，全面提升文化服务和文化产品供给能力，激发文艺创作生产活力，有效开展文化遗产系统性保护工作，推动文旅业高质量发展；讲好中国故事，拓展文明交流互鉴的广度和深度，以"世界社火看中国，中国社火看山西，山西社火看河津"为牵引，不断拓展文商融合发展渠道，打造更为多元的文化品牌，持续释放龙门文化、黄河文化的独特魅力。

一年之计在于春。中国传统文化向来重视"首""第一"。春节为岁首，是中国人最重要的文化时间，也是新一轮时间的开启。在这个春天，河津不仅点燃了传统文化的新引擎，更点燃了干事创业的无限热情，激发了人民群众争创一流的豪迈气魄，凝聚了高质量发展的澎湃力量，吹响了"重回百强"的进军号角，迈出了争当"一城两区三门户"排头兵的坚定步伐。全市上下卯足干劲，以干字当头、争先进位的姿态开启新的奋斗篇章。

---

① 新华社.中央农村工作会议在北京举行　习近平作重要讲话［EB/OL］.（2025-06-20）［2017-12-19］. http://www.xinhuanet.com/politics/leaders/2017-12/29/c_1122187923.htm.

起点国际：创新型中国网络文学海外传播平台的创建与发展*

石春让 陈浩宇

摘　要：起点国际是中国文化"走出去"大背景下诞生的网络文学网站，如今已成为中国网络文学海外传播与世界网络文学交流融合的重要窗口之一。梳理起点国际的诞生和发展历程，对中国文化"走出去"有独特作用。研究发现，起点国际网站经历了四个发展阶段：把握机遇，创建高起点网络阅读平台的创始阶段；稳扎稳打，建立多功能网络阅读平台的发展阶段；与时俱进，探索贯通全球网络文学生态系统的创新阶段；自成风格，建立先进的网络阅读创作平台的引领阶段。它在不同发展阶段努力推出创新性举措，调整、完善并升级平台功能，对推动中国网络文学海外传播、提升中国文化吸引力、增强中国文化国际影响力发挥着重要的桥梁作用。

关键词：中国网络文学；海外传播；起点国际；创新举措；发展历程

起点国际（Webnovel）是目前海外用户规模最大、最受读者喜爱的由中国创建的网络文学传播平台。该平台于2017年5月由阅文集团成立，依托阅文集团丰富且优质的版权资源及灵活成熟的运营经验，在东南亚、美洲、欧洲等地对中国本土网络文学进行译介，吸引并服务海外的中国网络文学爱好者。经过几年耕耘，起点国际已经成为以英语为主、多种小语种齐头并进，中国本土网络文学为主、海外原创网络文学加速发展的一流平台。本文系统梳理了该平台的发展历程并重点考察了其成立至今的标志性事件，探索中国网络文学"走出去"的有效实践路径。

* 本文系国家社科基金重大项目"百年中国新闻传播史著作整理及书写创新研究"（项目编号：22&ZD321）和西安外国语大学科研项目"基于情感分析技术的陕西红色文学的译介效果研究"（项目编号：24XWD15）的阶段性成果。

一、创始阶段：把握机遇，创建高起点网络阅读平台

中国网络文学诞生于 1998 年，迄今已经历了二十余年的蓬勃发展，主题新颖，题裁多样，受众广泛。阅文集团成立于 2004 年，目前已积累了丰富的中国网络文学版权资源与成熟的本土运营经验。

其网络文学版权资源的丰富性主要体现在两个方面：首先，作者储备量大，截至 2022 年，阅文集团已吸纳约 1,024 万名作者，其中包括 400 余位“白金”“大神”头衔的网络作家。“白金”和“大神”是业内极高的荣誉头衔，代表着这些作家的高创作水平和影响力。其次，阅文集团拥有网络原创、传统出版、音频听书等类型的海量作品，覆盖 200 多种内容品类，成为国内 IP 产业的核心源头之一。近年来，许多广受欢迎和好评的影视作品，如《庆余年》《赘婿》《琅琊榜》《你好，李焕英》《人世间》等，均改编自阅文集团拥有版权的网文 IP，这充分说明了阅文集团掌握的版权资源之丰富。

在运营方面，阅文集团经过长期的市场实践与探索，建立了 19 个针对不同受众群体的品牌（见表 1），并依托这些覆盖多个领域的子品牌进行全版权运营，涵盖了小说、动漫、电影、电视剧、游戏等多个类别。

表 1　阅文集团旗下品牌名称及布局领域

品牌名称	布局领域	品牌名称	布局领域
QQ 阅读	移动阅读	阅文听书	听书平台
起点读书		天方听书网	
红袖读书		作家助手	移动创作
起点中文网		华文天下	民营书业
小说阅读网		WEBNOVEL	外语网络文学
起点女生网	女性网络文学	言情小说吧	言情小说
红袖添香		阅文动漫	动漫漫画
云起书院		新丽传媒	剧集电影
潇湘书院		阅文影视	影视 IP 开发
创世中文网	作者孵化		

除了深耕国内市场，阅文集团积极向海外市场发力。阅文集团很早就注意到海外网友自发翻译中国网络文学的现象，于是努力寻找海外合作者。由于发展目标具体明确，

阅文集团很快就找到合作对象 Wuxiaworld。Wuxiaworld 是由美籍华人赖静平于 2014 年创办的中国网络文学翻译网站，专门发布中国网络文学作品的英译本。由于经营得法，该网站在 2016 年年初就已拥有百万用户。该网站在发展过程中遇到了困难——缺少中国网络文学作品的版权，而阅文集团恰好拥有丰富的网络文学版权资源。它敏锐地嗅到新商机，与 Wuxiaworld 一拍即合，授权后者翻译旗下中文平台的网络小说。

不过，阅文集团作为国内网络文学市场的领头羊，有雄心壮志去独立探索更加广阔且亟待开发的海外市场。于是阅文集团迅速调整策略，收回版权，自己翻译、上传网络文学英译本。2017 年 1 月 23 日，阅文集团创建子公司起点国际，并发布预热页面。这开启了本土网站向海外传播中国网络文学的先河。2017 年 4 月 7 日，起点国际内测版上线，5 月 15 日，起点国际正式上线，成为中国网络文学海外传播的第一个官方平台，正式以独立个体的身份进军国际网络文学市场。[①] 这也标志着中国网络文学正式开始规模化、产业化地“走出去”。[②]

起点国际在上线之初就确立了明确的目标。它致力于成为为全球读者提供高质量网络小说的平台。它依托阅文集团的丰富资源，计划至上线同年年底翻译超过 300 部作品，章节超 7 万章，并吸引百万级用户。起点国际很快就开展起中文网络小说的翻译和授权工作，通过与作者、独立译者、翻译团队等合作，一批中文网络小说被翻译成英文，并发布在起点国际平台上。实际上，起点国际能够在短时间内迅速发展，完全得益于阅文集团这一坚强后盾。起点国际充分依托其庞大的资本与资源，迅速吸纳优秀译者，高质量、高效率地将中文小说翻译成外文。同时，借鉴国内网络文学平台的运营经验并结合用户反馈，起点国际不断升级其平台功能，如打分、评论等，以提升用户体验。在这些资源与运营的加持下，起点国际仅上线 3 个月，在海外网络文学阅读市场中占据的份额就已达到了 89.9%。[③] 截至 2017 年年底，起点国际已经吸引了逾 400 万的访问量，远远超出预期，一股中国网络文学风潮在欧美兴起。[④]

起点国际还创新性地打造了中国网络文学海外传播的新生态。在此之前，中文版本都是国内网站先上线，再由译者翻译成外语供国外读者阅读，中外读者接触同一本小说的时间不同，外国读者的阅读总是“慢半拍”。为此，2017 年 6 月，起点国际推出中英

---

① 中国新闻网. 阅文集团CEO程武：在线文娱让中国文化“扬帆远航”[EB/OL].(2025-06-30)[2021-05-11]. https://www.chinanews.com.cn/cul/2021/05-11/9474697.shtml.

② 人民网. 阅文集团CEO吴文辉：做网络文学，常在黑暗中仰望天堂[EB/OL].(2025-06-30)[2017-06-28]. http://media.people.com.cn/n1/2017/0628/c40606-29367078.html.

③ 王学鹏. 起点国际：中国网络文学出海之帆[J]. 出版广角，2020(20)：42-44.

④ 文汇报. 阅文集团拉起“网文出海”风帆 用网文输出中国文化[EB/OL].(2025-06-30)[2017-12-16]. http://media.people.com.cn/n1/2017/1216/c40606-29710689.html.

文同步更新的小说《我是至尊》，它打破了以往中外不同步的更新模式，在同一时间为中外读者提供相同的内容，创造了网络文学发展的新样态。

二、发展阶段：稳扎稳打，建立多功能网络阅读平台

如果说成立之初起点国际还遵循传统的中文网络文学外译的路径，经过上线后将近一年的积累，2018 年起点国际开辟了新的赛道，引领网络文学发展的新趋势。2018 年 4 月，起点国际面向海外用户开放了原创功能，打开了海外创作者参与网络文学创作的大门，为网络文学世界带来了新的灵感与风格。从此，海外用户不再只是中国网络文学翻译作品的接受者，还是共同打造全新网络文学世界的创作者。起点国际开始由“内容出海”转向“生态出海”，这标志着网络文学出海进入了 3.0 时代。

海外网络文学读者数量庞大，且以阅读中国作者的作品为主。但中文作品经翻译在网络文学阅读平台上线后才得以为海外读者所知，十分依赖中国作品的创作风格与发行速度。一部分海外读者因长期阅读中国网络文学，潜移默化，萌生了直接用母语进行网络文学创作的念头。然而，海外原创网络文学的发展十分缓慢，阅读量和关注度一直不高，发布数量也寥寥无几。这个现象似乎在情理之中，因为长期以来，中国网络文学都是世界网络文学市场的高地，其发展早、类型多，代表着网络文学创作的范式与标准，其中蕴含的中国文化元素更令其独树一帜。

起点国际向海外用户开放原创通道后，这种海外原创处于绝对弱势的局面发生了转变。正如阅文集团 CEO 吴文辉所说：“阅文不仅要把中国文化传播至海外，还要将中国网络文学的创作和运营模式带到海外，培育一批本土优质作品，让中国文化和海外文化实现深度交流。中国网络文学的商业模式，在全球是独创和领先的，在全球范围都是通用的。”显然，起点国际希望做到的不只是让中国网络文学走向世界，还要通过输出中国网络文学的创作与运营模式来培育海外网络文学市场，从而达到文化交流互鉴的目的。

在这一理念的指导下，起点国际开始大力招募海外原创作者，鼓励原创作者用多种语言进行创作。很快，起点国际旗下就汇集了来自日、韩、东南亚、印度、欧美等多个国家和地区的海外原创作者，他们创作的作品覆盖多个语种。同时，起点国际于 2019 年开始启动全球有奖征文比赛 WSA（Webnovel Spirity Award），旨在不断发掘和培养海外潜力原创作者，该比赛通过资金和流量扶持，为海外优秀原创网络文学 IP 提供多种孵化载体。截至 2019 年，起点国际的海外原创作者已超过 45,000 人，上线的英文作品

多达 72,000 部。[①] 同时，起点国际充分利用技术与资本的合力，通过收集数字平台的数据获得利润，扩大网站的影响力。一些超级粉丝为了表达自己的喜爱，主动转变为“数字劳工”，运用各种新颖的方式为网站做宣传，个别超级粉丝甚至将自己变成网站的利益共同体。截至 2022 年年底，加入起点国际的外语作者已逾 34 万人，外语作者使用本土语言创作的作品数量超过 50 万部，其中美国、印度、菲律宾、印度尼西亚、英国等国家的作者数量排在前列。[②] 起点国际图书库越来越丰富多样，各种风格和类型的小说层出不穷。

这一时期，起点国际也把付费阅读机制推介到海外市场。由于海外市场受众缺乏付费阅读的习惯，并且平台受众主要是学生等无收入群体，消费能力低，因此，最初起点国际的小说可以免费阅读，平台以此培养用户的阅读习惯。[③] 然而，平台的长期良性运行需要盈利，所以起点国际从 2018 年开始采取渐进式的收费策略，第一步是引入视频广告模式，即网站在作品章节之间插入广告，读者只能观看一段广告才能解锁新的章节。一段时间后，部分读者的态度发生变化，开始接受没有插播广告的付费阅读模式。第二步是试行付费机制。网站引入会员制，读者可以选择观看插播广告再看新的章节；也可以选择成为会员，通过付费来解锁后续章节。第三步是全部付费机制。起点国际正式上线 1 周年时，网站取消了视频广告模式，正式推出高级会员计划，读者不能再通过观看广告来解锁新内容，只能按章付费。通过一系列步骤，付费阅读的模式已为海外受众所接受，中国网络文学运营模式被进一步传播到海外市场。

三、创新阶段：与时俱进，探索贯通全球网络文学的生态系统

起点国际成立 3 年后，有了深厚的积淀。从 2020 年开始，起点国际又迈入新的发展阶段，进一步连通全球网络文学市场的各个环节，加强与各个地区的联动。

首先，起点国际建立了一个能够汇集全球网络文学领域各要素的平台，提供对话机制。2020 年 11 月 16 日，上海市出版协会与阅文集团主办的“2020 首届上海国际网络文学周”活动在上海浦东举办。会上，阅文集团正式发布了“全球内容生态开放平台”

---

① 人民网. 阅文集团 CEO 吴文辉：做网络文学，常在黑暗中仰望天堂［EB/OL］.（2025-06-25）［2017-06-28］. http://media.people.com.cn/n1/2017/0628/c40606-29367078.html.

② 张熠. “狂飙”的网络文学［EB/OL］.（2025-05-25）［2023-03-12］. https://www.jfdaily.com/staticsg/res/html/web/newsDetail.html?id=591620&sid=67.

③ 王学鹏. 起点国际：中国网络文学出海之帆［J］. 出版广角，2020（20）：42-44.

计划，使得海内外版权方、翻译者、作者等产业链上下游的合作更为紧密。① 在此之前，阅文集团旗下的中文站点和起点国际是相对独立的系统，而在“全球内容生态开放平台”计划发布后，国内外网络文学生态系统间的交流互动日趋紧密，不同国家和地区之间网络文学创作领域的信息流动与产业合作更加畅通，以中国模式为基础、融合全球特色的网络文学发展新态势逐渐显露。

其次，起点国际积极拓展与国外市场的文化交流活动。2021 年 2 月，起点国际联合银联国际共同推出的“新春温暖 POS 机”活动在新加坡滨海湾金沙举办。活动中，消费者收到的银联小票上印有热门网络文学的关键词，他们共同感受网络文学的语言之美，在网络文学的氛围中共享新春佳节的喜悦，该活动提供了网络文学“文化出海”的新加坡样本。② 类似的文化交流活动将网络文学世界中的虚拟元素与日常生活中的实际体验相结合，让网络文学似虚非虚、可感知，拉近了与受众之间的距离，带给人们网络文学文化元素的享受，有利于更好地促进网络文学的传播，丰富网络文学的立体形象。

最后，起点国际进一步激活创作者生态。此前起点国际已通过签约培养等形式在全球招募了数十万名原创作者，打破了海外原创网络文学长期以来发展缓慢且不受重视的局面。进入海内外融合发展的新时期，起点国际继续优化作者生态，为平台的持续健康发展提供稳定且高质量的人才来源。2022 年 2 月 11 日，起点国际联合新加坡国立大学、新加坡南洋理工大学正式启动“2022 全球作家孵化项目”，各方在内容储备、编辑培养、资源整合等方面进行合作，全线升级已有的作者生态，为作者提供更加完善的创作平台和资源。③ 此次同新加坡高校的合作具有重要意义。东南亚是起点国际最主要的受众市场和作者来源地，新加坡作为东南亚乃至全球重要的经济和文化中心，可以作为起点国际深化“出海”的跳板。这有助于起点国际更加高效地辐射东南亚其他国家，进而走向世界更多的国家和地区。在开启“2022 全球作家孵化项目”的同时，起点国际举办了 2021 年度 WSA 颁奖典礼，评选出年度优秀作品和作家并颁发奖项，以鼓励更多作家积极为起点国际社区贡献优质内容，共同打造更加多元、有活力的网络文学社区。

---

① 魏沛娜 . 杨晨：传统文学家是站在 100 年前的巨人肩膀上，但网络作家是站在昨天巨人的肩膀上［EB/OL］.（2025-05-30）［2020-11-18］. https://baijiahao.baidu.com/s?id=1683709521245646220&wfr=spider&for=pc.

② 文汇报 . 年味儿飘向五洲四海，中国网络文学“出海”送祝福［EB/OL］.（2025-04-30）［2021-02-10］. https://wenhui.whb.cn/third/baidu/202102/10/391844.html.

③ 新民晚报 . 加速网络文学出海，“2022 全球作家孵化项目”启动［EB/OL］.（2025-03-25）［2022-02-12］. https://baijiahao.baidu.com/s?id=1724555281773253473&wfr=spider&for=pc.

四、引领阶段：自成风格，建立先进的网络阅读创作平台

如今，起点国际已发展为一个综合商业体。

首先，它已然变成展示网络文学世界信息的集散地。网站目前主要收录了三大类型的网络文学作品——小说（Novel）、漫画（Comics）以及同人文（Fan-fic），每一类作品又涵盖了许多不同的分支（见表 2，表 3，表 4）。

表 2　起点国际小说分类中英对照表

男频（Male Lead）小说类别		女频（Female Lead）小说类别	
中文	英文	中文	英文
都市小说	Urban	都市小说	Urban
东方小说	Eastern	玄幻 / 奇幻小说	Fantasy
游戏小说	Games	历史小说	History
玄幻 / 奇幻小说	Fantasy	青春小说	Teen
科幻小说	Sci–fi	性少数小说	LGBT+
动画、漫画、游戏小说	ACG	科幻小说	Sci–fi
恐怖小说	Horror	不做分类	General
体育小说	Sports		
动作小说	Action		
战争小说	War		
世情小说	Realistic		
历史小说	History		

表 3　起点国际漫画分类中英对照表

中文	英文	中文	英文
言情漫画	Romance	历史漫画	History
动作漫画	Action	转生漫画	Transmigration
都市漫画	Urban	后宫漫画	Harem
东方漫画	Eastern	冒险漫画	Adventure
玄幻 / 奇幻漫画	Fantasy	戏剧漫画	Drama
校园漫画	School	悬疑漫画	Mystery

续表

中文	英文	中文	英文
性少数漫画	LGBT+	励志漫画	Inspiring
科幻漫画	Sci–fi	料理漫画	Cooking
喜剧漫画	Comedy	生活漫画	Slice–of–life
魔法漫画	Magic	体育漫画	Sports
武侠漫画	Wuxia	恶魔漫画	Diabolical
恐怖漫画	Horror		

表 4 起点国际同人文分类中英对照表

中文	英文	中文	英文
动漫同人	Anime & Comics	文学作品同人	Book & Literature
电游同人	Video Games	电视剧同人	TV
网红同人	Celebrities	戏剧同人	Theater
组合同人	Music & Bands	其他同人	Others
电影同人	Movies		

起点国际为读者提供了两个筛选小说的频道——Male Lead（男频）和 Female Lead（女频），网站根据男性和女性用户的不同偏好，将小说分别归到“男频”和“女频”选项，从而方便用户更加高效地查找。

其次，它成为读者与作品交流的平台，是读者分享阅读体会、读者与读者之间对话的园地。它的评论功能别具特色，除了为读者在正文后设置评论区畅所欲言，还为读者提供文内评论功能，当读者对文本中的某些内容有所感悟时，可直接选中想要评论的内容，添加文字或图片评论。这些评论功能拓展了与读者对话的空间，也构建了一个增强归属感和用户黏性的读者园地。

结语

起点国际诞生于中国文化“走出去”的时代背景中，经过创始阶段、发展阶段、创新阶段、引领阶段的发展，已成为涵盖不同类别、多元主题、多样语种的网络文学综合性平台，持续吸引着越来越多的用户享受阅读网络文学的乐趣并加入网络文学创作的队伍。它有力地推动了中国网络文学在原有风格与形式的基础上，衍生出具有不同地区特色的新型网络文学，既为世界网络文学的发展贡献了中国模式，又为世界网络文学的多样化发展提供了中国平台，为推动中国网络文学海外传播、提升中国文化吸引力、增强中国文化国际影响力发挥着重要的桥梁作用。

作者简介

石春让，西安外国语大学英文学院教授、博士生导师。主要研究方向：翻译理论与实践。

陈浩宇，西安外国语大学英文学院硕士研究生。主要研究方向：翻译理论与实践。

从叙事时间与功能看乡村短视频中动植物的中国文化特质 *

邓诩嘉

摘　要：乡村短视频呈现了丰富的媒介景观，被学者大量且反复研究，而其中的动植物被研究者忽视。本文借助抖音“新农人计划”账号发布的100条乡村短视频样本，在叙事学理论视阈下，运用描述性统计与扎根理论方法，对短视频中的动植物描写镜头进行结构分析与文化理解。研究发现，乡村短视频中的动植物在叙事时间上偏好描写时距、时序与频率，在叙事功能上则常用并列序列、非线性情节。本研究将乡村短视频置于中国文化语境下，其中的动植物充满着中国叙事的哲理气韵与艺术质地，在顺应自然中大叙事，于无事之事处落闲笔。透过动植物的感官描写镜头，乡村短视频呈现了人与动植物作为生命共同体的和谐之美。

关键词：乡村短视频；动植物；抖音；叙事学；热奈特

一、问题的提出与研究设计

（一）问题的提出与理论框架

在文学作品中，动植物是经典的母题之一。中国人对动植物的文学创作与接受，自《诗经》与《楚辞》以来就形成了一脉相承的传统。动植物意象在古典文学中随处可见，

* 本文系2022年粤职继续教育与职业培训委教改项目“乡村振兴背景下服务于新型职业农民培养目标的康养旅游课程开发策略研究——以粤北地区为例”（项目编号：2022YJZW030）、2024年湖南省教育厅科研优秀青年项目“宋元文学思潮流变下陆游诗歌早期经典化研究”（项目编号：24B0442）、2023年广州软件学院教学研究和改革项目“‘三教’改革背景下新媒体文案写作类课程的岗课赛证综合育人教学实施路径研究”（项目编号：JYJG202313）的阶段性成果。

其叙事功能有一定的历史继承性。随着大众文艺接受形式的转型，影像替代图文成为主流的文本。动植物先是在电影作品中取得了独特的审美生态位，而后又高密度、高饱和地出现在乡村短视频中，成为人们了解乡村的重要窗口。

作为叙事中的重要内容和形式要素，动植物之于乡村短视频意味着什么？我们要回答这一问题，首先要将动植物与乡村短视频放在叙事学理论框架下进行审视。叙事学是研究叙事的本质、形式和功能的一门科学。叙事是在特定的社会文化语境中，用口语、书面语并辅之以态势语、音像、图片等综合手段表述一件或一系列真实或虚构事件的行为过程或所有具有叙事性的言语成品。①乡村短视频以短视频的形式进行乡村叙事。乡村叙事以当下的乡村环境为背景、乡土文化为基础，刻画农民的劳作形象、情感境遇及文化习俗。②乡村叙事脱胎于文学，其文本形态从文字流动到短视频后，叙事语言主要是视觉语言。动植物在乡村短视频中的叙事存在，表现为一个个镜头画面。所以，对乡村短视频中动植物的叙事分析要依据影像叙事学。

本文之所以聚焦乡村短视频中的动植物，是因为这是一类特殊的叙事主体。一直以来，叙事学都将人类视为中心。而在西方近几十年来激进的非人类转向（Non-human Turn）或物质转向（Turn To Matter）的思潮中，哲学和文学研究都越来越重视非人类成分的主体性。对于叙事学而言，非人类成分的叙事意义也是重要的新议题。在传统叙事理论中，叙事的核心成分是场景、人物和情节，情节中又包括事件和行动，但在刻画场景、促进人物行动乃至决定情节时，非人类成分起到了关键作用。③非人类成分中有无生命的“惰性的物”（Dull Matter）或“物质之物”（Material Things），也有有生命的“活性物”（Vibrant Matter）。④动植物在乡村短视频中就是一个起作用的非人类成分的“活性物”。其究竟起什么作用？这是本文研究的核心问题。

叙事学是一个庞大的体系，本文对其理论资源的调用主要围绕结构主义叙事学来进行。叙事学理论通常将叙事分为话语与故事两个部分。故事是文本中所叙之事，话语则是关于“怎么讲故事”的一套模式。因此，本文对乡村短视频中动植物的分析，也就从话语与故事两个部分切入，在话语中关注叙事时间，在故事中侧重叙事功能。在结构分析基础上，本文将进一步分析动植物在乡村短视频中的中国文化语境。

① 祝克懿.“叙事”概念的现代意义［J］. 复旦学报（社会科学版），2007（4）：100–101.
② 孙巍. 外国文学作品中的乡村叙事［J］. 中国果树，2023（8）：166.
③ 瑞安. 人类化的物与怪异的物：论物在叙事中的主动作用［J］. 唐伟胜，译. 江西社会科学，2020（1）：134.
④ BENNETT. Vibrant Matter：A political ecology of things［M］. Durham：Duke University Press，2010：1.

（二）研究设计与样本分析

本文中的乡村短视频，其指称意义不同于田园风短视频、新农人短视频、三农短视频、乡村题材短视频等。目前，学术界对乡村短视频暂无术语界定，为满足研究的需要，本文对其进行了一个工作定义（Working Definition）：乡村短视频是指反映乡村生活的短视频作品。这个定义不做风格类型划分，故而范围比田园风短视频更大；不界定作者的乡村居民身份，所以不同于新农人短视频。对比来看，乡村短视频的内涵比较接近三农短视频、乡村题材短视频，在选择样本时可以通用。

1. 样本选取

首先，本文的样本选择采用平台行走法（Walk-through Method），这一方法主张研究者直接进入一个 App 亲身体验，既可以从交互中获得感知、体会，也可以进行内容样本收集。其次，样本的来源平台是抖音。国内当前的短视频行业生态形成了抖音、快手两大巨头并立的局面，而抖音在用户数、内容丰富性等方面优于快手，故而本文选取抖音作为样本来源平台。最后，在具体操作上，研究者在抖音平台以“新农人计划”进行话题搜索。“新农人计划”是 2020 年抖音发布的专项计划，用以全方位扶持“三农”内容创作，添加“新农人计划”话题标签是乡村短视频的标题特征。同时，截至 2024 年 7 月 26 日，“新农人计划 2024”播放量达 1,192.3 亿次，“新农人计划 2023”播放量达 4,310.2 亿次，“新农人计划 2022”播放量达 2,028.4 亿次，“新农人计划 2021”播放量达 1,227.8 亿次，样本基数较大。2024 年 7 月，研究者在抖音进行了 30 日的平台行走，共接触乡村短视频超过 500 个，并从中选取了 100 个作为分析样本。

选取的样本来源于抖音头部、肩部、腰部、尾部等不同用户体量的创作者，地域覆盖了中国北方、南方、西北、西南四大地理区域，内容上涵盖了乡村生活、田园风光、美食制作、民俗文化等常见的细分专题。

2. 样本分析

首先，研究者对乡村短视频中的动植物进行了描述性统计，以了解其数量、种类及分布特征的情况，得出其丰富性表现。

在动物形象方面，研究者将乡村短视频样本中出现的动物类型，按照与人类生活距离关系的远近，划分为宠物（陪伴动物及观赏动物）、家禽家畜、野生动物三类（见表 1）。其中，宠物与人类的生活距离最近，出镜数量最多，频次最高，但是种类偏少，以猫、狗为代表。家禽家畜与人类的生活距离适中，出镜数量居中，频次居中，种类也较少，大多承担食用功能。野生动物与人类的生活距离较远，出镜数量少，频次低，种类繁多。

表 1　抖音乡村短视频中基于生活距离的动物形象丰富性表现

分类维度	丰富性表现
宠物	狗、猫、金鱼、龟、蜜袋鼬、兔子、龙猫、仓鼠、刺猬、蜥蜴等
家禽家畜	鸡、鸭、鹅、猪、牛、羊、草鱼、鸽子、马等
野生动物	螃蟹、乌鸦、青蛙、黄鳝、驴、蛇、蚂蚁、羊驼、梅花鹿、百灵鸟、蜘蛛、蝴蝶、蟋蟀、蜈蚣、虾、水蛭、蛤蜊、海星、海胆、海螺、海葵等

在植物形象方面，时间规律性较为明显。从时间分布看，季节变化规定了植物的基本生长节律（见表 2）。春之樱、夏之荷、秋之桂、冬之梅等季节性花卉植物景观集中且高频出现。蔬菜瓜果等食用植物同样应时分布，反季节出现的较少。从空间分布看，中国的四大地理分区形成了植物分布的种类特色，植物成为短视频中乡村叙事的地理识别标签。

表 2　抖音乡村短视频中基于时间维度的植物形象丰富性统计

分类维度	丰富性表现
春季	樱花、梨花、李花、桃花、迎春花、栀子花、山茶花、杏花、风铃木、桑葚、枇杷、苹果、春小麦、油菜、蕨菜、春笋、韭菜、艾草、香椿、野菜、竹子、榕树、柳树、榆树、杉树等
夏季	茉莉花、向日葵、兰花、木槿、荷花、西瓜、荔枝、芒果、木瓜、杨桃、椰子、龙眼、桃子、辣椒、茄子、花生、姜、海带、丝瓜、冬瓜、生菜等
秋季	菊花、桂花、月季、木棉花、牵牛花、梨、柿子、石榴、葡萄、菠萝、水稻、玉米、土豆、莲藕、西红柿、菠菜、生菜、荷兰豆、秋葵、白菜、茅草、银杏树、枫树等
冬季	梅花、甘蔗、青枣、柚子、橘子、冬笋、萝卜、芥菜、板栗、油麦菜、松树、柏树、樟树、冬青等

我们掌握动植物的丰富性表现，是为了了解研究对象的基本概貌，以便与作品联系起来进行分布性描述。而要进一步分析动植物的呈现形式、叙事作用，研究者运用了扎根理论方法，对 100 个乡村短视频样本进行内容提取，截取短视频中涉及动植物的镜头片段、人声语言。按照基于语意单元的叙事学分析原则，研究者将短视频的影像内容与文字内容进行切分，影像切分为一个个独立的表意单位，文字切分为一个个独立的表意句段，并标记。经过三级逐层编码，先得到 50 个开放性编码，进而归纳出 11 个选择性编码，最终分类为故事和话语 2 个主轴编码（见表 3）。经过饱和度验校，该编码可用于后续分析。

表 3　乡村短视频中动植物形象扎根理论分析的三级编码

主轴编码	选择性编码	开放性编码
话语	引出事物的出场 / 转场	路经（43）、出门（37）、骑车（23）、起床（18）、推窗（14）
	实现叙事时间的伸缩	农事劳作过程（38）、烹饪过程（24）、贮藏过程（22）
故事	交代自然与社会环境	庭院（67）、窗户（45）、村道（39）、田野（34）、山林（34）、湖泊（12）、河渠（13）、池塘（9）
	充当食材 / 原材料等	制作食物的动作（56）、食物展示（37）、野外寻找食材（18）
	引起人类的审美性活动	插花（21）、凝视冥想（18）、摆设物件（10）、绘画（7）
	参与人类的休闲性活动	宠物与人玩闹（15）、遛猫遛狗（14）、制造玩具（8）
	引出人类的生产性劳动	采摘（36）、平整院子杂草（24）、收割（23）、锄地（15）、饲喂（12）、晾晒（12）、筑墙（11）、烘烤（11）、木工活（9）、放牧（9）、编织（8）
	引发与人类的矛盾	驱赶或去除某种动植物（25）、找寻某种动植物（17）、动植物制造麻烦（13）
	进行生命存续性活动	风吹动植物（62）、动物睡觉（49）、动物玩耍（27）、植物生长（22）、动物吃食（14）、植物授粉（13）
	介入人类的情感陪护	动植物静处（30）、动植物的帮救行动（13）
	蕴含哲理或启发思考	感悟分享（36）、哲理的引用与联系（17）

二、乡村短视频中动植物叙事时间的描写指向

法国结构主义叙事学家热拉尔·热奈特提出，叙事是叙述者与时间进行的绝妙游戏。[①] 热奈特将叙事时间分为故事时间和文本时间，前者指虚构的故事世界的时间，后者指阅读活动中叙述语言本身的前后顺序与长短。[②] 叙事时间的三大要素是时距（Duration）、时序（Order）与频率（Frequency）。叙事时间是热奈特最重视的，也是他分析得最为透彻的一个叙事学概念。时间对叙事的结构有较大的影响。一部时长有限而又内容丰富的乡村短视频作品，对叙事艺术的要求类似于微型小说，它要求叙事者将时间巧妙地伸缩，避免节奏失准。与微型小说以情节制胜不同的是，乡村短视频以画面描写制胜。在狭义的叙事内容中，情节与描写是一对经典的矛盾。情节是对事件与行动的表现，描写是对人与物的表现。描写在作品中往往对情节起着辅助作用，但又有其独立的叙事价值。从热奈特叙事时间的分析角度看乡村短视频中的动植物，我们可以归纳出其重描写、轻情节的特点。

① 热奈特 . 叙事话语 新叙事话语［M］. 王文融，译 . 北京：中国社会科学出版社，1990：106.
② 热奈特 . 叙事话语 新叙事话语［M］. 王文融，译 . 北京：中国社会科学出版社，1990：12–13.

（一）动植物在时距上的加速与凝滞

时距是故事时间与文本时间之间的关系，其形式包括休止、场景、省略和概略。① 一个作品的叙事不可能没有节奏，所以故事时间与文本时间无法避免非等时性。为了追求叙事节奏变化，乡村短视频常常用动植物镜头实现时间的变化。

对于乡村短视频而言，动植物是高频出镜内容，也是伸缩时间的绝妙装置。乡村短视频的美食专题中往往有大量以动物为食材的生活镜头，农事专题中常常有以植物作为对象的翻土、播种、除虫、收割等农业镜头。但是处理食材的工序以及播种农作物后等待其生长的漫长过程，并不需要全部展现给观众。创作者通过合理的时间控制将叙事冗余裁去，让文本时间缩短，故事时间拉长，这就达到了叙事加速的效果。比如，行动者在春天酿造了一坛酒，并将其窖藏起来，而后镜头切换到院子里的花草，用几秒钟来表现四季流逝。这几秒钟是文本时间，而故事时间已经从酿酒的春天来到拥炉煮酒的冬日。时间的流逝、酒的沉淀与发酵以及人对时间力量的敬重与运用，也就通过合理的节奏得以传达。

乡村短视频中还有一类美感镜头是值得被延时处理的。例如，“李子柒”的视频合集“一花一茶”中就有采花、洗花、晒花、烘花等大量美感镜头，是其唯美诗意风格的具象化。“李子柒”在剪辑这些镜头时，追求的是凝滞的叙事效果，即让文本时间极长，而故事时间极短。比如，在该合集的第 5 集中，行动者在花圃里剪鲜花，镜头景别从特写、近景到中景反复切换，并用正面、侧面多个角度进行反复表现。动作一次，叙述多回，节奏也就慢下来了。

此外，有些动植物作为审美对象，被创作者借助光影的明暗变化，刻画出极佳的细节感。例如，我们在制作乡村美食的短视频中，常常可以见到宠物猫、狗休憩的片段，这些片段被作为动作镜头间隙的空镜头。此时，镜头似乎“休止”了一下，文本时间与故事时间几乎等同，为观众呈现了描写式的生活场景。

（二）动植物在时序上的顺叙与预叙

时序是指故事发生的自然时间顺序与故事叙述所排列的时间顺序之关系。② 时序分为顺时序和逆时序。在乡村短视频作品中，生活的主导逻辑是日常化而非极端化的。农事要注重自然节气，饮食也要讲究应时应季。故而，顺时序的叙事是乡村短视频的主流

---

① 热奈特 . 叙事话语 新叙事话语［M］. 王文融，译 . 北京：中国社会科学出版社，1990：53-60.

② 热奈特 . 叙事话语 新叙事话语［M］. 王文融，译 . 北京：中国社会科学出版社，1990：14.

选择。我们沿着表 2 表现植物丰富性的四季轴线展开，再对照同时段的乡村短视频创作题材，可以发现一个时间前后排序的因果律，即人们在顺应自然规律的基础上调节生活方式。例如，春季阳气升发，万物复苏，抖音创作者“闲不住的阿俊”的短视频中就常出现采摘艾叶、茶花等应时节的植物，以及制作青团、清明粿等美食主题的事件。从效果来看，自然提供的顺序时间表符合乡村生活习惯，自然就更有艺术真实性，也能够让城市观众感受到时间的静水流深之美。

乡村短视频中的倒叙现象比较少见，但预叙时有出现。所谓预叙，即提前讲述将要发生的事情。[①] 追求悬念的作品要尽量避免预叙。但很显然，动植物的生命发展节律几乎没有悬念，预叙的运用自然也就不会破坏关于动植物的乡村故事或事件的逻辑。而且在文本之外，观众可以根据当时的季节时令推测出乡村短视频的内容主题，尤其是关于美食与农事主题的作品。所以，有些作者会通过在视频封面上标注内容提要，在标题中描述基本信息并加上关键词标签，在视频开头使用人声或字幕等方式进行预叙。这样做能够方便观众快速完成主题提取，决定是否继续观看该视频。

乡村短视频在处理动植物镜头时，对顺叙合自然性、合规律性的运用以及对预叙去悬念作用的发挥，都说明其并不注重情节的推进，而是把重点放在描写上。

（三）动植物在频率上的单一与复迭

频率指的是事件出现在故事中的次数和该事件出现在文本中的次数之间的关系，即事件的重复性问题。[②] 在热奈特的叙事话语分析中，频率特指事件的重复性，这也就忽略了物象的重复性问题。

我们首先来看事件的重复。事件为何重复？对于故事型文本而言，事件重复是推进情节的需要。在乡村短视频中，事件重复常用作时间或空间的延展手段。例如，宠物的玩耍、休憩等活动在乡村短视频中虽然很难构成主要事件，却是富有趣味的叙事“线头”，它能打开日常生活叙事的另一个支线——乡村不仅生活着人类，也生活着其他可爱纯挚的生命。也就是说，动植物有关事件在乡村短视频中的重复并没有起到推动情节的作用，而是强化了场面与细节描写。热奈特提出，讲述一次发生过一次的事情称为“单一叙事”；讲述多次发生过多次的事情称为“多重单一叙事”。[③] 例如，人采摘蔬菜、瓜果、花卉的行动或事件在乡村短视频中是被多次表现的，属于“多重单一叙事”。在

① 普林斯．叙事学：叙事的形式与功能［M］．徐强，译．北京：中国人民大学出版社，2013：87.
② 热奈特．叙事话语 新叙事话语［M］．王文融，译．北京：中国社会科学出版社，1990：73.
③ 热奈特．叙事话语 新叙事话语［M］．王文融，译．北京：中国社会科学出版社，1990：74.

这些“多重单一叙事”镜头中，观众可以看到劳动者的身体被叙事强化了。借助劳动者身体的强壮、优美、自然、亢奋、慵懒等状态，乡村生活显得更加直观真实，而这也是描写的目的。

我们再来看物象的重复。物象的重复是指在文本中频频叙述同一特定事物，使不断重复的物象如同一条若有若无的线，贯穿情节或描写之中。在乡村短视频作品中，物象重复常常表现为对动植物空镜头的多次运用。这种重复对推动情节意义不大，却对调动情感具有重要意义，如“小城有志”的短视频中，常常用空镜头反复描写村口的树、原野的麦田、山前的油菜花等，使之凝结成一系列乡愁的象征性物象，进而强化环境描写与气氛营造。

三、乡村短视频中动植物叙事功能的情节弱化

20 世纪 90 年代以来，叙事学提出重视语境的要求，于是许多学者转向了对作品意义的分析。[①] 但是结构主义叙事学脱离语境的研究方法并没有过时。不考虑观众和语境，仅聚焦乡村短视频共有的叙事结构特征的做法，虽不能阐释作品的意义，却有强大的认识效果。在热奈特的叙事时间之外，结构主义叙事学的其他理论家们还贡献了功能（Function）这一分析角度。

（一）动植物叙事功能的有限性及其分类

叙事中的故事作为一个有机整体，其内部层次是按照功能、序列和情节从低到高排列的。功能在故事中被视为最小的叙事单位。[②] 虽然乡村短视频中的动植物形象千变万化，但是其基本功能是有限的。在表 3 的编码中，编码过程是对乡村短视频中的动植物在叙事分析上从行动元（Actant）到功能，从功能到功能类属的理论概括过程。其中，开放性编码的地位类似于行动元，选择性编码的地位接近于功能，而主轴编码是对功能的分类。所谓行动元，即情节的动因，表现为人或物在“做什么”。行动元是从作品中抽象出来的同一类型，其名称、身份、时空状态等各不相同，但行为的目的、价值与基本方式大同小异。[③] 在行动元的基础上归纳出来的动植物叙事功能，在乡村短视频中一共有 11 种。其得出过程一方面是受普洛普根据人物行为在情节中所起的作用，在俄罗

① 申丹．经典叙事学究竟是否已经过时？［J］．外国文学评论，2003（2）：9.
② 巴特．叙事作品结构分析导论［M］//张寅德．叙述学研究．北京：中国社会科学出版社，1989：17.
③ 巴特．叙事作品结构分析导论［M］//张寅德．叙述学研究．北京：中国社会科学出版社，1989：24–25.

斯民间故事中归纳人物的31种行为功能的具体性启发；[①]另一方面则是吸收了爱玛·卡法莱诺斯功能分析语法模式注重抽象性、普适性的有益成分。本文在乡村短视频这一具体文本对象中提出了11种抽象性叙事功能（见表4）。

表4 乡村短视频中动植物的抽象性叙事功能

序号	功能	功能作用
N1	引出事物的出场/转场	偏重话语
N2	实现叙事时间的伸缩	偏重话语
N3	交代自然与社会环境	偏重故事
N4	充当食材/原材料等工具	偏重故事
N5	引起人类的审美性活动	偏重故事
N6	参与人类的休闲性活动	偏重故事
N7	引出人类的生产性劳动	偏重故事
N8	引发与人类的矛盾	偏重故事
N9	进行生命存续性活动	偏重故事
N10	介入人类的情感陪护	偏重故事
N11	蕴含或启发哲理思考	偏重故事

关于乡村短视频中动植物的功能，还有两点需要说明：

一是动植物的叙事功能有核心功能与催化功能之分。罗兰·巴特提出，每个功能在故事中的重要性是不均等的，“有些单位是叙事作品（或者是叙事作品的一个片断）的真正的铰链，而另一些单位只不过是用来‘填实’铰链功能之间的叙述空隙的。”[②]前者被称为核心功能，后者被称为催化功能。核心功能的故事属性更强，而催化功能的话语成分更多，帮助故事主干发挥填充、修饰、完善、过渡等作用。二者在一定条件下可以在文本中相互转化。乡村短视频中动植物“引出事物的出场/转场”“实现叙事时间的伸缩”等都是非常典型的催化功能。

二是动植物的叙事功能是从属于乡村叙事功能的。有学者将短视频中乡村故事的功能抽象为5种。[③]在此基础上，本文将其补充完善为“展现农家特色美食”“展现乡村生产劳动”“展现乡村家庭生活”“展现乡村社会交往”“展现农人独特技艺”“展现乡村野外探索”6种。乡村短视频中动植物的9种核心功能包含在乡村叙事功能之内，另外2

① 怀宇.普洛普及其以后的叙事结构研究［J］.当代电影，1990（1）：73-74.
② 巴特.叙事作品结构分析导论［M］//张寅德.叙述学研究.北京：中国社会科学出版社，1989：14.
③ 李庚，刘雄文.乡村题材短视频的叙事变迁、重构及其审美取向［J］.文艺评论，2024（3）：110.

种催化功能也服务于乡村叙事功能的实现。

（二）动植物叙事功能的序列及情节特征

为了厘清乡村短视频中动植物功能的组合规律，研究者选择了 6 个乡村短视频案例进行序列分析与情节归纳（见表 5，表 6）。其中，动物主题的乡村短视频案例有 3 个，植物主题的乡村短视频案例也有 3 个。序列是“一系列合乎逻辑、由连带关系结合在一起”[①] 的功能，也就是功能的排列组合方式。序列分因果序列、链状序列、嵌入序列、并列序列 4 种，其中，因果序列被称为基本序列，后 3 种被称为复杂序列。情节是故事结构的主干，意指“一系列按某种逻辑或时间先后顺序串连起来的涉及某种行动者的真实或虚构的事件（Events）”，它由功能在横向上排布形成的序列组合而成。情节分线型、非线型、转换型、范畴型 4 种类型。

表 5　动物主题的乡村短视频案例叙事分析

序号	作者 / 发布时间 / 作品题目	功能及其序列	情节归纳
案例 1	焦糖学姐，2024.06，《在村子里，被一只小猫咪追着跑》	N1+N6+N9+N9+N6+N3+N10+N9+N10+N6（因果序列）	收养村里的猫
案例 2	吴木良，2023.11，《如何征服全村的狗子》	N1+N10+N8+N8+N8+N1+N10+N3+N10+N9+N9+N10（因果序列）	喂养全村的狗
案例 3	家伟的山野，2024.05，《你看小狗在叫，树叶会笑，风声在呢喃》	N3+N1+N9+N7+N7+N7+N7+N6+N5+N10（因果序列）	为狗制作狗屋

表 6　植物主题的乡村短视频案例叙事分析

序号	作者 / 发布时间 / 作品题目	功能及其序列	情节归纳
案例 4	乡野侣行，2024.04，《院子的四季都可爱，春风不燥、花草繁茂的春季最舒服！满院子好吃的真的足不出户就饱口福啦》	N1+N3+N4+N4+N9+N7+N7+N1+N3+N7（并列序列 + 嵌入序列）	庭院种菜展示
案例 5	李子柒，2021.06，《第 5 集 | 一花一茶，饱食花香的茶叶各有风味》	N1+N7+N7+N1+N2+N7+N4+N1+N3+N2+N7+N7+N2++N7+N5（并列序列）	采摘制作花茶
案例 6	家伟的山野，2023.10，《第 1 集 | 家里 217 棵桂花树同时开花，染了一地香》	N6+N7+N3+N7+N6+N10+N4+N5+N11+N10（并列序列）	摇桂花忆童年

通过案例分析，我们可以得出对动植物主题的乡村短视频中序列与情节特征的认识。

① 巴特．叙事作品结构分析导论［M］//张寅德．叙述学研究．北京：中国社会科学出版社，1989：20.

1. 动植物序列的弱因果、少意外特征

在有关动植物的乡村短视频中，功能组合的因果序列、链状序列、嵌入序列都偏少，并列序列较多。一个因果序列是由起因（碰到难事）、过程（想办法解决问题）、结果（解决了问题）这三个关键功能组合而成的，如案例1对应的就是因果序列。链状序列是指一个序列的结尾同时又是下一个序列的开头，往往出现在组合链条较长的复杂情节中，如案例5，其结尾的功能N5又作为该视频合集下一集流畅曲水宴上饮茶的前置条件。嵌入序列是指在一个序列中插入另一个序列，使后者成为这个序列的说明、对比或细节，如案例4，其结尾处插入了一个介绍朋友家茶圃的片段。并列序列是指同一层次的序列借助某个相似点进行平行连接，在事件或物象重复性高的短视频中运用得较多，如案例4、案例5以及案例6。

从叙事效果来看，因果序列少，则时间先后性造成的情节波折也少；链状序列少，则短视频中的事件往往是孤立存在的，缺乏总体性；嵌入序列少，则情节发展的不平衡状态很少，故事缺乏意外元素。而并列序列较多，说明有关动植物的乡村短视频在高饱和地进行事件或物象的重复描写。这与动植物在叙事时间的时距、时序与频率分析中体现的轻情节、重描写的特征相吻合。

2. 动植物情节的非线性、简单化特征

从以上6个案例来看，有关动植物的乡村短视频存在着强烈的情节非线性特征，即情节淡化。后3个案例没有情节，只有一个个靠理念续接的并列的独立事件。前3个案例存在情节，但情节相当简单：一是情节没有悬念波折，没有时序上的倒错；二是情节都是单线索，理解难度几乎降到了最低。

情节的组织原则从承续性角度来看共有三种，分别是时间连接、因果连接和空间连接。乡村短视频经常建构故事时间来控制叙事效果，主观抒情、环境描写的故事时间虽然几乎是零，却占用了大量的文本时间。因为用于推进情节的文本时间很少，所以乡村短视频的叙事内容是非常生活化的，情节的存在似乎是为了给描写提供框架。从影像表现上看，大量出现的动植物空镜头填充在事件之间，以致事件本身的重要性下降。正如“李子柒”的粉丝所说，她的乡村短视频其实每一期都很简单，但每一帧都不想错过。“李子柒”的乡村叙事内容是用来“看”的描写性内容。

（三）动植物的常见性格素及其非主体性

动植物作为“活性物”，在一定条件下可以扮演“人化的物”。乡村短视频中亲近可人、天然和美的动植物，可以被人格化地视为叙事中的“人物”。一直以来，人物类

型一般包括“功能性的人物观”和“心理性的人物观”两大类型。[①] 前者主张人物是从属于行动的，后者则注重叙事作品中人物的社会属性、道德评价和心理特征。乡村短视频对动植物的表现尚属浅表化，是对象的人格化，而非主体的人格化，所以还不具备可以进行“心理性的人物观”分析的基础。“功能性的人物观”分析方法为此提供了一些启发：普洛普将实施功能的人物分为坏人、施物者、帮助者等七类角色；[②] 格雷马斯进而更加抽象地提出“主体和客体、发送者和接收者、协助者和反对者”三组行动元；[③] 罗兰·巴特将人物视作一种性格素组成的符号，其叙事地位从属于行动元。[④] 将短视频中的动植物放在行动元概念下分析，我们可以发现乡村短视频中动植物有常见的几种性格素（见表 7）。动物中的宠物被人格化的情况较为普遍，家禽家畜及野生动物则很少被人格化，故不作分析。

表 7　乡村短视频中动植物常见的性格素

类型	数量	性格素
动物—宠物	1	促进或干扰行动的伙伴
	2	提供情感支持的家人
	3	有智慧与野性的生物
	4	充满美好质地的欣赏对象
植物	1	慷慨的施与者
	2	顽强的生命
	3	诗意可亲的自然

人格化的积极结果是性格化，即具备一种稳定而持续的品格。不可否认，多数时候动植物在乡村短视频中处于非主体地位，即便是在具备人格特征时也没有稳定而持续的功能表现。人物发展有从简单到复杂、从静态到动态、从外部表现到内心世界三条轴线。据此划分，动植物所蕴含的“人物”形象处于简单、静态、外部表现的初级阶段，常常充当环境、情节的点缀。所以人格化的动植物仍在为行动服务，而非为性格服务。这说明动植物不仅在情节上参与性不足，叙事者对其内心描写也不够深入。随着影像认知的固化，乡村短视频中的动植物形象可能会有走向模板化、类型化并由丰富鲜活的生命形象固化成一个功能性符号的可能性。

① 申丹 . 叙述学与小说文体学研究［M］. 北京：北京大学出版社，1998：51.
② 怀宇 . 普洛普及其以后的叙事结构研究［J］. 当代电影，1990（1）：74.
③ 怀宇 . 普洛普及其以后的叙事结构研究［J］. 当代电影，1990（1）：78.
④ 巴特 . 叙事作品结构分析导论［M］// 张寅德 . 叙述学研究 . 北京：中国社会科学出版社，1989：23–24.

四、乡村短视频中动植物的中国叙事特质

将西方结构主义叙事学理论作为分析乡村短视频中动植物的理论框架，会使这一议题获得方法论层面的支撑，凸显动植物叙事的共性特征。正如巴特所说："叙事作品不分高尚和低劣文学，它超越国度，超越历史，超越文化，犹如生命那样永存着。"① 但超越具体性的分析会让中国文化语境中动植物的独特属性被忽略。随着研究的深化，叙事学界强调语境的重要性。荷兰学者米克·巴尔主张"叙事是一种文化理解的方式"②。不管是解读《诗经》《离骚》中的蒹葭、落英，还是明清士大夫诗画中的梅兰竹菊四君子，抑或今天乡村短视频中摇曳生姿的动植物影像，中国文化语境始终是旨归。

从时间角度看，热奈特的叙事时间适合分析具体文本的时间结构，而中国文化语境中有更为宏观的时间思维，即将动植物安放于天人宇宙间的时间性表达；从功能角度看，结构主义的功能分析确定了动植物的"有用之用"，中国传统文化中还有"无用之用"的追求，在叙事上体现为动植物的"无事之事"。

（一）在顺应自然中大叙事

结构主义叙事学认为，同样的叙事元素在时间轴面上进行不同的组合，其传达的意义就会不同。对比来看，西方叙事偏好时间倒错，从中间写起，用时间艺术体现事物间的因果律以及人的力量；而中国叙事注重时间的顺序性，从开头写起，按事物发展的自然规律去表现。学者杨义还提出，中国人在叙事开始就采取"大跨度、高速度的时间操作，以期与天人之道、历史法则接轨"③。很多抖音创作者在动植物短视频作品的时间上调度很大，如"李子柒"的视频合集"一花一茶""萝卜的一生"等，"滇西小哥"的视频合集"花期有食""滇西小哥二十四节气视频""四季调料"等，就是以季度、年度或草木的一枯一荣作为叙事周期，将其浓缩到短短几分钟的短视频中。中国人叙事不仅注重顺叙，还有着"从大时空里开始的，所以对整个事件、人物的发展和命运都心中有数，就是说对故事进展带有预言性，长于预叙"④ 的特征。本文将这种叙事时间策略称为大叙事。

乡村短视频中的动植物大叙事是在两个层面上展开的。第一个层面是动植物与时

① 巴特.叙事作品结构分析导论［M］//张寅德.叙述学研究.北京：中国社会科学出版社，1989：2.
② 巴尔.叙述学：叙事理论导论（第二版）［M］.谭君强，译.北京：中国社会科学出版社，2003：266.
③ 杨义.中国叙事学［M］.北京：人民出版社，2009：152.
④ 杨义.中国古典小说的叙事原则［J］.河南大学学报（社会科学版），2004（9）：96-97.

间的关系。中国人的时间观在本质上是自然观，自然之道是阴阳二气运行之道，何时万物生，何时草木死，都有其规律性。《淮南子·天文训》把一年分为二十四节气，由二十四节气衍生出七十二候，均与一个物候现象对应。① 所谓物候，即动植物在生长过程中伴随节气变换而产生的周期性变化。其中植物物候有发芽、展叶、开花、叶变色、落叶等；动物物候有迁移、始鸣、终鸣、始见、绝见等。② 长期以来的自然崇尚，让中国文化语境中的动植物一般呈现为无主宰、无目的又合规律的生命状态，非常舒展、自由、愉悦。

第二个层面是人与动植物之间的时间性关系。二十四节气将天文、农事、物候和民俗相结合，以指导人们的生产生活。中国古人很早就形成了“司岁备物”的观念，《论语·乡党篇第十》说“不时不食”③，《黄帝内经·素问》说“食饮有节，起居有常，不妄作劳，故能形与神俱，而尽终其天年”④。比如，抖音创作者“周周”2023 年秋季的短视频标题中运用了大量“时令+食物”的表达方式，如“秋高气爽，又开始长菌子了”“冬天有冬笋，春天有春笋”“霜降过后的拐枣甜如蜜”“冬吃萝卜夏吃姜”等，将时令线索与美食题材相结合，从而将乡村生活重复叙述下去。中国人在自然面前是虔诚的，对待动植物的态度是“万物作焉而不为始，生而不有，为而不恃”⑤。甚至人都要在天地宇宙的律动中，一花一叶的开落间，受启迪、得感悟。如下面两个短视频的叙事文本所示：

春天/我拔了春笋/采了蘑菇/摘了金银花/认识了艾草/吃了桑葚/吃了杨梅/吃了树莓/夏天/我剥了莲子/烤了茶叶/烤了烟草/秋天/我找到了板栗/找到了八月瓜/找到了九月黄/找到了凉粉果/找到了恶魔果实/冬天/我砍了甘蔗/吃了火龙果/摘了拐枣/摘了橘子/摘了柚子/摘了数不胜数的橙子/感谢大自然的馈赠/叫我有了和苏轼一样的体验（“乡镇的卡夫卡”，2023 年 12 月，《失业以后，我要离开流放的乡镇去城市寻找工作了》）

前段时间一个星期不在家/回来发现家门口的玉兰树叶子都快掉光了/错过了它满树金黄的秋色/这是我家唯一一棵在秋天叶子会变黄的树/特别好看/所以总觉得遗憾啊/可奶奶说/遗憾才有奔头/啥都好就到头了/她和我讲述为何酒饮半酣正好/花开半时偏妍/这让我想起了曾文正公那首/花未全开月未圆/半山微醉尽余欢/花一旦全开/意味

① 秦闯. 汉代二十四节气研究［D］. 郑州：郑州大学，2020：38.

② 葛全胜，戴君虎，郑景云. 物候学研究进展及中国现代物候学面临的挑战［J］. 中国科学院院刊，2010（3）：311.

③ 高华平. 论语集解校释［M］. 沈阳：辽海出版社，2011：188.

④ 孟景春，王新华. 黄帝内经素问译释（第 4 版）［M］. 上海：上海科学技术出版社，2009：1.

⑤ 陈鼓应. 老子今注今译［M］. 北京：商务印书馆，2016：80.

着就要凋零/月一旦圆满/就意味着即将残缺/饮酒至微醺/才不至于失态/这是我们村里人历来追求的人生状态/小满才胜万全（“家伟的山野”，2023年12月，《永远有期待，才是正好的状态》）

抖音创作者“乡镇的卡夫卡”在赣南乡村的四季更替中感悟到生命在于体验的哲理，“家伟的山野”从秋黄花落中得到人生需要遗憾的启迪，乡村短视频的动植物叙事里藏着中国人的时间与生命哲学。叙事文本对时间的处理方式折射出人与宇宙的关系，叙事时间顺序的差异则意味着时间观、天道观的差异。①

（二）于无事之事处落闲笔

结构主义叙事学的功能分析法，将人物从属于行动，功能组成序列，序列构成情节。这套理论追求的是实体的、对应的、意义明确的功能。但在中国人的叙事中存在大量虚化的、隐喻的、不明确的功能。这些功能片段从叙事时间上来看，属于故事发展的单一话语时间中穿插的多重故事时间；从功能组合的角度看，是催化功能的优势呈现，是功能的空间化并列延展。中国学者很早就在小说研究中发现了这一点，林岗在《明清小说评点》中指出：“外在性的因果律表现在叙述上是对情节的利用，即时间性架构原理；而内在性的因果律即事物依赖本性的自然运动，表现在叙述上，是不注重情节，而注重事件的自然顺序的组织安排，即叙述空间化的倾向。”② 短视频的叙事时间是线性的，而故事时间是立体的，所以很多短视频会让许多事件在多个空间内同时发生，形成立体、网状的叙事结构。例如，“张同学”的乡村短视频中常见“多头”叙事，表现为多个人物在干不同的农活或家务，或者让许多农活在多个空间同时发生，多组镜头同时呈现。

学者浦安迪指出：“中国的叙事传统习惯于把重点或是放在事与事的交叠处，或是放在‘事隙’之上，或是放在‘无事之事’之上。”③ 本文从乡村短视频归纳出的动植物的11种叙事功能中，常见于“事隙”之上的功能如N1和N2；常见于“无事之事”之上的功能如N3、N5和N9。这些功能依附于主要情节线索，安排在事件隔断之处，形成了一张一弛的叙事节奏。比如，抖音创作者“康仔农人”在表现一家人吃饭时，常会插入1至3只小狗围在饭桌前与人物互动的镜头，从而让前一场面中表现洗、切、烹、煮的快节奏镜头慢下来。

---

① 邱蓓．拾遗补阙：中国古典叙事对热奈特叙事时间理论的补充和完善［J］．复旦外国语言文学论丛，2017（1）：41.

② 林岗．明清小说评点［M］．北京：北京大学出版社，2012：150.

③ 浦安迪．中国叙事学［M］．北京：北京大学出版社，1996：56.

在乡村短视频中，动植物是非常重要的物象，往往充当着乡村生活描写的闲笔。闲笔是指叙事作品中非主线情节的元素，可以起到烘托环境气氛、丰富审美情趣、深化主题的作用。[①] 闲笔不同于伏笔，它的情节属性较弱，大多是细微而典型、具体而富有特色的描写性要素，比如：

凌晨先开始拜访鸟蛋 / 然后和路上的黄牛碰面 / 只是一句好久不见 / 我站在山顶欣赏云端 / 又在云端等待日色渐显 / 水库里波光潋滟 / 熹微中人生苦短 / 山川间平安喜乐 / 我总想挂在风车上转（“乡镇的卡夫卡”，2023 年 7 月，《被公司流放乡镇后，我上班前能充两个小时的电……大概没有比我更魔幻的打工人了》）

这段来自“乡镇的卡夫卡”的短视频文案，配合着乡村中清晨的飞鸟、黄牛、云影、水光的画面，形成很美的镜头语言。美学家李泽厚曾提出“人的自然化”概念，强调“人摆脱工具的束缚，亲近自然、回归自然、与自然融为一体的状态”[②]。乡村短视频展现的人的野餐、散步、垂钓、劳作、休憩等画面，就是将人的生命状态置于自然中，也是让动植物以闲而有趣的生命共同体状态与人类共处于乡村之中，传达人与自然和谐相处的理念。

作为非人类成分“活性物”的动植物，在乡村短视频中所起的作用可以分成两个层次、两种语境。在结构层次的西方叙事语境中，动植物是乡村短视频用于描写影像场景的时间游戏，也是可以淡化情节的功能符号；在文化层次的中国叙事语境中，乡村短视频中的动植物充满着中国叙事特色，动植物为乡村短视频注入天人合一的自然观，也是丰富叙事结构、使叙事节奏缓慢、提升审美层次的闲笔。动植物形象之所以高频率地出现在乡村短视频中，是因为自然美学与乡村叙事是经验的、主动的、融洽的结合，这也反映出中国人的叙事特质。

作者简介

邓诩嘉，广州软件学院数字传媒学院助教，澳门旅游大学在读博士研究生。主要研究方向：乡村传播、短视频传播、叙事学。

① 陈果安．金圣叹的闲笔论：中国叙事理论对非情节因素的系统关注［J］．湖南师范大学社会科学学报，1998（5）：82.

② 汪济生．相映生辉，还是自相牴牾：评李泽厚美学的一对孪生概念：“自然的人化”和“人的自然化”［J］．上海交通大学学报（哲学社会科学版），2006（1）：60.

自媒体与艺术民间话语权的关联性分析

韦嘉晨

摘　要： 自媒体是打破传统媒体话语体系的新生力量，是延伸民间话语范围的重要来源。在艺术领域，自媒体的强互动性为民众进行艺术创作、评价、传播、消费活动开辟了新渠道，与艺术民间话语权更是呈现出超越以往的关联性与价值。研究发现，自媒体中民间话语权所建构的新话语体系重构了当下艺术审美活动的传播价值、内容价值与消费价值。然而，自媒体在快速发展的同时也不可避免地暴露了自身在内容和审美判断等方面的弊端。在自媒体作为重要的传播力量发展之时，每个人都应把握好艺术与生活、虚拟与现实的边界，让艺术民间话语权能够始终立足于艺术本身。

关键词： 自媒体；艺术活动；民间话语权；关联性

在艺术史的多维度讨论中，话语权有着重要且特殊的地位。它作为人言说与表达的权力，意味着某人对某种事物具有主导作用，自社会文明形成之时就占据着重要位置。信息时代，互联网成为民众获得其话语权的主要渠道，艺术活动也随之出现了新的实践特征。

自媒体的发展为艺术创作、评价、传播、消费活动开辟了新渠道，传统媒体视域下形成的话语体系也受到冲击，这影响着社会审美的发展。以艺术创作、评价、传播、消费四个方面为主要内容的艺术民间话语权更是在一定程度上解构、分割着原先单一的话语表达方式。总体而言，在创作权方面，媒介的演进直接影响着艺术创作的形式与内容，出现创作者群体扩大、创作难度降低、创作内容种类增多等特征，也为传统艺术在当下的展示与传承提供了新选择。在评价权方面，自媒体让艺术评价成为更具社会性的知识产出活动，多元化特征冲击了传统媒体主导的评价体系。当艺术评价不再只有一个绝对的固定标准时，生活与艺术之间的微妙关联便拓展了民众对艺术的理解。在传播权方面，自媒体突破并延伸了传播场域，将艺术传播的责任平民化。更重要的是，自媒体强调“人人”，其实就是在凸显以前被遮蔽、被掩盖的平等机会和话语权力。在消费权方面，自媒体为消费者提供了更开放的平台和更个性的选择，建立起一个全新、高效、流动的艺术市场。正因如此，不同的偏好汇聚成艺术消费中的亚文化群体，他们在建构消费需求的同时，其消费期待也催生着艺术品、艺术作品、艺术衍生品的迭代更新。

当然，这些自媒体的阐释风格、美学意义和传播价值等要素也逐渐引起了学界的关注，为我们在新的语境中重新思考艺术民间话语权的相关问题提供了思路。然而，在自媒体呈爆炸式增长的快速发展阶段，相关概念的界定仍待进一步明确。本文试图从创作、评价、传播、消费四方面所涉及的话语权着手，探索自媒体与艺术民间话语权的关联性。

一、艺术民间话语权的关联状态

自媒体的运营模式可以被概括为一个账号运营者在对艺术史、艺术作品、艺术实践等内容进行整理后形成鲜活的、有趣味性的解读，再通过不同的渠道进行传播，以此获得点击量与粉丝数。这种由自媒体所建构的新话语模式的目的是通过自身的低门槛带动高流通。这就让信息时代的用户具有了更加自主的选择权和主动权，而隐含在这些行为背后的民间话语权就加大了结合与转化的可能性。

（一）四类权力由分离到统一

在传统媒体场域中，艺术的创作、评价、传播、消费之间的关联性较低，即艺术生成的“精神—实践—精神”过程多由不同的主体来完成。换言之，它们分别为特定群体的职能所在，并且已经形成了较为稳定、规范的框架。但在“互联网＋”场域中，这些原本需要分工完成的艺术活动彼此之间的重叠面积逐渐扩大，甚至融合。数字时代的技术使媒介实现了即时性与同在性，在文艺创作者与接受者、生产者与消费者之间，时间的延滞和空间的阻隔几乎被消解了。① 由此可以看出，当下以创作权、评价权、传播权和消费权为切入点的话语体系已经逐渐从分离趋向统一。

那么，自媒体中的艺术民间话语权是如何将各方面的话语权合而为一的呢？早期的艺术创作多处于“孤芳自赏”的境遇，以至于《吕氏春秋》以伯牙绝弦的故事来隐喻知音难觅，这足以见得艺术的创作与品评之间有着难以逾越的鸿沟。同样，西方艺术史记载，自拍卖行出现，诸多艺术品才走进民众的视野。这些都不难说明，艺术的传播与

① 杨杰．融媒时代文艺批评的话语阐释与公共空间构建［J］．中国文学批评，2023（2）：113-122，191.

消费之间仍需要完善双向通道。值得关注的是，尽管艺术发展各流程之间存在一定的壁垒，艺术创作活动却不曾因此而停滞，艺术家也层出不穷。

不可否认的是，自媒体平台的艺术创作者与传统意义上的艺术家大不相同。他们不需要有明确的师徒关系，也很少具备数年的基本功训练，甚至不曾有过几位观众。这批非专业性或非职业性却钟爱艺术的民众，通过一种不加限制的渠道，直接进入艺术创作领域。专业技能水平的参差并不影响他们持续开展艺术创作活动，并进一步发展为“自卖自夸”式的吆喝。例如，“小孙老师”的抖音账号目前共发布607条视频作品。其第1条视频发布于2019年8月10日，以后以1条/周的速度更新自己的油画创作，在后续的118条视频中，除有2条视频分别获赞近20万人次、有3条视频分别获赞约12万人次外，其余视频获赞均在1万人次以下。但自从该账号于2021年11月3日开始发布主题为“有手就能画　沉浸式画画”的视频至今，已有1条视频获赞超220万人次，2条获赞超150万人次，3条获赞超50万人次，获赞过万的视频比例也明显提高。[①] 并且，在每条视频下，都不乏打卡作品和参与讨论与转发者，也有不少评论询问“啥油画棒？我也要买”“用什么样的纸比较好？”之类的问题。

上述账号的创作者并非平台中所谓的“认证大V”，也非拥有百万粉丝的知名博主，甚至在其账号主页也只写着“小镇青年怀揣着艺术家的梦想，嗯……我知道很难，可万一实现了呢”[②]。一则时长仅50秒的油画棒创作分享，却引来了数十万人围观与互动，以及数千次艺术创作工具的消费。这足以说明，作为创作者与接受者之间的桥梁，自媒体平台填补了民众的艺术实践与艺术理解之间的空隙，并为他们的艺术体验提供了现实的基础与条件，让“亲身体验艺术、进行艺术欣赏的审美受众转变成艺术创作者”[③]。

由此可见，艺术的创作、评价、传播、消费在自媒体中拥有了统一于独立个体的机会。虽然要求个体创作者完美地将这四者结合起来是极耗费精力的，但我们仍能够从自媒体中看到兼四者于一体的账号保持更新。所以，艺术民间话语权是基于民众情感表达的基本权力，在传统的社会结构中，这种权力曾因被遮蔽而无法表达。但正是因为自媒体对受众之艺术体验的延伸，让受众找到了借助艺术表情达意，甚至以此为生的通道。同时，这些艺术民间话语权在自媒体中的统一，成为艺术审美与传播价值实现的又一途径，为艺术在当下社会生态中的发展提供了新的可能性。

---

① 数据统计时间：2024年9月14日。

② 数据统计时间：2024年9月14日。

③ 楚小庆．技术进步对艺术创作观念与审美价值取向的影响［J］．艺术百家，2016（1）：130-156，163.

（二）四类权力的互相转化

博物馆、美术馆这类场馆以自身独特的空间优势，创设符合作品主题、协助代入作品情境的空间。在这样的情境中，作品的评价与传播便能够在作品与观众、观众与社会的互动中显现。但在自媒体平台中，用户缺乏实际交互的体验，他们势必会追求更加多样化的线上功能，加之并非所有的自媒体用户都具备正确、完善的审美能力，在这样的契机下，大批以展示、讲解博物馆和美术馆作品为内容的自媒体运营者诞生了。他们的镜头不仅还原了相关艺术家、艺术作品、艺术活动的历史脉络，也在创设着符合当下审美、带有话题性的艺术故事。

微博账号“RED · MOON”就是一个例子。该账号注册于 2015 年 1 月，目前拥有 41.2 万粉丝和 119.1 万转赞评，已累计更新 5903 条微博。① 该账号的主要内容是以中、英文介绍国内外的艺术家或短评其作品，并附带部分作品的高清图片，更新频率为日更。通过该博主的介绍，我们可以清楚地了解不同国籍、不同风格、不同年代的艺术家的作品特点与基本创作思路。在其置顶微博中，该博主也写明了自己创办的艺术微店（以售卖个人手绘作品和帆布包为主）以及 3 个已经满员的艺术交流群的具体情况。另外，该博主运营的另一账号“RED · MOONmoon”则以更新自己从事艺术行业的日常与创作的部分油画作品为主。

通过对上述案例的分析可知，在自媒体中，艺术民间话语权不是孤立存在的，而是无缝结合与转化的，其模式大致如下：艺术传播行为是在对作品价值进行充分评价的基础上产生的，艺术评价也须借助有效的传播才能让众人知晓。在传播的基础上，艺术消费有了更自由的空间，但传播渠道不畅通也会给消费带来障碍，而如果缺乏对作品价值的评判能力，消费行为就会保持在低水平状态。此外，艺术家如果对评价没有正确的认识，对传播造成的影响不够重视，对消费心理和艺术市场不够了解，那他们创作的作品也无法启迪人心。以艺术评价为基础，其创作动因、传播方式和消费偏好均应运而生。在此基础上，艺术消费又成为促进艺术创作与传播的动力之一，更紧密地将艺术民间话语权的各方面联结起来。

① 数据统计时间：2024 年 9 月 14 日。

二、艺术民间话语权的价值重构

在现代科技浪潮的席卷之下，艺术作品的创作出现了与传统创作截然不同的情况，即艺术作品的唯一性在快速传播中被“侵犯”。但是这种传播形式在某种程度上又改变了艺术作品的社会认可方式，使得艺术家在损失利益的同时，获得了更大的社会关注度和声誉，作品的市场价值也得到提升。[①] 在以自媒体为代表的传播平台中，我们发现了以往的媒介所无法实现的价值。

（一）传播价值

由于受到社会生产力和科技水平等因素的制约，最初的艺术传播活动都采用传受双方面对面交流的方式。[②] 此时的艺术创作依赖有限的物质媒介，因可复制性较低，其传播范围局限于私人的、狭小的空间。直至 20 世纪末，在第一代互联网（Web1.0）阶段，网络新闻、在线搜索、电子邮件、即时通信等功能的普及，使得互联网用户被迅速地联结起来。“地球村”的形成，让信息真正实现了互联互通。第二代互联网（Web2.0）阶段，网络用户不仅能快速接收信息，还能及时发布信息。电子媒介又一次加快了人与人之间的交流速度，使得互动机会猛增。在网络快速且高效地渗透社会空间的同时，由它形成的社会生态不可避免地给既有的话语体系带来冲击，而艺术圈中的传播也呈现前所未有的变化。

一方面，移动终端快速地挤压报纸、电视等传统媒介时，信息化技术的加持使得艺术实践活动的传播范围、效率、成果都得到了扩展。通常来说，不论是艺术品还是其衍生品，物体本身在场，就意味着传播行为在场，也就必然有传播媒介在发挥作用。在传统媒体时代，这一周期被无限拉长，其结果是给原本就晦涩难懂的艺术披上了一层“神秘的面纱”——由外至内来看，民众本就难以获得理解与欣赏的机会，更不要说如何主动实现自身的话语权了；由内至外来看，民间的艺术活动囿于地域和人员等因素，难以产生广泛影响，这使得民间的艺术声音不仅微弱，而且被边缘化。

然而，自媒体的介入一改此态。它正是在对艺术进行解码和再编码后，将“每个人都能读懂艺术”的观念作为自身生存与发展的立足点，让更多人轻松、直接地理解和接

① 冯民生 . 论消费社会的艺术生产与艺术消费特点［J］. 南京艺术学院学报（美术与设计版），2013（4）：72–77，172.

② 张安华 . 中国传统造型艺术对外传播研究［M］. 南京：东南大学出版社，2020.

受曾经“高高在上”的艺术。甚至是一些原本难以被关注的角落，现在也获得了机会。更重要的是，自媒体的传播方式在顺应竖屏文化的基础上提升了艺术领域专业内容的趣味性，丰富了艺术传播形式，带来了艺术传播机制的改变。尽管视频和文章的篇幅不长，但这全然不影响民众对相关内容的期待与互动。这种快速的、便捷的品读方式颠覆了传统的审美模式，它将受众共鸣、情感共振作为衡量尺度，该尺度更贴近民众的审美实践。

另一方面，随着互联网和移动终端延伸至偏远地区，低门槛的自媒体反而成为一些小众、冷门的艺术形式与外界生活之间的桥梁。当前，有越来越多的民间手艺人、非遗传承人、传统表演从业者等主体选择借助自媒体让更多人一睹其风采，即用户成为信息生产的中心，生产了更多点对点传播的信息。①

例如，宁海平调是2006年列入国家非物质文化遗产的传统戏剧之一，与之相随的还有一项鲜有人传承的技艺——耍牙，即将十几颗长短不一、狰狞骇人的獠牙塞进嘴里，配合着面部表情和动作，随着戏剧锣鼓声而快速撩动，在口中变换出各种形态。这原本是宁海当地的一项绝活，如宁海平调《金莲斩蛟》中的“独角龙”形象，便是借助耍牙的表演来强化角色的威猛。但如此富有地域特色的表演形式近年来也陷入了传承人断层的窘境。不过，随着以宁海越剧团演员薛巧萍为代表的技艺传承人在自媒体平台的积极推介，耍牙不仅为更多人所熟知，而且吸引了来自河南、江苏、陕西、重庆等全国多地的传统文化爱好者和非遗传承人学习与展示这项绝活，他们通过发布视频和直播等形式获得众多粉丝。类似这样的案例还有许多，借助自媒体的力量，这些技艺得以被保存、传承，有了创意和科技赋能，地方民间艺术形式能以具体的、可被记录的方式为更多人所知。

可以看出，以自媒体为代表的网络环境更新了艺术传播的场域，拓展了艺术传播的渠道，逐渐成为互联网时代艺术教育与审美的新方式，其自身的身份标签、所承载的功能和应满足的需求亦随之扩展。自媒体的介入，意味着多样化的艺术活动具备了被传播的可能性。这种快速、简单、高效的传受互动模式，改变了传统媒体的单向运行，甚至将原本的“作品—人”的传播方式转化为“人—人”的传播方式，这为艺术民间话语权的实现奠定了坚实的基础。

---

① 包冬梅.开放数字环境下的个性化科研信息空间研究：学术图书馆的视角［M］.广州：华南理工大学出版社，2017：56.

（二）内容价值

自媒体为我们提供了一种新的可能性，既然快速、即时的网络传播提高了账号运营者的话语权，那么这种话语权就会在一定程度上反向推动更高质量、更具互动性的内容产出。通过构建场景化、可视化的传统艺术环境，并利用媒介技术将数字化的传统艺术内容融入实际场景，受传者可以在数字媒介环境中进行再现传统的情景式体验。[①] 正是在自媒体对现实场景、实际体验的创新中，传受双方获得了尝试新互动方式的可能性。这不仅对艺术民间话语权的实现提出了更高要求，还让受众拥有了对传播内容行使建议和管理的权力。

自媒体的传播内容分为文章与视频两种。对于作品展示类文章，其开篇多为十数行的文字介绍，并在每件作品下方附有相关信息。这类文章保证信息无误即可上传，是艺术自媒体账号最常见甚至最便捷的传播方式，如公众号“芥微精舍”“象之”“一甸艺术”等发布的内容。而作品分析类的文章则需要加入创作者的个人总结与原创思考，这是艺术信息的“变相”产出。此类推文需要逻辑性与故事性并存，这一方面要求艺术作品的在场与受众的在场保持一致，即时间线索的流畅；另一方面要求作品的品评与接受者的理解尽可能同频，即真实与故事并存，如公众号“那特艺术”“非正式艺术史”“ARTIST 美术馆”等发布的内容。

另外，在视频类的推送中，因为视频自身音画同步的特征，其主要内容是对艺术作品或活动进行解析，如抖音账号“美院安迪看艺术”“吕宸”“艺术嘚吧嘚”等发布的内容。有一部分视频以作品展示为主，包括对经典作品的再现和利用动画技术让原作“动起来”，如抖音账号“美术馆奇妙夜”“艺术法兰西”等发布的内容；还有一部分视频是对作者自行创作过程及作品的展示，如抖音账号“枝间星星”“舒舒酷北北”等发布的内容。[②]

由此可见，不同内容类型的自媒体账号都在尝试为受众呈现多样化的作品。但不管是哪类作品，在进行选题和策划时都必须关注传播内容本身的主体性与客观性。因为“当艺术作品成为独立事物被接受之时，它已脱离了艺术家，以独立的身份与受众接触，成为受众接受的对象”[③]，而处于作品与受众之间的自媒体博主在此时拥有如何解读内容的绝对话语权。当然，对于内容生产者而言，他们必须有宽广的视野，虽然这种提炼过

① 陈仕国，王廷信 . 以身体为媒介：中华传统艺术当代传承的关键路径［J］. 民族艺术，2024（3）：105–114.

② 数据统计时间：2024 年 9 月 14 日。

③ 王廷信 . 媒介演进与艺术传播［J］. 美育学刊，2020（6）：52–59.

程对于艺术作品来说，势必有将其窄化、狭隘化的倾向。但是，“优秀文化类短视频作品的不断涌现使得越来越多的优秀文化作者加入短视频创作，创作者与用户以优质的作品形成一种良性的循环。”[①] 正是这些优秀的内容创作者将艺术与观众相连接，提高了艺术信息沟通的效率和准确性，构建了更富有时代特色的互动方式。换言之，虽然这个群体尚小，但这些公开的内容对于让民众接受一个新领域、激起人们心中对艺术的期待和需求具有积极作用。

（三）消费价值

中国互联网协会发布的《中国互联网发展报告（2024）》指出，我国网络视听用户数量达 10.74 亿，网民使用率高达 98.3%，且网络直播用户数量达 8.16 亿。[②] 作为一个有机整体，自媒体的介入所带来的艺术消费普及化的现象是显而易见的。随着艺术市场的升温，民众进行艺术活动的偏好与频次均能呈现其艺术消费特点。

以账号“意公子”为例，该账号在全平台粉丝数量超过 2,000 万，视频累积播放量数亿次，是人文艺术领域的头部 IP。随着创始人吴敏婕的走红，她所写的两本书（《大话西方艺术史》和《大话中国艺术史》）在不同平台上均有了较高的销量：抖音当当网官方旗舰店中两本书的销量已逾 1.5 万册，淘宝平台各店家累积销量超 1 万册。[③] 这种由社会热度所引导的艺术消费行为植根于自媒体平台与社会文化，当然也在一定程度上成为艺术产业发展的加速器。除此之外，随着自媒体平台民间话语体系的兴起，艺术消费市场出现了“带货”现象。部分自媒体账号会将艺术活动的门票、艺术创作的材料、了解艺术的书籍等作为商品进行销售。以大型生活经验分享互动平台小红书为例，博主在分享完对艺术类图书的观点和看法后，可以借助用户兴趣而提高图书的销量；分享在美术馆拍摄的照片或体验，可以增加用户对场馆门票的购买欲望。

可以看出，当民众以自媒体为渠道涌入艺术消费领域时，推介与消费之间衍生出更为复杂的关系。一方面，艺术消费作为较小众的活动，借助自媒体吸引了更多人的关注，并尝试以此为契机提升公众的审美感知力。特别是在“IP 联名”火热的当下，艺术消费直接带动了从设计、制作到营销这一系列艺术产业的发展。另一方面，艺术消费在整个文化消费体系中尚缺乏竞争力，仍需要更有效地实现一件艺术品、一次艺术展演、

---

① 冷淞，郭菁.文化短视频创作传播：价值承继、内容创化与渠道赋能［J］.中国广播电视学刊，2022（7）：75-78.

② 中国互联网协会.中国互联网发展报告（2024）［EB/OL］.（2025-06-30）［2024-11-21］. http://www.isc.org.cn/article/21390688419704832.html.

③ 数据统计时间：2024 年 9 月 14 日。

一个艺术实践的社会审美价值，真正让精神需求与物质基础相匹配。从某种意义上说，艺术消费就是一股引导创作、提升审美、引领社会风尚的力量。① 当然，在互联网的作用下，各领域之间的壁垒正在被打破，多方力量共同推动着艺术消费这一必要的“软实力”向更加多元的方向发展。

三、艺术民间话语权的应用与反思

基于前文对自媒体与艺术民间话语权的关系及其价值的分析，我们可以看出这种“线上 + 线下”的体验与民众真正走进美术馆、画廊、歌剧院等空间，在线下去近距离地实际感受一件作品是不同的。自媒体为民众的艺术创作、评价、传播、消费提供了全新的场域，增强了其追求艺术理想的意愿，也奠定了其实现目标的基础。虽然艺术创作、评价、传播、消费四者间已有了更加密切的联系，并且具备了应时、应地转化的可能，但自媒体的瞬息万变也在影响着人们的理解与判断，我们仍应理性对待。

（一）自媒体加速受众审美认知提升的进程

相较于传统媒体的深度阅读或线下欣赏，我们对自媒体的视频或文章的浏览无疑进入了“极速版”模式。从理论上来说，“审美是自由的生存方式和超越的体验方式……从而摆脱了自我对世界的支配关系，也取消了主体与客体的对立。”② 以自媒体为代表的叙事模式，正是依赖数据和算法的准确性，快速地将艺术内容推送至受众的移动终端，缩短了受众与审美活动之间的距离，消除了受众与艺术的对立，加速了受众审美认知提升的进程。

当然，审美认知提升进程的加速又可从信息获取的难易度和持续度两个方面来理解。一方面，自媒体拓展了民间话语权的实现方式。那些原先在庙宇、殿堂中封存的艺术品走进了自媒体，曾经只能在乡野、街边展示的把戏、杂耍也走进了自媒体。在转移的过程中，民众真正地成为创作与传播的主体。另外，当一条条弹幕、评论作为内容更新的思路时，民众也在尝试将传播与接受的身份整合。基于此，审美理解的难度逐渐降低，内容也逐渐大众化。不过，对于纯粹的审美接受者而言，这种更新的速度似乎已超过预期。因为自媒体作为推手试图重新组织起观看者的视觉、听觉和对艺术的认识，但

---

① 梁帅．大众艺术消费的精神价值传播阐释与辩证思考［J］．艺术传播研究，2022（2）：54-61.

② 杨春时．审美理解与审美同情：审美主体间性的构成［J］．厦门大学学报（哲学社会科学版），2006（5）：43-48.

信息涌入的速度之快使我们在来不及分清这些内容到底是否为艺术时，就已经看到了来自大数据算法的连续推送。

另一方面，一个视频或一篇文章自发布后，便进入了不停息的“被推送”与“被交流”的过程。以抖音账号“意公子”最近发布的一个视频为例，该视频以“原来别人口中的泼猴曾经也被宠上天”为切入点，分析了悟空永远的师傅——菩提老祖。视频发布于 2024 年 9 月 10 日 19 时，截至撰文时，该视频已有 1.5 万条评论和 5.8 万次转发。[①]在 4 天的时间内，这则 15 分钟的短视频收获了日均三四千条的评论。正是在自媒体平台的推送中，受众将自己化为这只妇孺皆知的“猴子”，并在 15 分钟的时长里重温《西游记》。

综上所述，审美理解的进程加速有两方面的原因：其一，在降低理解难度的层面，民众话语自身的普通性特征致使民间话语权难以传递具有权威学理与严密逻辑的观点。其二，在提升持续性的层面，自媒体平台的不间断推送让越来越多的人能够看到该视频，所以受众易将所用时长视为自己理解艺术、接受审美的进程，并不自觉地希望自己看过就能记住，能“一口吃成个胖子”。当然，从积极的角度来看，自媒体平台的艺术创作、评价、传播与消费的内容价值会随着时间不断积累，传播价值也会在互动中慢慢体现。看似随意的评论、点赞、转发背后，潜藏着用户与表演者之间微妙的互动关系。[②]但从消极的角度来看，自媒体的快速推进是人们追求“快”、享受“快”的必然结果，其中难免会出现“浑水摸鱼”的情况，这就可能导致信息搜索难度降低的同时，其准确度也下降。

（二）自媒体使得互动交流的内容泛化

自媒体引发的高参与度让我们看到了人、科技、艺术的全新结合，但当借助数字、科技、网络等冰冷的客观架构来观照建立在情感基础上的主观艺术表现时，创作者、传播者应当如何发挥联结作用成为一个关键的问题。科技对艺术的影响，一方面在于科技为艺术发展提供了新的媒介手段，另一方面在于科技促使新的艺术门类与艺术形态产生。[③]虽然虚拟世界中关于自我认知与社会现实的场景能够引发民众的共鸣，但这对观看者来说也成了一种控制或介入。

---

① 数据统计时间：2024 年 9 月 14 日。

② 战迪.短视频展演的数字审美与情感逻辑：基于“非常规数据库”的视角［J］.现代传播（中国传媒大学学报），2022（5）：120–126.

③ 常秀芹.微视频艺术与传播［M］.北京：中国戏剧出版社，2020：6.

在传统媒介中，不论是报纸、书籍、电视，还是博物馆、美术馆、音乐会，其与受众的互动极少，多为单方面的信息展示。但在自媒体中，发布者可以在每个视频或推文的下方看到来自不同地区、不同行业的人对于其内容的理解与疑问，其中有专业人士的交流，也有外行人的评论。在自媒体的评论中，外行人的比重逐渐增加，这在一定程度上影响了其他受众对艺术的理解。以抖音账号“吕宸”的“说画”系列第一季为例，其2020年2月22日发布的关于卢浮宫的讲解视频有408条评论，其中有近200条讨论该作品，近100条询问视频中所引为何书，而在2020年3月14日发布的该系列的完结视频中，874条评论只有不超过1/4的内容与视频主题相关。[①] 我们暂可将其理解为这是受众对艺术发表的浅显看法，但是作为艺术互动的重要组成部分，评论在一定程度上反映了受众的兴趣点之所在。

可以管窥，受众在进行艺术评论时，虽有较多的资源供选择，但受其专业能力与视野的限制，与作品内容主旨相背离的情况仍会出现。自媒体为受众进入艺术空间搭建了桥梁，但艺术互动、交流的趋向仍与多个因素相关。不可否认的是，艺术依托媒介，媒介也在形塑艺术，自媒体将民间话语体系从静态的、等待阐释的转变为互动的、社会性的。但它并不只是承载与展示话语的工具，也会影响社会和人类文明的发展。同样，据此形成的创作权、评价权、传播权与消费权都应为艺术活动更好地影响社会审美而服务，而非单纯地攫取历史与文化资源。倘若民众不加考虑地将自媒体视为任意发挥的场所，这无疑与艺术传播的初衷相背离。并且，人人都是艺术家会弱化自媒体的艺术传播功能，将其发展为欠缺内涵的媒介产品。

（三）自媒体使得作品本身的意义被简化

这里的“简”是与线下感受的“繁”相对应的。当人们真正走进美术馆、画廊，去近距离且细致入微地观赏一件作品时，作品所带给观看者的感受绝不只是我们看它的当下，而是一种更为深刻且持久的触动。但是在自媒体中，所有信息均来自一块屏幕。这正是自媒体所面临的困境。在短短几分钟的时间内，受众试图获得关于这件作品的全部信息是有难度的，但是自媒体与生俱来的特征就是短小精炼。媒介的存在让人们陷入了一个循环——因为有用，受众给予关注；因为有趣，受众在此花费时间。正是这种低门槛、无终止的互动让网民深陷其中，以至于丧失了思考的能力，并消耗了大量时间。但是作为可读的文本，艺术活动本应被认真地审视。

---

① 数据统计时间：2024年9月14日。

短视频可以灵活、便捷地编辑视听文本，并将其以彼此相似却迥异的形态传输在数字平台中以获得交互式体验，从而激发用户的参与热情，搭建起全新的公共审美时空。[①] 但是，艺术接受活动是无法脱离语境去理解作品的，如果完全失去这些额外因素的加持，那作品将只能是无人问津的曲调、动作和画布。艺术品作为人工化的文本，既不同于历史存在之物，又区别于一般的人工之物。当艺术品被观念、体制或故事取代后，艺术作品自身就被架空了。[②]

自媒体的传播策略是在短时间内快速抓住受众的眼球，但这与艺术史的连贯性、复杂性相违背。虽然这是扩展艺术传播途径的手段之一，但若艺术从创作到传播都呈现任由改变的姿态，那就与传统媒体中的艺术传播理念相悖了。因为"艺术作品的原始意义开始被重构甚至被解构，艺术形式的线性延续出现断裂"[③]。总之，人们对于艺术的审美认同应当回归作品本身，因为这是其存在的价值基础，是任何形式都无法替代的。

结语

"在网络如此发达的今天，话语权的解读方式发生了变化，它更多的是指人们自由发表言论的'权利'和借此影响他人的'权力'。"[④] 在以创作权、评价权、传播权和消费权为角度进行自媒体与艺术民间话语权的关联性分析时，我们已经能够发现其内在的关联性与转化过程，它们相互转化，共同发展。

当前，自媒体的介入使得艺术民间话语权的不同方面趋于统一，并具备了转化的可能性。作为从传统向现代转变的桥梁之一，民众借助自媒体突破了传统社会结构的束缚，找到了借助艺术来表情达意的通道。由艺术民间话语权所建构的新话语体系更新了当下艺术审美活动的存在价值，具体包括传播价值、内容价值与消费价值。它们共同营造了一个开放的语境，形成了传播与受众之间的良性循环。然而，在自媒体的快速发展中，我们也不能忽视其暴露的问题。比如，社会审美效率的提高影响传播内容的准确性与学术性，自媒体的高度包容性影响受众的审美判断与选择，快速传播策略影响作品自身的历史与文化价值内涵等。虽然自媒体满足了我们的好奇心和探索欲，但对于艺术或历史的无限解构会让其丧失原本的经典之美，这些都是我们在研究自媒体时代的社会审

① 战迪. 短视频展演的数字审美与情感逻辑：基于"非常规数据库"的视角［J］. 现代传播（中国传媒大学学报），2022（5）：120–126.

② 卢文超. 是欣赏艺术，还是欣赏语境？——当代艺术的语境化倾向及反思［J］. 文艺研究，2019（11）：28–36.

③ 王廷信. 试析后技术时代的艺术［J］. 江苏社会科学，2011（3）：187–192.

④ 王艳. 民意表达与公共参与：微博意见领袖研究［D］. 北京：中国社会科学院研究生院，2014.

美议题时应当关注的。

不论是艺术信息的发布者还是艺术审美的接受者，都旨在利用自媒体所营造的空间，借助源自民间的话语力量，培养自身在当下的艺术感受与意识，进而培养艺术的公民意识。但是参与者须在感性体验中保持理性意识，主动对自媒体中的艺术潮流加以分辨，方能把握好艺术与生活、虚拟与现实的边界，为自媒体和艺术民间话语权的发展创造积极的环境。所以，“依托数字化技术和文化创意力量，艺术既要在创作和传播技术上实现创新，又要丰富内容与表现形式，不断优化艺术生态体系。”[①]

在本文的写作过程中，由于自媒体的变化较快，选取的研究对象会出现账号被删除或被转售等情况，这是在未来的研究中有待进一步解决的问题。信息的传播主体不再是单独且唯一的，这是自媒体的流动性之所在。

作者简介

韦嘉晨，中国传媒大学艺术研究院硕士研究生。主要研究方向：艺术传播学。

① 范玉刚，谷雨 . 技艺合一视野下媒介融合对艺术创新的影响［J］. 社会科学战线，2022（6）：176-186.

数智媒体时代中华优秀传统文化的传播策略变迁研究

李纳米

摘　要：数智媒体时代，中华优秀传统文化的传播速度显著提高，传播渠道日益多元，受众特征显著变化。内容创新、渠道多元化和受众细分化成为中华优秀传统文化传播的核心策略。以苏州漳缎 AI 创作模型为例，人工智能等现代技术在文化传承中展现巨大潜力，借助人工智能进行深度挖掘与再创作，能使中华优秀传统文化焕发新活力。本文提出深化 AI 技术在文化传承中的应用、建立数字文化生态体系、拓展多元化的传播渠道、提高用户的参与和互动、注重文化传播的可持续发展等建议，以促进文化产业创新发展和文化传承的现代化转型。

关键词：数智媒体；中华优秀传统文化；传播策略；变迁

在 21 世纪的今天，大数据、云计算和人工智能等技术正深刻改变着信息传播的方式与格局。特别是数智媒体，凭借其强大的信息处理能力、即时互动性和个性化推荐等特性，已经成为人们获取信息、交流思想的重要中介。在这样的背景下，中华优秀传统文化的传播面临前所未有的机遇与挑战。本文通过文献梳理，结合具体案例，深入探讨数智媒体时代，中华优秀传统文化传播策略的变迁及其背后的原因和规律，旨在提出相应的优化策略。

一、文献综述与理论基础

（一）总体研究状况

通过梳理相关文献发现，目前对于数智媒体与中华优秀传统文化传播策略的研究仍处于起步阶段，以“数智媒体”为关键词在中国知网进行检索，截至2024年4月30日，仅有65篇期刊论文。已有的研究主要集中在以下三个方面：一是数智化背景下主流媒体的内容传播策略和治理，其中涉及对国际传播的研究；①② 二是媒介体系的建设与转型，主要围绕融媒体和各级地方媒体的体系升级转型展开；③ 三是数智时代媒体的内容生产和人才队伍建设，新型媒体要加快智能化转型，丰富内容生态体系，优化主流算法，提升精准传播能力，诠释媒体工作者“四力”在新时代的新含义。④

（二）国内研究现状

1. 媒体发展与中华优秀传统文化

近年来，国内学者对媒体与文化传播的关系进行了深入研究。例如，赵玉明在2006年出版的《中国广播电视通史》中详细梳理了中国广播电视的发展历程，为理解媒体对文化传播的影响提供了历史背景。⑤ 江小涓在《数字时代的技术与文化》一文中指出，数字技术极大地推动了文化产业发展，文化产业成为数字技术最重要的应用领域之一，数字文化产业的现状与未来成为重要的研究领域。⑥ 这些研究普遍认为，媒体将通过其独特的技术优势，为传统文化的传播提供更广阔的平台和更多元化的方式。

在中华优秀传统文化方面，国内学者进行了大量研究。费孝通的研究推动了社会学和人类学在中国的本土化进程，他的理论和方法为非西方学者研究本土社会提供了启发。费孝通采用社区分析方法研究人们生活的时空坐标，探讨社会制度和社会结构，将抽象的社会概念具象化。他强调文化传统与社会的结合，在研究社区文化结构时，强调高层文化的规范性向基层区域文化的多样性的转化。费孝通认为，中国社会从本质上看是乡土性的，以土地为本的乡土社会人口流动率低，这形成了基于人际关系的特定社会结构和文化特性。他指出，乡土社会的秩序是靠“礼”来维持的，礼治社会不需要法律来维持秩序，无讼是乡土社会的特色，这体现了中国社会的治理智慧。

李泽厚深入研究儒家思想等中国传统文化，以其独特的美感经验与深细的美学思辨，将美学、文学史与美术史融会贯通。李泽厚更加注重感性，强调审美，特别是艺术

---

① 吴锋，刘国强．数智时代新型主流媒体内容传播的生态风险及应对策略［J］．出版广角，2024（3）：42–50.

② 韩韶君．技术、话语与叙事：数智化背景下主流媒体国际传播策略［J］．中国出版，2024（6）：34–37.

③ 袁靖华，陈宇辉，王健．数智时代地市媒体的智能融合探索——以浙江地市媒体为例［J］．电视研究，2023（5）：62–64.

④ 杨洗．数智时代地市级主流媒体人才“四力”提升策略探析［J］．中国广播电视学刊，2022（11）：97–99，119.

⑤ 赵玉明．中国广播电视通史［M］．北京：中国传媒大学出版社，2006：424–440.

⑥ 江小涓．数字时代的技术与文化［J］．中国社会科学，2021（8）：4–34，204.

中的情感作用，认为艺术作品是情感本体和审美心理结构的“物态化的对应品”。李泽厚的美学思想强调美学与日常生活的结合，认为美学不应仅是理论的探讨，而应深入人们的日常生活。他的著作引领着人们思考“什么是美？什么是丑？什么是文化与自由？”等问题，个人内心世界和文化自由的探索得到发展。

费孝通的《乡土中国》通过深入分析中国基层社会的乡土特性和社会秩序，为理解中国传统社会的文化和结构提供了宝贵的视角。李泽厚的《美的历程》则通过对美学的普及和深入探讨，增进公众对美的感知和对中国文化的审美理解，两者都极大地丰富了我们对中华优秀传统文化的认识和理解。

2. 文化传播

目前的文化传播研究主要有文化产业发展、艺术传播趋势、技术对文化传播的影响以及文化的传承与创新这四个主要的方向。

第一个主要的研究方向为文化产业发展。顾江等学者指出，应该健全现代文化产业体系，强调文化产业对经济高质量发展的重要性，以及满足人民群众美好生活需求的内在功能。① 张曾芳、张龙平分析了文化产业的基本性质、结构与形态，以及文化产业运作中的双重价值规律。② 在文化产业竞争力方面，花建分析了文化产业竞争力的内涵、结构和战略重点，以及提升中国文化产业竞争力的战略。③

第二个主要的研究方向为艺术传播趋势。王一川探讨了互联网时代艺术传播的偏向，包括网络型艺术、倚网型艺术和疏网型艺术。④ 周锦、王廷信创新性地指出了艺术传播与文化产业的互动关系，他们研究了艺术传播在新经济条件下的变化，以及这些变化对文化产业发展模式的影响。⑤

第三个主要的研究方向为技术对文化传播的影响。江小涓围绕数字技术与文化产业，讨论了数字技术如何推动文化产业发展，以及如何改变文化消费、生产和市场结构。⑥ 黄永林、谈国新着重讨论了非物质文化遗产的数字化保护与开发，探讨了数字化技术在非物质文化遗产保护与传承中的重要作用。⑦ 彭锋梳理了艺术媒介的历史演变，

---

① 顾江，陈鑫，郭新茹，等.“十四五”时期健全现代文化产业体系的逻辑框架与战略路径［J］.管理世界，2021（3）：9-18.

② 张曾芳，张龙平．论文化产业及其运作规律［J］．中国社会科学，2002（2）：98-106.

③ 花建．文化产业竞争力的内涵、结构和战略重点［J］．北京大学学报（哲学社会科学版），2005（2）：9-16.

④ 王一川．互联网时代的艺术传播偏向［J］．民族艺术研究，2016（3）：5-14.

⑤ 周锦，王廷信．艺术传播与文化产业的互动关系研究［J］．现代经济探讨，2016（10）：45-48.

⑥ 江小涓．数字时代的技术与文化［J］．中国社会科学，2021（8）：4-34，204.

⑦ 黄永林，谈国新．中国非物质文化遗产数字化保护与开发研究［J］．华中师范大学学报（人文社会科学版），2012（2）：49-55.

分析了数字技术对艺术媒介的影响，他指出在数字时代媒介的终结可能成为现实。[①]

第四个主要的研究方向为文化的传承与创新。李凤亮、古珍晶聚焦中华优秀传统文化的现代化转换，讨论了中华优秀传统文化在新时代的价值重塑，以及如何通过创造性转化和创新性发展来实现传统文化的现代化转换。[②] 方李莉剖析了中国文化基因与“生态中国”之路，探讨了中国文化基因的概念，以及如何将这些文化特质与乡村振兴和中华民族伟大复兴相结合。[③]

学者们宝贵的研究成果为本研究打下了基础。当前，媒介发展呈现数智化趋势，与之前学者讨论的时代背景有所不同，一系列新问题出现了。研究数智媒体时代中华优秀传统文化的传播策略是非常有必要的，通过对文献及相关著作的梳理归纳，分析传播策略的变迁，能够以史为鉴，促进中华优秀传统文化在新的时代背景下的深度传播。

（三）国外研究现状

1. 媒介传播

国外学者对媒介传播的议题进行了广泛研究。丹尼斯在《数字时代的媒介：连接传播、社会和文化》一书中，绘制了数字时代传播媒介的全景图卷，并探讨了媒介在数字时代发生的深刻变化。[④] 书中强调了媒介与生活的深度融合，包括语言、文字、字母、图书、照片、电报、广播、电视、计算机和互联网等媒介的演进。该书加深了人们对数字技术时代的媒介和传播的理解，提供了一个理解媒介的框架，帮助读者从战略层面理解媒介。施拉姆的《传播学概论》作为传播学的重要理论著作，详细论述了传播媒介的结构、功能、经营和知识产业，以及媒介的社会控制、显著影响和隐性影响，加深了人们对传播媒介在社会中作用的理解，建立了系统化的传播学理论。他提出的大众传播过程模式充分体现了大众传播的特点，包括大众传播媒介与受众之间的传达与反馈关系，揭示了社会传播过程的相互联结性和交织性，具有系统性的特点。施拉姆在书中还对信息革命进行了讨论，预测了传播技术的发展对人类社会的影响。这些研究为我们理解数智媒体在中华优秀传统文化传播中的作用提供了重要参考。

---

① 彭锋. 艺术媒介的历史：从隐匿到突显，而走向终结？[J]. 南京社会科学，2020（3）：97–103.

② 李凤亮，古珍晶. 新时代中华优秀传统文化现代化转换的价值、路径及原则［J］. 东岳论丛，2020（11）：111–118.

③ 方李莉. 中国文化基因与“生态中国”之路［J］. 粤海风，2021（3）：32–48.

④ 丹尼斯. 数字时代的媒介：连接传播、社会和文化［M］. 北京：中国人民大学出版社，2019：24–36.

2. 文化传播

在文化的传播策略方面，国外学者进行了一些有益的探索。费斯克在《理解大众文化》一书中提出了一种新的理论视角，他强调大众文化的创造性、娱乐性和逆反功能，为大众文化研究提供了新的理论框架。费斯克认为，大众文化不是人们被动接受的，它具有独立性和能动性的文化形式。大众文本是“生产者式文本”①，具有开放性，允许大众进行意义的再生产和再创造。费斯克的研究推动了文化研究从单向影响向多元接受的转变。尽管该书的写作最初是针对电视，但其观点对于理解互联网和新媒体环境下的大众文化现象依然具有启发意义。勒庞在《乌合之众：大众心理研究》一书中，从受众的角度阐述了当今社会群体无意识取代个人意识的时代特征，为理解现代社会中的群体行为和社会运动提供了理论支持与分析工具。勒庞指出，群体与个体具有心理差异，个人一旦进入群体，个性便被湮没，群体的思想占据统治地位，而群体的行为表现为无异议、情绪化和低智商。

总体来说，国外文化传播研究已取得了显著成果，这些研究不仅为理解大众文化的本质和运作机制提供了新视角，也为数智媒体时代的文化传播研究提供了启示。费斯克的理论框架强调了大众文化的创造性和能动性，促进了文化研究范式的转变，对于理解现代传播现象，尤其是互联网和新媒体环境下的大众文化现象具有重要意义。斯克拉通过电影这一文化产品揭示了文化与经济、社会、政治的紧密关系，深化了我们对文化传播及其社会影响的认知。②勒庞则从群体心理的角度分析社会现象，为理解现代社会中的群体行为和社会运动提供了重要依据。这些研究成果共同为数智媒体时代的文化传播研究提供了丰富的理论资源和研究工具，有助于我们更深入地理解文化传播的动态过程、影响因素及社会效应。

（四）理论基础

本文以传播学、文化研究、数字媒体理论等为理论基础，构建一个包含传播环境、传播内容、传播策略三个维度的分析框架。其中，传播环境主要关注数智媒体的发展对信息传播环境的影响，传播内容侧重于关注中华优秀传统文化在数智媒体平台上的创新呈现方式，传播策略则关注如何发挥数智媒体的优势进行有效传播。

---

① 费斯克 . 理解大众文化［M］. 王晓珏，宋伟杰，译 . 北京：中央编译出版社，2006：127-129.

② 斯克拉 . 电影创造美国：美国电影文化史［M］. 郭侃俊，译 . 北京：北京大学出版社，2018：230-259.

二、数智媒体时代中华优秀传统文化的传播现状

（一）传播环境的演进

数智媒体具有信息传播速度快的特点，它使得中华优秀传统文化的传播更加迅速，可以更快地触达更广泛的受众群体。与此同时，它提供了多样化的传播渠道，如社交媒体等。这些渠道不仅具有广泛的覆盖性，而且可以实现精准推送和互动交流。

此外，数智媒体时代的受众呈现年轻化、网络化等特征。他们对传统文化的接受方式和需求也发生了变化，更加注重个性化、互动性和体验感。这种受众结构的变化，直接影响了中华优秀传统文化的传播策略和内容组织方式。

（二）传播内容的多样化

中华优秀传统文化在数智媒体平台上的呈现形式日益多样化，包括文字、图片、视频等多种形式。这些多样化的形式不仅可以更直观地展示中华优秀传统文化的魅力，还能增强受众的参与感和体验感。

与此同时，内容创新成为主流趋势。一些传播者尝试将中华优秀传统文化与现代元素相结合，例如将传统戏曲与现代流行音乐融合，将传统手工艺与现代设计结合等。这些创作尝试吸引更多年轻用户关注，推动了中华优秀传统文化的转型发展。

但我们也应看到，当前部分内容存在同质化、娱乐化、缺乏深度等问题。一些传播者为了追求点击率而牺牲内容质量，这不仅影响了传播效果，也损害了中华优秀传统文化的公信力和整体形象。

（三）传播效果的困境

当前中华优秀传统文化的传播效果并不理想，存在受众关注度低、传播范围有限等问题。这主要是信息过载和受众注意力分散导致的。在海量信息中，与中华优秀传统文化相关的信息往往被淹没，难以引起受众的注意和兴趣。

除了信息过载和受众注意力分散，传播策略不当也是重要原因。一些传播者过于依赖传统媒体或单一的数字媒体渠道进行传播，没有充分发挥数智媒体的优势进行精准推送和互动交流。此外，一些传播者缺乏对受众需求的深入了解和把握，这导致传播内容与实际需求脱节。

三、数智媒体时代中华优秀传统文化的传播策略变迁

（一）变迁历程

初始阶段：主要依赖传统媒体进行传播，传播范围有限。这一阶段，中华优秀传统文化的传播主要依赖报纸、电视等传统媒体。由于传播渠道的限制，中华优秀传统文化的传播范围相对有限，受众群体也相对固定。

过渡阶段：开始利用数字媒体进行传播，传播范围逐渐扩大。随着数字媒体的发展，中华优秀传统文化的传播开始向数字化、网络化转型。一些传播者开始利用网站、论坛等数字媒体渠道进行传播，这扩大了中华优秀传统文化的传播范围。同时，数字博物馆、数字展览等传播形式的出现为中华优秀传统文化的传播提供了新的途径。

现阶段：充分利用数智媒体的优势进行传播，实现精准营销和互动营销。在数智媒体时代，中华优秀传统文化的传播策略更加注重精准推送和互动交流。大数据分析、人工智能等技术手段的应用，可以实现对受众的精准定位和个性化推荐。同时，社交媒体、短视频平台等渠道使得中华优秀传统文化的传播更生动。

（二）变迁动因

从政策、技术、市场等多方面深入分析传播策略的变迁动因，我们可以发现，政策扶持、技术进步、市场需求和全球化趋势是推动传播策略变迁的主要因素。政策扶持为中华优秀传统文化的传播提供了有力保障；技术进步为中华优秀传统文化的呈现与传播提供了更多可能性；市场需求和全球化趋势则使得更多的人开始关注中华优秀传统文化的价值和意义。

1. 政策扶持

国家对于中华优秀传统文化的重视程度不断提升，这为中华优秀传统文化的传播提供了有力支持。近年来，国家出台了一系列政策措施，以扶持中华优秀传统文化。这些政策不仅为中华优秀传统文化的传播提供了资金支持，还为中华优秀传统文化的创新与发展提供了更多机遇。

2. 技术进步

大数据、云计算等技术的发展为中华优秀传统文化的传播提供了更多可能性。这些技术不仅可以实现对受众的精准定位和个性化推荐，还可以为中华优秀传统文化的创新

和发展提供技术支持。例如，虚拟现实（VR）、增强现实（AR）等技术可以为受众提供更加沉浸式的文化体验；大数据分析技术可以帮助传播者更好地了解受众的需求和偏好，从而采取更加有效的传播策略。

3. 市场需求

随着生活水平的提高和文化需求的增加，人们对于中华优秀传统文化的关注度不断提高。特别是在年轻一代中，越来越多的人开始关注并喜爱中华优秀传统文化。这种市场需求的变化促使传播者更加注重中华优秀传统文化的创新与发展，以满足受众的需求。

4. 全球化趋势

在全球化的背景下，不同文化之间的交流与融合成为趋势。中华优秀传统文化作为中华文化的重要组成部分，在全球范围内得到广泛传播。这种全球化趋势为中华优秀传统文化的传播提供了更广阔的空间和更多的机遇。

（三）变迁特点

传播策略变迁的特点和规律主要有以下几个方面：一是内容创新成为主流趋势，越来越多的传播者开始注重挖掘中华优秀传统文化的内涵和价值；二是渠道多元化成为必然趋势，随着数字媒体和数智媒体的发展，中华优秀传统文化的传播渠道越来越多元化；三是受众细分化成为重要方向，针对不同受众群体的需求和特点采取不同的传播策略已成为必然趋势。

1. 内容创新成为主流趋势

数智媒体时代，数据驱动的内容创新变得尤为关键。传播者可以利用大数据分析工具，深入挖掘中华优秀传统文化的内涵和价值，从而精准地了解受众对哪些文化元素和内容形式感兴趣。这种基于数据的内容创新，能够确保所生产的内容更加符合受众的口味和需求。同时，数智媒体为内容创新提供了更多可能性。例如，通过虚拟现实（VR）和增强现实（AR）技术，受众可以身临其境地体验中华优秀传统文化，这种沉浸式的传播形式极大地增强了受众的参与感和体验度。

2. 渠道多元化成为必然趋势

数智媒体的发展使得中华优秀传统文化的传播渠道变得前所未有的多元化。除了传统的电视、广播和报纸，还有社交媒体、短视频平台、直播应用等。这些新媒体渠道不仅具有广泛的覆盖范围，还能实现高度个性化的内容推送。更重要的是，数智媒体提供了实时互动功能，比如，在直播平台上，传播者可以与受众进行实时互动，解答疑问，分享见解，这种即时反馈机制大大增强了传播的针对性和时效性。

3. 受众细分化成为重要方向

数智媒体允许传播者对受众进行更精细的划分。通过用户行为跟踪和数据分析，传播者可以准确地了解每个受众群体的兴趣、偏好和消费习惯。这种精细化的受众分析，使得定制化的传播策略成为可能。例如，对于年轻群体，平台可以推送更加活泼、时尚的内容；对于中老年群体，平台则可以推送更加传统、经典的文化内容。这种受众细分化的传播策略，不仅提高了传播的精准度，还提升了受众的满意度和忠诚度。

总的来说，数智媒体时代，内容创新、渠道多元化和受众细分化成为中华优秀传统文化传播策略变迁的重要特点。通过充分利用数智媒体的数据分析优势，传播者可以更加精准、有效地将中华优秀传统文化传播给更广泛的受众。

四、案例研究

（一）案例介绍：苏州漳缎 AI 创作模型

苏州漳缎是中国古代绒类织物的代表，产生于明末，鼎盛于清代，专供皇室使用。其以真丝缎面为底、以极具立体感的提花绒为主要特征，特色是在丝绸织造过程中在梭口插入钢丝形成绒圈，用特制小刀匀力划开，绒毛耸立于缎面上，如此，漳缎织物最具灵魂的肌理效果就出现了。其材质雍容华贵，极具立体感，被誉为“丝绸上的浮雕”。

2011 年，苏州漳缎织造技艺列入江苏省级非遗代表作名录，苏州丝绸博物馆成为非遗保护单位。

1. 研发背景

2024 年 4 月 16 日，Create2024 百度 AI 开发者大会正式举行，主题为“创造未来”（Create the Future），百度文心大模型与苏州丝绸博物馆、苏州文化投资发展集团宣布共创“苏州漳缎 AI 创作模型”，用 AI 技术助力守护与传承江苏省级非物质文化遗产苏州漳缎织造技艺。①

2. 合作背景

苏州丝绸博物馆的“丝绸纹样数据采集与应用推动文化机构数字化转型升级”和百度的“百度文心大模型创新文化产品生产方式”均为 2023 年文化和旅游数字化创新示

① 苏州市文广旅局官微. 百度 AI × 苏州丝绸！打造非遗数字化新范式［EB/OL］.（2025-04-16）［2024-04-17］. https://mp.weixin.qq.com/s/Uxv_wmSppHFixGp7Dpf1QQ.

范十佳案例，而由苏州丝绸博物馆和百度共同开发的全国首个“苏州漳缎 AI 创作模型”则是一次创新合作。

（1）案例 1：丝绸纹样数据采集与应用推动文化机构数字化转型升级

苏州丝绸博物馆对馆藏丝绸纹样开展常态化的数字化采集，将丝绸纹样数据资源转化为数据资产，促进丝绸纹样数据在不同主体间的分享，为文化企业提供数据生产要素，现已完成 1,300 余件丝绸纹样的数字化采集，授权使用丝绸纹样数据 5 批次，一批动漫衍生品、音响器材等文创产品被开发出来。

（2）案例 2：百度文心大模型创新文化产品生产方式

百度文心大模型通过学习文化资源数据，实现个性化生成美术和音乐产品的功能，创新文化产品生产方式，提高生产效率；现已被应用于补全《富春山居图》残卷，生成音乐短片《启航星》，支撑开展“我造”创作大赛等活动。

3. 研发路径

百度文心大模型基础模型通过学习苏州丝绸博物馆珍藏的 3,000 多件苏州漳缎数字纹样，如“湖色缠枝牡丹纹漳缎”“绿地金斜格小菊花纹漳缎”“玫红地四季花卉纹漳缎”“白地五湖四海纹漳缎”等，快速掌握了苏州漳缎的质地特点和色彩风格，打造了彰显中国传统文化特色的“苏州漳缎 AI 创作模型”，开发了“赛博织漳缎 守护丝绸界国宝”的互动程序。

4. 模型内容

“苏州漳缎 AI 创作模型”以“赛博织漳缎”为主题，打造苏州漳缎的全民共创共享数字平台。模型兼具整体复杂构图和局部细节刻画能力，绘制生成了三幅风格迥异、色彩丰富、具有立体感的赛博漳缎作品——《祥云流涌图》《春鹊临枝图》《超感幻蝶图》。

用户可以在互动程序中与赛博漳缎进行沉浸式互动，可任意选择一幅喜欢的赛博漳缎进行共创，体验投梭、打纬、提花、划绒等织造过程，延续赛博漳缎的长度，获取保护证书，并通过分享让更多人成为非遗保护活动的一员。

同时，苏州丝绸博物馆、苏州市非遗办在 2024 年 4 月 30 日主办了“漳缎：丝绸上的浮雕”特展。展览专门设置了特殊区域，以全新方式展出全民共创的赛博漳缎。

（二）案例分析

1. 技术驱动下的文化创新路径

通过 AI 技术，苏州漳缎这一传统织造技艺得以在数字世界重生，并被赋予了新的生命力和可能性。这不仅为非遗文化的传承提供了新的途径，也为传统工艺与现代科技的结合提供了范例。技术创新为文化创新提供了动力，推动了传统文化的现代化和国际化，让更多人有机会接触和了解中华优秀传统文化。

2. 跨界合作的融合传播

百度文心大模型、苏州丝绸博物馆和苏州文化投资发展集团的跨界合作，展现了资源整合在非遗保护和文化传播中的重要作用。他们通过综合不同领域的专业知识和技能，共同推动项目的成功实施。这种合作模式为其他非遗项目的保护和传承提供了经验，促进了文化、科技、资本等因素的融合与发展。

3. 参与式体验下的文化传承

通过互动程序，用户能够亲身体验苏州漳缎的织造过程，这提高了用户的参与感和体验感，加深了用户对中华优秀传统文化的了解和认同。未来的文化传承，应更加注重用户体验和互动参与，让更多的人能够感受中华优秀传统文化的魅力。

4. 技术应用中的人文审美考量

利用 AI 技术进行非遗传承时，我们需要保持技术与艺术的平衡，既要追求技术的先进性和创新性，又要注重艺术的表现力和感染力。在“苏州漳缎 AI 创作模型”中，技术虽然实现了对漳缎纹样的模拟和生成，但其艺术表现力和感染力还有提升的空间。因此，未来的项目需要更加注重技术与艺术的结合，让中华优秀传统文化在数字世界焕发更加迷人的光彩。

5. 传统文化教育深化的需求

虽然“苏州漳缎 AI 创作模型”让更多人有机会接触和了解苏州漳缎这一传统织造技艺，但它在教育和传承方面还有深化的空间。我们需要进一步加强对中华优秀传统文化的普及和教育，让更多人了解并热爱中华优秀传统文化；同时，也需要加强对非遗传承人的培养和教育，提高他们的专业素养和创新能力，为中华优秀传统文化的传承和发展提供人才保障。

五、数智媒体时代中华优秀传统文化传播的优化策略

（一）深化 AI 技术在文化传承中的应用

一方面，我们需要加强 AI 技术的研发与优化，继续投入研发力量，提高 AI 技术在模拟、生成和传承中华优秀传统文化元素方面的精准度与效率。另一方面，我们需要丰富 AI 创作的形式与风格，AI 创作过程应融入多元化的艺术风格和创作形式，以满足不

同受众的审美需求。同时，我们要鼓励艺术家和设计师与AI技术团队紧密合作，共同探索新的创作可能性。

此外，在利用AI技术传承和传播中华优秀传统文化时，我们需要确保技术的创新性与文化的深度相结合。“苏州漳缎AI创作模型”不仅展示了AI技术在模拟传统纹样方面的能力，还体现了它对苏州漳缎这一非物质文化遗产的深度理解。因此，在推广其他中华优秀传统文化元素时，我们需要深入研究其历史、工艺和文化内涵，确保技术应用的恰当性和文化表达的准确性。

（二）建立数字文化生态体系

为了更好地传承和传播中华优秀传统文化，我们需要建立一个完整的数字文化生态体系，包括对数字化资源的收集、整理、分类、存储、展示和传播等各个环节。在这个生态体系中，我们要实现资源整合、共享，建立开放、协作、共赢的合作机制。建立可持续的数字文化生态体系有两个可行的路径，首先，我们应实现对当前数字化资源的整合与共享，将中华优秀传统文化资源进行系统的数字化整理和分类，构建一个开放、共享的数字化资源库，通过平台化运营，实现对资源的高效利用和广泛传播；其次，我们要提高资源库的互动性和体验性，在数字化资源库中融入互动元素和体验设计，让受众能够更直观地感受传统文化的魅力。

（三）拓展多元化的传播渠道

在拓展中华优秀传统文化的传播渠道时，我们不仅要采取多元化的策略，还要结合数智媒体的特性来进一步提升其影响力。我们可以充分利用数智媒体的即时性和互动性，通过社交媒体营销，采用大数据分析、精准推送和话题营销，迅速将中华优秀传统文化的内容传递给目标受众，同时，借助社交媒体关键意见领袖（KOL）的影响力，迅速扩大内容的曝光度，形成传播热潮。

在跨界合作方面，数智媒体为中华优秀传统文化的传播提供了更广阔的平台。通过与旅游、时尚、教育等领域合作，我们可以将中华优秀传统文化元素巧妙地融入相关产品和服务，拓宽中华优秀传统文化的传播渠道。同时，借助数智媒体的数据分析能力，我们可以更好地了解目标用户，实现精准营销与合作效果的最大化。

（四）提高用户的参与和互动

我们可以通过发起线上活动和互动话题，激发用户的参与热情。数智媒体的即时互动和社交特性使得用户能迅速参与讨论与分享，营造积极氛围。个性化推荐是数智媒体的重要特点，其能够结合大数据和人工智能技术，深入分析用户的兴趣和需求，提供精准的中华优秀传统文化内容，在提升用户满意度和忠诚度的同时，促进文化传播。此外，我们还可以交互式开发虚拟现实或增强现实应用，提供沉浸式体验，增强用户对中华优秀传统文化的理解与认同。

（五）注重文化传播的可持续发展

制定明确的发展目标和计划、建立稳定的投入机制和支持体系、加强人才培养和团队建设等措施，能够助力实现中华优秀传统文化传播的可持续发展。数智媒体时代，持续学习与提升对于中华优秀传统文化的传播至关重要。首先，我们需要密切关注数智媒体行业的发展动态和前沿技术趋势，及时了解和掌握新技术、新应用，为中华优秀传统文化的传播提供更多元化的手段和渠道。其次，加强团队建设是提升的关键。培养一支具备跨界思维和创新能力的专业团队，不仅可以提高团队成员的专业素养和综合能力，还能为中华优秀传统文化的传播提供更多创新的思路和方案。最后，与其他领域的交流合作也是持续学习与提升的重要途径，各方可以共同探索新的传播方式和创新点，为中华优秀传统文化的传承与发展注入新的活力。同时，这种交流合作可以促进不同领域的融合与发展，为中华优秀传统文化的传承与发展提供更广阔的舞台。

总结

在数智媒体深度融入传播环境的背景下，中华优秀传统文化的传播策略正经历着前所未有的深刻变迁。

首先，传播形式的变迁为中华优秀传统文化的传播打开了新的窗口。数智媒体为中华优秀传统文化提供了丰富的展示和互动空间，从文字、图片到视频、直播，多样化的传播形式使得中华优秀传统文化的呈现更加生动、直观。

其次，内容创新和传播理念更新成为中华优秀传统文化传播的关键。数智媒体时代，受众对文化内容的需求日益个性化、多元化。我们需要更加注重受众的参与和互动，以用户为中心，引导受众参与中华优秀传统文化的创作、传播和分享，构建以互动、共享、创新为特点的文化传播生态。

最后，策略的调整和方法的创新是中华优秀传统文化传播策略变迁的重要方向。我们应根据数智媒体的特点和受众需求，制定精准有效的传播策略，探索大数据、人工智能等技术手段，进行受众精准画像和个性化推荐，提高传播效率。

综上所述，我们应不断探索创新传播策略，加强内容创新、渠道拓展、受众精准定位，促进互动交流。同时，我们要借助政策和专业人才等外部力量，推动中华优秀传统文化的传播与发展，使之在新时代焕发生机与活力。

作者简介

李纳米，华东师范大学中国语言文学系博士研究生。主要研究方向：文化传播。

基于大数据分析的“国潮”现象级传播事件的叙事经济学研究

赵海风

摘　要：“国潮”作为由中国品牌建设推动的商业现象，逐步演化为具有广泛社会和文化影响力的传播现象，其传播热度和社会认同度显著提升，已成为智能媒体时代中国经济发展的重要主题之一。本文将量化分析与人文视角相结合，以大数据模型为基础，系统梳理了2017年至2023年影响力最大的100个现象级传播事件，追踪“国潮”叙事的演化轨迹，以叙事经济学为理论框架，探讨“国潮”叙事星座随时间推移的动态变化，分析不同发展阶段的叙事核心及其传播机制，揭示“国潮”叙事从起步、稳定、多元扩展到顶峰及衰退的完整生命周期。本研究旨在为未来中国品牌的营销与传播策略提供实证支持与理论借鉴；同时，呼吁更多地引入量化分析与人文视角相结合的跨学科方法，以便更全面地解析复杂的传播现象。

关键词：“国潮”；叙事经济学；大数据；国货；中国品牌

2017年4月24日，国务院批准设立“中国品牌日”，并决定将每年的5月10日设置为“中国品牌日”。这一政策的出台标志着中国品牌建设进入一个新的阶段。同年12月，天猫推出“国品计划”，随后，其他电商平台纷纷跟进，使得“国货”这一在民国时期曾流行的词汇重新进入大众传播领域。2018年2月，中国李宁在纽约时装周上推出“悟道”系列，凭借将中国传统文化与现代时尚文化相融合的设计理念，迅速成为传播热点。同年下半年，主流媒体开始使用“国潮”来描述李宁事件的传播效应。2018年“双11”期间，天猫正式发布“国潮行动”，“国潮”作为流行词在媒体中频繁出现。知网数据显示，自2019年起，学术界开始广泛关注“国潮”现象。[①]2019年至2023年，相关研究主要集中在两个方面，一是设计领域对传统文化和美学应用的分析，主要聚焦

① 数据统计时间：2023年12月。

具体的产品和设计案例，研究的理论深度相对有限；二是传播和文化产业领域对“国潮”现象的研究，学者们尝试对“国潮”进行定义，分析其传播特点及背后的文化因素，探讨中国文化产业的演变和发展。

“国潮”作为一个流行词汇，其传播始于智能媒体[①]时代，并伴随着数字化传播工具的普及而迅速蔓延。学界对“国潮”的研究，应当优先进行大数据分析，以确保研究的科学性和客观性。“国潮”的传播与中国品牌建设密切相关，因此，“国潮”的研究应立足营销学，结合传播学和经济学相关理论，通过系统的实证研究和人文研究方法，全面分析其传播路径与发展机制。我们在此基础上再去探讨其文化内涵与社会影响，方能构建科学性、理论性与人文性兼备的研究体系。本文基于大数据模型，整理“国潮”在2017年至2023年影响力最大的100个传播事件，并以此为基础，进一步分析“国潮”传播的轨迹和特点，从叙事经济学的角度深入探讨“国潮”叙事星座的动态构成。

一、基于大数据分析的实证研究

自2019年以来，针对“国潮”的商业分析报告开始出现，2020年至2023年，各类权威数据统计和分析报告层出不穷，“国潮”的学术研究也开始引入大数据作为重要论据，比如《论国潮的时尚传播、消费文化与文创理念》和《文化基因视域下新国潮品牌的承续、创化与赋能》等文章，深入探讨了“国潮”现象的文化内涵与传播路径，取得了显著成果。[②③]以实证研究作为主要研究方法的学术成果较少，代表论文有《关于国潮经济市场规模影响因素的实证分析》，该文通过全国范围的问卷调查和宏观经济统计数据构建多元线性回归模型，分析“国潮”经济市场规模的影响因素。由于该研究过于依赖二手数据，未能根据研究目标采集原始数据，导致研究结论的全面性受到一定限制，难以充分揭示“国潮”经济的复杂动态。[④]综上所述，“国潮”研究领域开始重视数据分析和实证研究，但在研究方法与研究目标的关联性、数据采集的针对性以及模型构建的复杂性等方面，仍须进一步提升。

本文通过梳理“国潮”传播的演进轨迹与叙事星座的动态变化，运用大数据技术对“国潮”现象的传播路径、用户互动特征及发展趋势展开多维分析。通过大数据模型整

① 智能媒体是指融合算法驱动、数据分析与人工智能技术的精准内容生产与传播系统。2016年媒体人李鹏提出“智媒体”概念，在主流媒体和高校学者的推动下，逐渐发展为“智能媒体”的表述方式。

② 胡钰．论国潮的时尚传播、消费文化与文创理念［J］．当代传播，2022（6）：55-58.

③ 向勇，陈乐洋．文化基因视域下新国潮品牌的承续、创化与赋能［J］．艺术评论，2022（2）：13-23.

④ 卜天玥，邬馨蕾，王曦可．关于国潮经济市场规模影响因素的实证分析［J］．中国商论，2023（9）：10-13.

理出2018年至2023年影响力最大的100个“国潮”现象级传播事件。[①] 这种方法的设计以量化分析为核心，注重事件传播的动态覆盖和用户关注的时间序列变化，既能抓住传播过程中的关键节点，又能揭示“国潮”叙事核心元素的生成与演变。

（一）大数据分析模型建构

本文所用到的“国潮”大数据分析建模，结合了大数据技术对媒体数据进行挖掘分析，通过社交媒体指数分析、关键词和主题分析以及新闻与媒体文章内容分析，旨在为相对全面地揭示事件的传播路径、用户互动情况以及发展趋势等提供支持。

1. 社交媒体指数采集

社交媒体指数是衡量事件在社交媒体上的影响力的重要工具。通过对社交媒体内容、转发、评论等指标的分析，我们可以得出社交媒体的影响力指数和话题热度等。本文主要选取国内互联网热度最高的三大传播指数：①微博传播指数（MCI），通过计算转发量、最大转发数、评论量、最大评论量和点赞量等数据来评估内容的传播效果与影响力；②百度指数，基于百度平台上的热词、视频数量、公众号文章等数据，研究关键词搜索趋势和用户兴趣；③微信指数，基于大数据分析的移动端指数工具，旨在帮助用户了解关键词在微信生态中的热度和趋势。微信指数通过整合微信搜索、公众号文章、朋友圈公开转发文章等多方面的数据，能够帮助企业进行市场调研、制定内容创作策略、评估广告投放效果等。

2. 关键词和主题分析

关键词和主题分析是事件分析的重要组成部分。它结合国内外主要媒体、专业论坛、官方网站、门户网站等公开资料，借助自然语言方向的机器学习算法技术，围绕话题挖掘和关键词提取，识别与事件相关的关键词和热点话题，从而帮助研究者理解用户的关注重点和事件的发展方向。2023年10月2日至8日的数据分析基于百度大数据模型技术，结合“国潮”相关事件的词频解析，相关词汇越靠近“国潮”蓝色圆心，代表关联度越高（见图1）。

---

① 现象级传播事件一般指通过社交媒体或传统媒体快速扩散并引起广泛社会关注的事件。本文大数据模型构建的目的是识别传播热度最高的100个事件，也就是“国潮”在传播过程中的现象级事件。

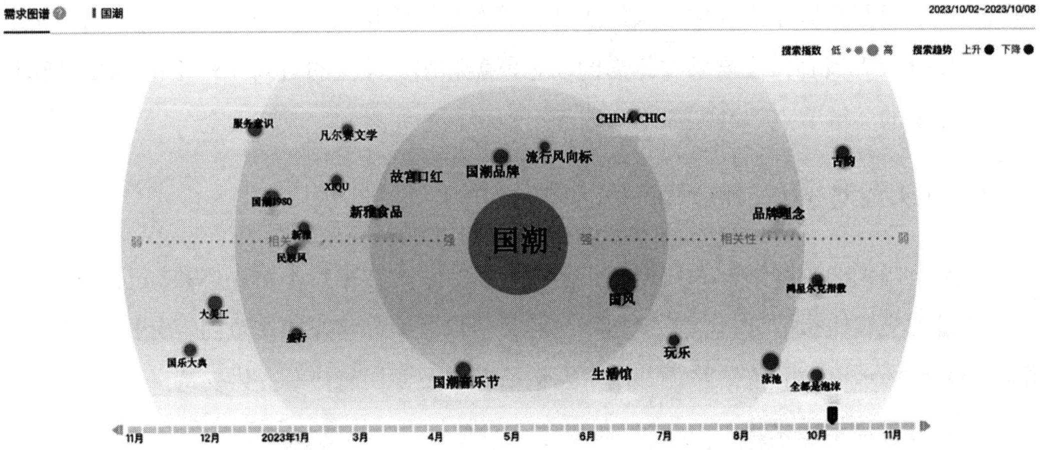

图 1　2023 年 10 月 2 日至 8 日“国潮”相关词汇的数据分析

3. 权重处理及结果校验

通过对社交媒体影响力权重、用户参与度和事件增长率等指标的加权平均，量化事件的热度和影响力，并通过事件中各指数随时间发展的变化值对模型参数持续调优。

（二）数据来源和说明

1. 百度搜索指数

以网民在百度的搜索量为数据基础，以关键词为统计对象，科学分析并加权计算各个关键词在百度网页中的搜索数量。

2. 百度资讯指数

以百度智能分发和推荐内容数据为基础，将网民的阅读、评论、转发、点赞、不喜欢等行为的数量加权求和得出资讯指数。

3. 微博传播指数

通过计算转发量、最大转发数、评论量、最大评论数和点赞量等数据来评估内容的传播效果与影响力。

4. 微信指数

通过整合微信搜索、公众号文章、朋友圈公开转发文章等多方面的数据计算微信指数。

5. 其他内容来源

中央级媒体、地方媒体、国外媒体、品牌官方网站、知乎、小红书、CNKI、百度学术、亿欧智库、《搜狐时尚》、《界面新闻》、《新浪时尚》等公开报道的相关内容。

（三）“国潮”TOP100 现象级传播事件和热度排名列表及分析

表 1 “国潮”TOP100 现象级传播事件和热度排名列表

热度排名	事件名称	发生时间	热度排名	事件名称	发生时间
1	李宁“悟道”系列纽约时装周出圈	2018 年	16	安踏为冬奥会打造龙纹战服	2021 年
2	花西子创新营销策略并与李佳琦合作	2019 年	17	锦华月饼全国首创黑松露流心	2022 年
3	虎年春晚舞蹈《只此青绿》刷屏	2022 年	18	三只松鼠 IP 出圈	2023 年
4	完美日记与《中国国家地理》联名限定眼影发布	2019 年	19	橘朵携手敦煌博物馆，发布“敦煌瑞兽”系列联名彩妆	2021 年
5	故宫博物院举办“紫禁城上元之夜”灯光秀	2019 年	20	三星堆博物馆新馆（陈列馆）试运行，三星堆文创频“出圈”	2023 年
6	赫莲娜联合新晋咖啡品牌 MANNER 发起“一杯青回”跨界联名	2022 年	21	稻香村多款联名“出圈”，如功夫熊猫、中国航天、王者荣耀、国粹文化文创等	2021 年
7	长安十二时辰 + 大唐不夜城全景展示	2022 年	22	广州酒家—碧螺春茶酥发售	2019 年
8	蜂花 36 年不换包装，10 年只涨价 2 元，“79 元洗护套餐”冲榜	2023 年	23	十三余完成过亿元 A 轮融资，汉服成为百亿级潜力新市场	2020 年
9	回力推出“回天之力”鞋	2018 年	24	汉服品牌“汉尚华莲”不忍“龙母”等汉服抄袭，将曹县汉服商家诉至法庭	2019 年
10	茶颜悦色与《红楼梦》营销合作	2023 年	25	比亚迪“王朝”系列遇见历史大 IP	2020 年
11	霸王茶姬推出“盲盒杯撕杯”活动	2022 年	26	抖音“2023 国风大典”刷屏	2023 年
12	五芳斋联合海派剪纸艺术大师李守白推出“五芳守月”月饼	2022 年	27	吾皇猫与伊利跨界合作，首次尝试“出圈”	2018 年
13	三元牛奶携手故宫博物院发布“宫藏 · 醇享”系列牛奶包装	2019 年	28	17 条视频涨粉千万，“魔法少年”引领国风变装热	2022 年
14	农夫山泉推出“故宫瓶”	2019 年	29	乌苏啤酒的“夺命秘籍”	2018 年
15	三顿半开启第七季返航计划	2023 年	30	重庆冷酸灵牙膏品牌和成都火锅品牌小龙坎联名推出“火锅牙膏组合”，开售 11 秒被抢光	2019 年

续表

热度排名	事件名称	发生时间
31	《长安三万里》票房超 17 亿	2023 年
32	“老干妈”推出 1,288 元的辣酱 + 卫衣套餐	2018 年
33	永璞咖啡开出第一家线下咖啡店“城是 CITYBORING”	2022 年
34	2023 年“文化和自然遗产日”暨国潮风华 · 文都大理系列“出圈”	2023 年
35	潮宏基推出新一代花丝镶嵌系列首饰“花丝风雨桥”	2022 年
36	珀莱雅二十周年致敬“笨小孩”，与传统手工艺传承人合作	2023 年
37	联袂故宫演绎东方美学，毛戈平“气蕴东方”系列新品上市	2023 年
38	天猫国潮来了 × 美邦发布全新国粹系列	2020 年
39	周大福传承系列“出圈”	2018 年
40	米哈游《崩坏：星穹铁道》上线 10 日，全球营收超过 1 亿美元	2023 年
41	波司登羽绒服“卖到 7,000 元”冲上热搜第一	2023 年
42	鸿星尔克“鸿耀中国”时尚大秀，致敬国货，携手诸多品牌展现中国风	2023 年
43	国家宝藏 B 站“破圈”	2022 年
44	“中国探月”和糖果品牌 Crafted 联合推出“星球棒棒糖”	2019 年
45	王小卤 ×《葫芦兄弟》带来童年回忆杀	2022 年
46	大学生组团到淄博吃烧烤	2023 年
47	小罐茶 · 悦系列生活茶刷屏，品牌年轻化策略	2021 年
48	徕芬 618“出圈”高速吹风机赛道	2023 年
49	六神和 RIO 联名推出“花露水味鸡尾酒”	2018 年
50	53 度茅台和瑞幸联名推出“酱香拿铁”	2023 年
51	“破产乌龙”上热搜，天府可乐被野性消费	2023 年
52	茅台年轻化策略在社交媒体备受争议	2023 年
53	小米 14 卖爆了，一周销量破百万！线下几乎“全系缺货”	2023 年
54	瑞幸联名“猫和老鼠”推出“马斯卡彭生酪拿铁”	2023 年
55	王老吉姓氏图腾罐	2022 年
56	DIOR 羽衣霓裳，强化产品中的东方元素	2021 年
57	十馆联动，海昌海洋公园中秋节撬动高端亲子游市场	2022 年
58	观夏品牌成立，“嗅觉经济”下的新风口，观夏成就东方香氛	2018 年
59	为拥有人生第一件奢侈品，年轻人买爆喜茶（Fendi）	2023 年
60	美加净 × 大白兔：奶糖味润唇膏甜过回忆	2018 年
61	百雀羚借力王一博，推出短视频《帧颜传》	2020 年
62	北京冬奥会吉祥物“冰墩墩”全球刷屏，中国文创传递爱与美	2022 年

续表

热度排名	事件名称	发生时间	热度排名	事件名称	发生时间
63	腾讯与敦煌研究院联合发布首款公益 NFT，携手探索千年遗产数字化保护	2021 年	79	推“知味小馆”，上演宫廷风快闪	2018 年
64	新款问界 M7 销售火爆，华为智驾功不可没	2023 年	80	旺旺 56 个民族系列盲盒旺仔牛奶“出圈”	2019 年
65	李子柒个人 IP 出圈	2018 年	81	从“0 添加剂”到“0 蔗糖”简爱酸奶持续“出圈”	2020 年
66	喜茶下架“佛喜”茶拿铁	2023 年	82	认养一头牛开始冲刺 IPO，如何“破圈”	2023 年
67	抖音 × 中国李宁：国潮变装挑战	2021 年	83	陈香贵推出《寻找陈香贵》“出圈”	2023 年
68	元气森林探索“0 糖 0 脂 0 卡”饮料新世界	2018 年	84	“鸭鸭登山直播间”，珠峰脚下直播卖羽绒服火了！	2021 年
69	三星堆摇滚乐队盲盒	2021 年	85	《唐宫夜宴》掀起盛唐“国潮”风	2021 年
70	奈雪的茶携手东阿阿胶，打造“国潮”养生佳品	2023 年	86	三星堆遗址新发现 6 座“祭祀坑”	2022 年
71	大国科技——“祝融”“嫦娥”“天问”等航天重器命名的浪漫与巧思	2021 年	87	《原神》狂赚 280 亿，大厂跑步“出海”	2022 年
72	大国科技——北京冬奥会速滑馆“冰丝带”以高科技实现 1.2 万平方米“最快的冰”	2021 年	88	“中国诗词大会”第六季“让诗词融入生活”	2021 年
73	大疆引领国货 2.0	2022 年	89	大国科技——中国空间站“天宫课堂”开讲	2022 年
74	总台财经频道报道小米发展史	2022 年	90	水下舞蹈《洛神水赋》刷屏“出圈”	2021 年
75	华为 Mate60 系列黑科技惊艳亮相	2023 年	91	仰韶文化发现暨中国现代考古学诞生 100 周年	2021 年
76	泡泡玛特携艺术家 Ayan 空降成渝双城，引发 IP“破圈”热潮	2023 年	92	蜜雪冰城穿上了“汉服”！	2023 年
77	小仙炖跨界《红楼梦》IP，背后是年轻人的“新消费”驱动	2019 年	93	左点“智”造潮品，拔罐 / 刮痧产品获两项设计大奖	2022 年
78	北冰洋饮料 85 周年新品发布会近日举办，13 款新品引领“国潮”饮料新趋势	2020 年	94	国产美妆珀莱雅夺回丢失 5 年的“双 11”销售桂冠	2023 年

续表

热度排名	事件名称	发生时间	热度排名	事件名称	发生时间
95	波司登易烊千玺同款第三代“泡芙”连帽羽绒服开售4小时，成交额突破千万	2023年	98	“国货之光”白象	2023年
96	凭借一件纯羊绒大衣火爆全网的三只小山羊	2022年	99	燕窝头部品牌燕之屋和粽子头部品牌五芳斋推“粽星捧燕”	2022年
97	湿厕纸领导品牌德佑“双11”销量榜	2023年	100	哈弗 × 敦煌博物馆上演连环戏	2022年

注：本表涉及的案例，2018年12个；2019年11个；2020年6个；2021年15个；2022年23个；2023年33个。

相较于传统定性研究，本文通过综合性大数据分析模型扩大了数据的覆盖面，增强了研究结论的普适性。在具体操作中，研究者结合社交媒体平台的传播指数与主题热度，构建传播路径的量化模型，进而明确“国潮”叙事在不同时间段的核心要素及用户情感的变化轨迹。这种方法不仅具有较高的严谨性，也为后续“国潮”传播的理论建构与实践应用提供了支持。然而，在继续深化对“国潮”的大数据研究时，我们还须进一步提升数据采集的规模与分析模型的动态适配性，以更精准描绘“国潮”传播的复杂网络的多维特性。

二、“国潮”传播的四个阶段和叙事星座的动态构成

罗伯特·席勒在《叙事经济学》(*Narrative Economics*)中提出一种创新视角来探讨叙事在经济学中的核心作用，特别是它如何通过影响人们的行为、信念和决策来推动经济发展。他认为，经济不仅是由市场数据、数字和政策推动的，还深受社会叙事的影响。经济行为常常由集体叙事（人们共享的故事）所驱动，这些叙事不仅塑造了个体信念与行为，而且在宏观层面引发了经济动态变化。[①]麦克唐纳的《后真相时代》(*TRUTH: How the many sides to every story shape our reality*)揭示了叙事在社交媒体时代事件传播中的独特作用。他指出，后真相时代的传播重心已从事实本身转向叙事与情感，通过引发情感共鸣取代理性事实的传播，叙事成为影响公众认知与态度的关键工具。同时，叙事的框架作用通过选择性强调事实的某些侧面，引导受众形成特定认知，增强传播的感

① 席勒．叙事经济学［M］．陆殷莉，译．北京：中信出版社，2020.

染力，但也可能导致事实被扭曲或简化。[①] 两位学者的研究共同表明，智能媒体时代叙事在事件传播和经济动态中的作用至关重要，情感化驱动更是传播中不可忽视的一部分，这为深入理解“国潮”现象提供了重要的理论基础。

在国内学者对“国潮”的研究中，向勇的观点具有代表性，他认为“新国潮”是“国”与“潮”的融合，体现了中华文化基因与国家叙事。“国”源于民族历史认同，强调“共同祖先的神话”“历史记忆”“文化纽带”的重要性；“潮”则指现代时尚生活方式具有广泛的社会影响力与文化渗透力。[②] 这个定义揭示了“国潮”现象蕴含的文化与情感认同。“国潮”不仅是品牌营销的商业战略，更是通过深刻的文化叙事激发群体认同和情感共鸣的社会现象。因此，运用叙事经济学分析“国潮”，可以帮助我们探讨“国潮”传播的深层机制。

一个成功的叙事通常围绕一个核心词汇，并由多个相关词汇与符号构成网络化的叙事结构。这种结构通过相互关联的叙事元素，如文化符号、情感联结、历史记忆等，在传播中引起广泛的共鸣并造成强大的影响力。叙事星座将核心叙事与其他叙事词汇联动，使整个叙事更加立体、多维，通过这种星座式叙事，传播能够更深入地影响人们的认知、情感和行为，从而增强传播效应和市场影响力。[③] 因此，我们首先需要梳理“国潮”传播的阶段性特征，识别不同阶段的叙事核心元素以及关联词汇，以呈现叙事星座动态构成的过程。

（一）第一阶段（2017—2018）：“国潮”始现，年轻一代自我认同的象征

“国潮”的兴起与年轻消费者的文化需求和消费趋势密切相关。自 2017 年以来，Z 世代和千禧一代逐渐成为中国消费市场的主力军，他们对文化的认同感、情感联结以及个性化需求尤为强烈。在此背景下，“国潮”品牌开始提出年轻化策略，通过融合传统文化和现代设计，满足年轻人对文化认同的需求，并提供具有独特性的消费选择。

李宁的“悟道”系列是一个具有标志性的“国潮”传播事件。通过将中国传统文化元素与国际时尚潮流相结合，李宁不仅呼应了年轻人对民族文化自豪感的追求，还满足了他们对个性化、文化价值的渴望。这一品牌不仅在国内市场大获成功，还在全球时尚舞台上实现了中国品牌的崛起，成为中国年轻消费者认同和引以为傲的品牌。与此同时，国有老品牌，如回力、美加净、六神、大白兔、伊利和乌苏啤酒等，也纷纷采取

① 麦克唐纳 . 后真相时代［M］. 刘清山，译 . 北京：民主与建设出版社，2019.
② 向勇，陈乐洋 . 文化基因视域下新国潮品牌的承续、创化与赋能［J］. 艺术评论，2022（2）：13-23.
③ 席勒 . 叙事经济学［M］. 陆殷莉，译 . 北京：中信出版社，2020.

“年轻化”的营销策略，通过跨界合作、IP 联名等手段吸引年轻人，其中吾皇猫与伊利的跨界合作，将二次元文化和国有原创动漫 IP 引入“国潮”叙事。这些品牌的转型代表了“国潮”现象的核心特征——在年轻消费者群体中引发文化自豪感、个性表达和消费价值观的共鸣。

“国潮”的另一个发展方向是运用中式美学孕育创新品牌。观夏将传统的东方香氛文化与人们的现代审美需求相结合，打造出既能满足年轻消费者个性化需求，又具有文化内涵的产品。李子柒则通过其个人 IP 传播中式美学的“田园牧歌生活”理念，将传统文化元素融入现代生活方式，并通过社交平台与年轻消费者建立情感联结。相比之下，这一发展方向不仅在形式和内容上具有创新性，还体现了中国品牌在保持文化根基的同时焕发的创新能力，展示了中国传统文化在现代消费市场中的生命力。

以李宁为代表的品牌将中国传统文化元素与全球化时尚潮流相融合，通过极具辨识度的文化符号与创新产品，满足了 Z 世代与千禧一代对民族自豪感和个性化需求的双重诉求，确立了“国货”代表的“文化自豪感”和“潮”（潮流、潮牌）叙事在“国潮”传播第一阶段中的核心地位。李宁的“悟道”系列不仅是商业成功的象征，也标志着中国文化重新占据了年轻一代的文化认同空间。

（二）第二阶段（2019）：文化遗产入局，“国潮”引起学术研究和商业关注

2019 年，围绕“国潮”的商业分析与相关学术论文逐渐增多，重要的商业报告有中经社经济智库和中传—京东大数据联合实验室联合发布的《2019“新国货”消费趋势报告》，京东时尚与 WWD（*Women's Wear Daily*）联合发布的《2019“国货当潮”白皮书》等。“国潮”不再仅仅是一种市场营销现象，而成为学术和商业研究的重要对象，标志着“国潮”传播进入第二阶段，其主要特征有以下四个方面：

第一，中国传统文化 IP 进入营销和传播领域。以故宫文化和《红楼梦》等经典文化大 IP 为代表，多个品牌通过将传统文化元素植入现代产品，构建“文化复兴”和“珍稀宝贵”的叙事。故宫文化，如“故宫瓶”“三元牛奶宫藏系列”等，通过文化符号与产品的结合，展现对文化遗产的活化与再利用。这种叙事不仅增加了产品的文化内涵，也提升了年轻消费者的文化认同感与自豪感，帮助“国潮”品牌在市场中占据独特的文化地位。

第二，品牌联名与跨界合作具有更为丰富的表现形式。花西子与李佳琦合作，完美日记与《中国国家地理》联名，以及重庆冷酸灵与小龙坎联合推出“火锅牙膏组合”，它们通过跨界创新引发广泛的市场关注。跨界合作不仅提高了品牌的趣味性和市场吸引

力，还通过创新设计和叙事建构，提升了“国潮”品牌的传播效应。

第三，国家科技叙事的融入标志着“国潮”文化的进一步拓展。以“中国探月”与 Crafted 联合推出的“星球棒棒糖”为例，国家科技成就通过与消费产品结合，使得“国潮”叙事与国家科技进步紧密关联。科技叙事的融入，不仅满足了年轻消费者对科技感、未来感的追求，也提升了国家形象与文化自信。这一维度的叙事进一步拓宽了“国潮”的叙事边界，将受众的文化自豪感与国家成就相融合，形成更深层次的文化认同。

第四，“中式美学生活方式”变得日常化。其典型表现一是饮食、家电行业与文化 IP 的结合，代表是碧螺春茶酥、小仙炖跨界《红楼梦》IP；二是汉服文化在年轻人中流行，“国风”被逐渐带入“国潮”叙事。与 2018 年观夏东方香和李子柒的“田园牧歌”叙事中高雅和诗意的基调相比，2019 年的中式美学更注重烟火气息，将传统文化融入日常生活。此类产品通过将传统文化元素与实用性相结合，提升了人们的文化认同感，并拉近了与消费者的距离，使中式美学不仅成为高端文化的象征，也渗透日常消费行为。通过这种方式，“国潮”品牌在传播中实现了传统美学与现代生活方式的深度融合，其在市场中的影响力与文化认同被进一步提高了。

（三）第三阶段（2020—2021）：经历转折期，进入快速和多元发展期

2020 年，“国潮”在传播热度上进入阶段性低谷期，面对复杂的社会环境和新兴传播媒介（智能社交媒体）的强劲发展，“国潮”品牌在传播上进入瓶颈期。传统的互联网平台此时依然是主要的传播渠道，例如，天猫的“国潮来了”与美邦联合推出全新国粹系列，通过线上平台与消费者互动，维持了“国潮”文化在市场中的热度。进入下半年，国货老品牌，如百雀羚和北冰洋汽水，纷纷推出创新的市场营销策略，借助怀旧情怀和文化元素吸引消费者关注，汽车品牌比亚迪“王朝”系列借助“文化自豪感”的营销概念成功拓展市场。这一时期，微博在品牌传播中的重要性日益增长。在叙事内容方面，汽车行业和娱乐圈人士成为“国潮”叙事的重要元素，拓宽了“国潮”的叙事边界，赋予其更强的文化延展性与市场活力。

2021 年，“国潮”展现强劲的发展势头，智能社交媒体，如抖音和微博，逐渐成为“国潮”传播的主要平台；叙事出现明显的多元融合特征，已有的核心叙事元素得到进一步强化，新的叙事元素不断被吸纳，“国潮”叙事更加多元与复杂。总体而言，这一阶段“国潮”叙事星座变化如下：

1. 原有叙事元素的拓展和深化

第一，“国潮”的核心叙事元素“国货”和“潮”得到了进一步拓展。国货品牌“鸭鸭羽绒服”和“稻香村”通过现象级传播引发广泛关注；新国货美妆品牌橘朵延续并深化了花西子的市场策略，凭借与敦煌联名，使品牌借助中国传统文化元素进行传播，成功“破圈”；李宁和安踏作为年轻人喜爱的潮流运动品牌，在“国潮”传播中展现了强大的市场号召力和文化影响力。安踏推出的冬奥会龙纹服装将中国传统文化与现代运动设计相结合，通过国际赛事强化了品牌在年轻群体中的认同感与吸引力；李宁与抖音合作推出的“国潮变装挑战”，以数字化互动形式迎合年轻人的潮流需求，通过短视频传播激发其参与热情，成功实现品牌与年轻消费者的深度连接。

第二，文化遗产与“国潮”叙事的进一步融合。继故宫博物院之后，敦煌和三星堆博物馆也成为“国潮”叙事的重要符号，它们代表着中国文化遗产在现代传播中的再现与活化，进一步强化了“国货”珍稀宝贵的叙事基调。敦煌文化符号通过与腾讯以及相关艺术机构合作，进一步实现了数字化转型，增强了传统文化在年轻消费者中的影响力。

第三，“国潮”的科技感叙事进一步深化。以“大国科技”为主题的叙事元素通过融入“国潮”传播，促进了科技与文化的深度融合，彰显了中国的创新能力与科技自信。2021 年，北京冬奥会速滑馆“冰丝带”凭借 1.2 万平方米的高科技速滑场地成为热点，以先进技术展示中国在全球体育赛事中的科技实力，“祝融”“嫦娥”“天问”等航天重器的命名及相关叙事不仅带有强烈的浪漫气息与民族自豪感，也通过讲述中国科技的探索与突破，进一步挖掘了“国潮”传播的文化深度。这种融合科技与“国潮”的叙事路径，通过展现国家在前沿科技和创新领域的成就，拓宽了“国潮”叙事的边界。

2. “国潮”星座吸纳新的叙事元素

第一，原创文化产品的现象级传播。水下舞蹈《洛神水赋》和舞蹈《唐宫夜宴》成为 2021 年“国潮”传播中的重要文化事件。两者通过舞台艺术表现传统文化的独特之美，并借助数字化传播手段引发广泛关注。《洛神水赋》凭借舞者的高难度水下动作展现古典文学中洛神的灵动之美，借助社交媒体的广泛传播引发年轻群体的热烈讨论和文化共鸣。同样，《唐宫夜宴》通过再现盛唐文化，将传统舞蹈艺术与现代舞台设计相结合，创造了极具感染力的文化场景。这种现象级传播事件不仅提高了传统文化艺术的普及度，也证明了传统文化通过创新形式依然能够激发年轻受众的兴趣。这标志着“国潮”孕育出原创的文化产品 IP，显示了“国潮”叙事的创新能力和强大的影响力。

第二，媒介生态的多元化与“国潮”传播的深度融合。2021年，总台、抖音、腾讯等传统与数字平台积极推动“国潮”传播，构建了多元化的传播生态。总台通过将节目编排与传统文化传播资源进行整合，使“国潮”叙事得到主流话语的强化。作为新兴的数字平台，抖音依托创意短视频与挑战活动，提高了“国潮”传播的互动性与参与度。例如，李宁“国潮变装挑战”通过抖音短视频引发了年轻群体的广泛参与，实现了“国潮”文化的迅速传播。这种媒介生态的深度融合有效打破了文化传播的边界，展现了数字化传播在塑造“国潮”文化认同中的重要作用。

第三，中国茶文化与新茶饮进入“国潮”叙事。2021年，小罐茶通过现代化包装和跨界营销，使传统茶文化焕发新生机，成功吸引了年轻消费者的关注。同时，新茶饮品牌在这一年蓄势待发，为接下来的新茶饮市场的繁荣发展奠定了基础。它们通过现代化的饮品形式、年轻化的包装设计以及互动性强的社交传播，逐步将茶文化与“国潮”相融合，不仅延续了中国茶文化的传统价值，也通过创新营销策略拓展了“国潮”文化的叙事空间。

第四，奢侈品对“国潮”叙事的重视。随着中国市场对“国潮”文化的认同度提高，国际品牌开始在产品设计中融入东方文化元素。这一策略不仅迎合了中国消费者对本土文化的需求和期待，也反映出国际品牌对中国市场的深度理解与适应能力。例如，高端时尚品牌Dior通过与中国传统文化符号相结合，推出具有浓厚中国传统文化内涵的系列产品，既展现了对中国本土文化的尊重，又通过文化交融提高了品牌在中国市场的影响力，这种趋势彰显了“国潮”对全球时尚文化的渗透与影响。

第五，“非遗”融入“国潮”叙事星座。曾经作为独立传播概念的“非遗”在2021年逐步融入“国潮”叙事星座。汉服文化的持续走红推动了传统服饰的复兴，并在年轻消费群体中形成文化潮流。同时，腾讯与敦煌研究院合作推出的公益NFT项目，通过数字化手段展示非遗文化的活力，将具有千年历史的文化遗产融入现代传播语境，丰富了文化遗产的数字化表现形式，使文化遗产在现代传播中焕发新的生机。

（四）第四阶段（2022—2023）：“国潮”叙事达到顶峰

罗伯特·席勒强调，当一个叙事开始广泛传播时，大众的行为往往会趋向从众心理和情绪化反应。叙事的感染力、可重复性及其在社会网络中的传播特性使其具有极强的扩散能力。一旦叙事成为“流行”，人们通常会在情绪和集体意识的推动下传播和接受它，而不经过理性和独立的思考。随着越来越多的人加入这一叙事的传播和认同过程，一种自我强化的正反馈循环就形成了，叙事广泛扩散，影响力提高。[①] 2018 年至 2021 年，“国潮”传播频频出现成功案例，传统品牌借助“国潮”实现品牌年轻化目标，新兴品牌也在市场上取得优异表现。这一现象在商业和营销领域引发了强烈反响，推动“国潮”模式的进一步拓展；2020 年后短视频平台迅速崛起，它借助强大的社交互动性与快速传播能力，迅速成为优势传播媒介。与之相比，传统的互联网和长视频平台的传播效力有所下降，品牌营销的重心也逐渐向短视频平台转移。面对媒介环境的变革，“国潮”叙事成为品牌在营销模式大变革时期取得成功的关键路径和吸引流量的重要工具。因此，2022 年和 2023 年，“国潮”叙事获得惊人的影响力，更多的行业和品牌积极参与“国潮”营销，传播的流行度达到顶峰，随后又迅速进入衰退期。

“国潮”叙事和传播在这一阶段主要有以下五个特点：

第一，“国潮”的核心叙事元素“国货”和“潮流”概念进一步加强，多行业深度融入。老“国货”品牌通过创新营销策略焕发生机与活力，而新兴“国货”品牌迅速崛起，标志着“国潮”叙事的成熟与影响力的最大化。例如，波司登羽绒服与鸿星尔克等传统品牌以年轻化、潮流化的形象重回市场，而三只松鼠、认养一头牛等新兴品牌则凭借创新的商业模式和数字化传播策略迅速赢得消费者的青睐。茅台与瑞幸咖啡联名的“酱香拿铁”更成为现象级传播案例，展现了“国潮”叙事在跨界合作和市场营销中的巨大吸引力与深远影响力。这种现象表明，“国潮”已经从单一品牌成功发展为市场广泛参与和认同的潮流品牌，标志着“国潮”叙事达到顶峰状态。

在行业拓展上，“国潮”叙事已不再局限于传统领域，而是广泛渗透多个新兴行业，包括新式茶饮、咖啡、3C 产品、文旅文创等。大疆无人机、华为、小米等 3C 科技品牌营销“国潮”化，它们通过将产品创新和中国文化元素相结合，进一步推动科技与文化叙事的融合。文旅市场通过节庆文化与消费活动，成功地将“国潮”叙事延展至更加广泛的消费场景。这样的多行业、多领域参与进一步巩固了“国潮”的市场地位，使得“国潮”成为各行业追逐的营销风向标，意味着其叙事能量达到巅峰。

第二，文化产品与传统文化 IP 的现象级传播和文化符号深度呈现。“国潮”叙事中传统文化 IP 与原创文化 IP 的传播进入深化阶段，文化符号不仅是认同的载体，更是传播网络的核心节点，它通过构建跨媒介叙事网络实现广泛且具有深度的传播。《只此青绿》将中国传统绘画与舞蹈相结合，借助短视频平台的传播，引发观众强烈的情感共鸣，成为文化传播的现象级事件，并成为具有极大商业价值的原创 IP。《长安三万里》

① 希勒 . 叙事经济学［M］. 陆殷莉，译 . 北京：中信出版社，2020.

通过传统美学与历史人物 IP 叙事的结合，将国风动漫的影响力推到了顶峰。故宫、敦煌与三星堆等文化遗产通过与文创产品、数字技术和商业品牌联名，延续并拓展了文化符号的叙事生命力。“国潮”叙事已不再局限于对传统文化符号的简单使用，而是通过深度挖掘文化资源，形成具有情感触动与市场价值的多元叙事网络。这种传播模式不仅深化了“国潮”的文化内涵，也彰显了文化符号的经济转化能力。

第三，二次元文化与“国潮”叙事的深度结合。二次元文化在 2022 年至 2023 年的强势传播，深刻体现了年轻消费群体在智能媒体时代传播网络中的核心地位。《原神》及其开发公司米哈游通过跨文化叙事策略，将中国传统文化符号与全球游戏文化潮流融合，成功构建了具有高认知度与情感连接的文化符号体系。与此同时，《葫芦娃》等国有老动漫 IP，借助数字化平台与新媒体技术实现了文化记忆的再激活与再创造，深化了“国潮”叙事的怀旧情感。潮玩品牌泡泡玛特则通过独特的商业模式，将二次元文化与潮流艺术深度融合，构建以“盲盒经济”为核心的文化消费生态。总体而言，二次元文化的嵌入不仅强化了“国潮”叙事的代际传播与文化渗透力，还通过商业模式创新提升了其在消费文化中的影响力，使“国潮”叙事在年轻消费群体中获得更高的黏性与扩展性。

第四，“非遗”叙事星座的深层次融入。非遗文化作为“国潮”叙事的核心词汇之一，体现了传统文化的符号化与情感化再生产过程。非遗文化在消费场景中被嵌入并转化为可传播的文化符号，例如五芳斋的剪纸联名和左点“智造潮品”成功将现代消费意义赋予传统技艺。叙事中的情感共鸣进一步强化了非遗的传播力，借助数字媒介，这些符号激发了年轻消费者的怀旧与认同情感，同时拓宽了非遗叙事的传播边界。非遗文化通过与其他“国潮”元素（如节庆文化、新中式设计）的复合叙事，成为“国潮”叙事星座中的重要节点，既丰富了叙事内涵，又提升了文化符号的市场吸引力。

第五，奢侈品深度融入“国潮”叙事。奢侈品与“国潮”的联名合作标志着奢侈品品牌年轻化与潮流化传播策略的深化。茅台与瑞幸联名的“酱香拿铁”，通过叙事共振机制，将传统文化符号（茅台）与新消费场景（咖啡）相结合，成功吸引了年轻消费者的关注，激发了文化认同与消费热情。喜茶与 Fendi 的联名同样体现了“叙事符号的跨文化转译”，通过“国潮”叙事为奢侈品品牌贴上了鲜明的潮流化标签。奢侈品品牌借助“国潮”品牌在年轻群体中的广泛影响力，提升了传播效果，实现了品牌形象的本土化与年轻化。

三、"国潮"叙事星座的动态形成过程和生命周期

（一）"国潮"叙事星座的结构组成和变化

基于大数据分析和对"国潮"传播四个阶段的深度分析，本文制作了"国潮"叙事星座动态形成的表格（见表 2），分别从叙事核心元素加入过程、行业拓展过程以及叙事基调 & 消费者画像三个方面进行总结，旨在揭示"国潮"叙事星座的发展路径及其关键驱动因素。

表 2 "国潮"叙事星座的动态形成过程

阶段	年份	叙事核心元素加入过程	行业拓展过程	叙事基调 & 消费者画像
1	2018	国货（老品牌、新品牌），潮（潮牌、潮流），二次元，中式美学	服装，美妆护肤品，食品饮料，动漫，首饰珠宝	"国货"是"潮"的、二次元的，中式美学是"雅"的，消费者是年轻的、自我的
2	2019	文化遗产 IP（故宫和《红楼梦》），大国科技，中式美学的烟火气，汉服 / 国风	餐饮，零食，汉服，日化，家电	"国货"是潮的、宝贵的、烟火气的、新科技的，消费者是有创新能力的、对中国文化充满自信的、对未来乐观的
3	2020—2021	文化遗产 IP（敦煌、三星堆），原创文化产品（《洛神水赋》《唐宫夜宴》），非遗，奢侈品，中国茶文化	传统茶业，汽车，体育建筑	"国货"是有文化底蕴的、令人获得精神满足的、奢侈的，消费者是有品味的、会生活的年轻人和中年人
4	2022—2023	商业模式创新，原创文化产品（《只此青绿》），传统节日，潮玩，cosplay 和汉服结合，国产老动漫 IP	新茶饮，咖啡，文旅，文创，游戏，影视动画，3C，生活用品	"国潮"是流行的，消费者是全民的

"国潮"叙事经历了由品牌建设到文化现象传播的多阶段演进。第一阶段（2018 年），"国潮"叙事作为中国品牌建设的重要战略工具，其发展受到国家政策与主流媒体的双重推动，体现为高度结构化的传播实践。核心叙事聚焦于老品牌"年轻化策略"和新品牌的"中国文化基因"，通过构建"可潮可雅"的叙事框架，增强中国传统文化符号与消费者之间的情感联结。第二阶段（2019 年），"国潮"叙事星座进一步扩展，通过吸纳"文化遗产 IP"和"大国科技"等节点，赋予"国货"以"珍贵感"和"未来科技感"，叙事逻辑从消费场景的商业化逐步升华为承载民族文化复兴的象征意义的社会叙事。这一时期，"国潮"叙事展现了强烈的文化深度和民族自豪感。第三阶段

（2020年至2021年），“国潮”叙事实现重要转型，原创文化产品的涌现推动叙事体系迈向更高层次，具有商业价值和文化影响力的超级叙事IP形成了。通过文化与商业的深度融合，“国潮”叙事成为品牌营销和大众传播中可反复调用的母题，其传播场域从单一行业拓展至多个领域。第四阶段（2022年至2023年），“国潮”叙事网络几乎覆盖了所有消费领域，叙事星座表现出显著的多样性与适应性。年轻人偏爱的二次元文化、新茶饮，中年人青睐的茶酒文化、怀旧文化等IP被全面纳入。中式美学通过高雅化、潮流化、烟火气等形式进行叙事，并衍生了“新中式”“东方美学”等流行词。

凯文·凯利在《失控：机器、社会与经济的新生物学》一书中提出“群峰思维”的观点，即群体行为的智慧源于分布式系统中无数个体的简单互动，这种互动能够产生涌现效应，形成整体复杂而有序的动态。[①]“国潮”叙事可以被视为一个去中心化、协同进化的过程。个体消费者在“国潮”传播中既是叙事的接受者，又是符号的传播者和再创造者。这种涌现效应使“国潮”叙事迅速扩散并产生巨大的社会影响力。叙事经济学强调，叙事的广泛传播依赖叙事符号的情感共鸣和可复制性，而“国潮”通过去中心化的互动模式，使每个符号在消费者中获得高度参与性与传播性，这进一步加速了叙事的扩散。“国潮”营销本质上是一个协同的文化经济生态系统，品牌、平台、生产者与消费者之间形成高效联动，共同推动跨行业叙事星座的繁荣。

（二）“国潮”概念的模糊与负面影响

随着“国潮”概念的流行，品牌和营销方开始过度使用这一标签，导致其概念逐渐模糊，该概念的传播一定程度上失去了文化价值，也让消费者对“国潮”这一文化符号产生怀疑。2023年9月，“李佳琦与花西子79元眉笔”事件，使得消费者质疑“国货”品牌在质量与价格定位上的合理性，同时引起了网民关于“国潮”概念到底是真正代表中国制造的品质与文化价值，还是通过情感共鸣进行市场化操控的深层讨论。这一事件反映了“国潮”标签在过度商业化运作下面临的信任危机。一些品牌，如蜂花和白象，通过正向营销在一定程度上重塑了“国货”形象，但花西子危机事件无疑对“国潮”叙事带来了较大的负面冲击，暴露了“国潮”叙事与品牌营销实践的矛盾。

另外，“国潮”叙事逐渐陷入标签化与泛化的传播模式，传统文化元素与商业营销的结合趋于形式化和浅层化，品牌营销过度依赖联名而缺乏创新，“国潮”概念的商业和文化价值被逐渐削弱。这一现象不仅体现在“国潮”概念庸俗化的趋势上，还体现为

① 凯利．失控：机器、社会与经济的新生物学［M］．张行舟，译．北京：电子工业出版社，2016.

核心叙事元素内部的逐渐分裂。比如，中式美学生活理念因无法在“国潮”叙事中获得深刻的表达，而逐渐脱离这一叙事体系，在探索独立表达或构建新的叙事体系的过程中，“东方美学”和“新中式”的表述出现了。这一趋势表明，“国潮”叙事在传播中遭遇瓶颈，无法有效应对其叙事体系扩展所引发的消极影响。

“国潮”叙事当前已进入叙事生命周期的衰退阶段，叙事的符号效应与情感共鸣正逐步减弱。当叙事的文化符号逐渐失去吸引力，“国潮”叙事星座可能无法维持其内部的价值关联与叙事逻辑，从而逐步解构为多个独立的叙事模块，甚至完全解体。

（三）从叙事经济学角度研究“国潮”的意义

任何叙事星座的生命周期都不可避免地经历兴起、成熟与衰退的阶段，然而，无论叙事内容如何变化，叙事的基本方法与传播规律都具有相对的稳定性和普适性。“国潮”作为一个成功的品牌叙事案例，为中国品牌建设提供了宝贵的经验与启示。首先，“国潮”通过符号流通，打造了具有高度文化辨识度的品牌形象，并通过情感化叙事将民族文化认同转化为消费者行为，展示了中国品牌提升市场竞争力的有效路径。其次，从老品牌的年轻化策略到文化深度的延展，“国潮”叙事体现了品牌叙事与时代语境深度契合的必要性。在这一过程中，“国潮”通过不断挖掘能够引发广泛共鸣的文化符号，成功实现了叙事边界的持续扩展。最后，“国潮”叙事边界的生命周期也提示我们，品牌须在叙事内容与形式上保持动态创新，不能以 IP 联名和文化元素的简单借用作为主要营销策略，以防止叙事标签化和过度消费带来的疲劳效应，这会损害其流行热度与影响力。

“国潮”叙事作为成功的案例，为品牌在智能媒体时代构建多维度价值网络提供了独特思路。这一现象表明，中国品牌的全球竞争力不仅依赖产品与技术，更依托其叙事塑造的文化深度和情感共鸣，这为未来品牌营销与文化传承的融合发展开辟了新空间。总结“国潮”的成功经验，不仅能够系统梳理这一现象的内在逻辑，还能够为中国品牌未来叙事战略的迭代与优化提供重要的理论参考和实践指导。

中国品牌建设战略 2017 年启动，到 2023 年，“国潮”叙事经历了从兴起到成熟再到衰退的完整发展过程。2018 年，“国潮”作为一种品牌传播策略开始进入大众视野；2019 年，其文化与商业价值逐渐获得学术界和商业的高度关注；在经历了短暂的低谷期后，“国潮”在 2021 年迅速复苏并展现极强的生命力；2022 年和 2023 年，“国潮”已成为品牌营销和传播的主流议题。然而，2023 年叙事泛化和品牌营销过度消费带来的叙事衰退迹象再次显现。“国潮”叙事的基调由年轻消费者的先锋性自我认同逐步转向更温和、更贴近生活的表达，从而逐渐吸引了具有更高经济实力的中年消费者，最终形成了一个几乎覆盖全民和全行业的营销事件。这一叙事框架，不仅有李宁、美加净、大白兔和百雀羚等老品牌经典案例的复兴，更重要的是成功孕育了新品牌、原创文化IP以及新的商业模式，赋予中国商业体系更强的创新能力和文化竞争力。互联网与社交媒体的崛起，彻底打破了二战后逐步确立的国际品牌传播模式及其对市场的垄断；各国均在尝试新的传播路径，统一有效的范式尚未形成，“国潮”叙事的多层次传播逻辑、文化符号的精准塑造及其引发消费者情感共鸣的能力，不仅为中国品牌建设提供了针对智能媒体环境的范例，也为品牌传播及营销学的实际应用和理论深化提供了重要的案例，具有深远的实践与学术意义。

作者简介

赵海风，上海工艺美术职业学院视觉艺术学院讲师。主要研究方向：新媒体设计、创意传播。

《艺术人类学论纲》序

王廷信

在中国艺术人类学学会成立即将20周年之际，王永健博士的《艺术人类学论纲》（下文简称《论纲》）出版，可以说该书为中国艺术人类学学术事业献上了一份礼物。永健博士是方李莉教授的高足，多年来一直致力于艺术人类学学术史、文化遗产与文化景观领域的研究。我对永健较为了解，我担任中国艺术人类学学会的副会长，他担任副秘书长，也是学术良友。我很关注永健的学术研究，他十分刻苦，又非常扎实。他曾历时6年完成的《新时期以来中国艺术人类学的知识谱系研究》是一本系统梳理当代中国艺术人类学学术发展史的著作，也是中国艺术人类学发展30年来的第一部学术史专著，在学界产生了广泛的影响。这本《论纲》完成后，永健发来书稿让我把关并邀我作序，我欣然应允。

我翻开这部《论纲》着实惊喜。该书聚焦艺术人类学这一母题，在元理论研究、学术史、艺术人类学在西方国家的谱系脉络与发展状况，以及艺术人类学的理论范式等方面作了深入探讨。从学术立意而言，任何一个学科的发展均需要支撑性的理论著作，如张庚、郭汉城先生的《中国戏曲通论》，可谓戏曲学学科领域的扛鼎之作。对于艺术人类学这样一个年轻的学科而言，永健博士的这部《论纲》，真可谓当下中国学者在艺术人类学领域的最新探索，为中国艺术人类学学科建设与中西方艺术人类学的学科对话搭建了一座桥梁。他立足于艺术人类学学科本位，秉持全球化视野，不仅系统地梳理了中西方艺术人类学的发展历程、理论范式、思想演变及传播，而且强调了艺术人类学的元理论研究和当今研究的新视界，此中宽度与深度，在以往的学科史研究中并不多见。

艺术人类学舶自西方，20世纪80年代前后进入中国，经过长时间积累才呈现在地性的研究景观，完成了本土化的研究转型。如何与西方学界展开对话？如何系统梳理、归纳、呈现中国艺术人类学本土化研究形成的理论范式、学科群和相关团队？如何把中国艺术人类学在从实求知的社会实践中形成的学术思想和智慧贡献给世界？做到这些，既需要全球性和整体性的视野观照，也需要深刻理解西方人类学的各个理论流派与发展脉络，形成中西相互映照的系统性和关联性研究。治学先治史，全方位地把握一段学科发展史具有挑战性，而去书写一部较为系统，并用概念化、范畴化的学术话语总结概括一段历经 100 多年且横跨中西方的学科发展史，此中难度不言而喻。正如作者在绪论中所言，书写一个学科的论纲是一件“费力不讨好”的事情。然而，我坚信这并不是一件“费力不讨好”的事情，在写作该书的 6 年中，永健精益求精的精神早已灌注这本论纲。2016 年，习近平总书记在全国哲学社会科学工作座谈会上发表重要讲话，提出加快建设具有中国特色的哲学社会科学学科体系、学术体系和话语体系。随后，学术界纷纷开展“三大体系”建设的研究，并涌现出一批高质量的研究成果。永健博士的《论纲》问世，无疑为中国哲学社会科学“三大体系”建设贡献了一份力量，在中国艺术人类学学科发展史上具有里程碑意义。

通读全书，我认为《论纲》具有以下三个方面的特点：

第一，学术视野宽广，具有较强的整体观与跨学科意识。尽管英国是人类学的发源地，但是包括英国在内的拥有人类学传统的国家，至今尚未出现一本专门论述西方艺术人类学史的专著。学术史由一系列相关学者的思想、观点、理论及论著等构成，具有共时性和历时性的特征。很多史料都消失在历史的长河中，需要后代学人不断地发掘、淘洗，从而丰富学术史的内容。因此，尽可能全面地收集资料是写史的关键，也是在时代语境下生成新思考、新观点、新问题的必经之路。与此同时，辨别史料真伪，提炼核心要义，去粗取精，同样是书写学术史所不可或缺的重要工作。《论纲》整体观照了中西方艺术人类学发展的历史，发现了相当一部分以往不为人知的史料，如英国皇家人类学学会的艺术人类学研究，以及其设立的 J.B. 多恩艺术人类学论文奖，日本学界艺术人类学的研究等，都是以往学界不曾了解的，这些正是他在研究中不断打捞、去伪存真后得到的学术宝藏，拓宽了艺术人类学研究的认知范围。

在书写艺术人类学学术史时，我们不仅需要“后视镜”，更需要“远光灯”。“后视镜”能帮助我们看到来时的路，而“远光灯”则能够让我们看到未来的研究走向。马克思指出：“人们自己创造自己的历史。”在今天，我们也要看到学科史的未来发展趋势。艺术人类学是一门跨学科的研究，是艺术学和人类学这两个学科在面对共同的研究问题时深层次上的逻辑契合。但是，永健博士并未局限于这两个学科，而是以艺术学和人类学的交叉为基础，强调当下及未来以问题为导向的多学科共同发力的研究趋势。例如，在《艺术人类学研究新视界》一章中，他从人类艺术活动呈现的新问题出发，总结了当前网络艺术田野、城市艺术田野与海外艺术民族志研究的现状、研究案例和相关问题域，以及在这些过程中形成的交叉学科，同时指出了研究中出现的若干问题。

第二，学科定位清晰，深入探讨了艺术人类学元理论的相关问题，较全面地呈现了中西方艺术人类学学科历史发展进路以及与其他艺术交叉学科的关系，学理论证严谨深刻。艺术人类学是一门交叉学科，基本原理、内涵外延、研究方法是其学科建构的根本问题，永健博士开宗明义地将其一一定位。学科建设往往与学术研究密不可分，较之学术史，学科发展会因不同国家的学术传统各异而有所侧重。永健博士在全景式地梳理中西方艺术人类学学科发展阶段的同时，着重论述艺术人类学在英国、美国、澳大利亚和日本的产生与发展，并将学术组织团体、代表性学者与代表作、研究重镇、出版刊物、学术活动等作了介绍。如此成体系地梳理、介绍国内外艺术人类学，以及与之相关的学科发展情况的著作，尚不多见。

《论纲》的写作不囿于艺术人类学学科本体，而是相对全面地关注各艺术学科门类，综合与之相关的音乐人类学、舞蹈人类学、设计人类学等学科群，横向比较了同属交叉学科的艺术社会学、艺术民俗学、审美人类学、文学人类学等，一定程度上拓展了艺术人类学的学科研究视野，淡化了学科边界，丰富了研究方法，强化了以社会实践形成的共识性话语和以共同问题为导向的跨学科研究，具有较强的学理性和系统性。

第三，系统总结了中西方艺术人类学具有代表性的理论范式。艺术人类学舶自西方，作为其理论来源的人类学四大国家（英、法、德、美）先后在19世纪和20世纪对人类的文化与艺术研究产生了深远的影响。诚然，中国学界翻译了很多西方人类学经典论著，前辈学者也对其理论来源、思想变迁及产生的影响作了系统论说，如《文化人类学理论学派》《人类学经典导读》等，但是在艺术人类学领域中这样的梳理和论说尚不多见。永健博士提出以“知识考古”的方式去梳理艺术人类学在中西方学术发展中所形成的田野实践和理论思考，并通过问题意识、时代意识切入艺术活动的全过程，探讨在艺术人类学学术史发展各阶段出现的不同理论范式，这些理论范式对艺术人类学研究具有重要价值。

总而言之，《论纲》是一本学术性很强的理论著作，其理论价值在于能够承前启后，横跨中西方百年发展流变，在总结艺术人类学研究成果的同时，展望未来研究的发展方向。同时，其为中国艺术人类学学科建设提供了经验借鉴，让相关专业的人才培养有迹可循，有据可依。总而言之，《论纲》一书在接通中西方艺术人类学理论研究的基础上，梳理、提炼了百年来艺术人类学发展演进中所形成的众多理论，其所呈现的专业性和系统性为今后的学术研究与学科发展提供了重要参考，也为中国“三大体系”的建设贡献了艺术人类学学人的智慧。

以上所言，是为《论纲》之序，以志其旨。祝愿永健博士在艺术人类学的道路上越走越好！

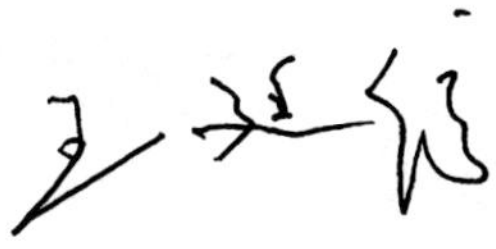

2024年4月于北京定福庄

独立·交互·流动：艺术地理学研究的中国理路

——评张慨《艺术地理学：问题、方法与典型性》*

李　培

摘　要:《艺术地理学：问题、方法与典型性》是一本构建中国式艺术地理学一般研究理路的拓荒之作。书中第一部分提出，中国艺术地理学独立之后，需要围绕艺术与地理的共生关系展开研究，兼顾艺术与地理互动关系的流动性书写。第二部分则从古代绘画和电影艺术地理的综合梳理中，确立历史书写、空间联动、作品切入角度以及新艺术现象的研究思路。第三部分作者结合案例，突出地理视角的对象选择与具体演绎，以期为后来的探索者提供参考。这本书以较为清晰的理论框架和相对具体的案例、门类探索，为中国艺术地理学研究者提供了研究范式与多元的研究切入点，进而为世界艺术地理学的发展提供了中国思考。

关键词: 艺术地理学；研究理路；流动性；中国视角

新时代以来，伴随着当代艺术、公共艺术、乡村文化振兴、文旅项目开发、传统艺术活态传承的发展，中国涌现诸多新兴的艺术现象。区域文化的兴起与这些新兴艺术现象的涌现，正推动着中国艺术学界持续探索创新的研究方法。在此背景下，艺术地理学重新进入中国艺术研究的视野。过去，中国艺术与地理的融合以艺术为主体，借用“地理”概念对各类艺术进行再梳理。张慨的著作《艺术地理学：问题、方法与典型性》（下文简称《艺术地理学》）则打破了传统的言说思路，意图从艺术发展史和时代需求出发，讨论艺术地理学理论的独立性，揭示研究的范围与对象，并确立基本的研究切入点。这本书难能可贵地构建了一个艺术地理学的研究体系，不仅综合了艺术学与地理学

* 本文系国家社会科学基金艺术学重大项目“中国近代以来艺术中的审美理论话语研究”（项目编号：20ZD28）和宁波大学校级项目“本科生美术教育科研融合教学模式开发研究”（项目编号：JYXM2025082）的阶段性成果。

的研究方法，还发掘了艺术家、艺术作品、艺术价值乃至艺术史研究的“流动性”特征。这种“流动性”不仅体现在对同一艺术母题地理缘分的动态把握上，而且兼顾某一门类艺术成长过程中的取舍标准，着力探讨新的艺术形式对于地理经验与身份的贡献。可以说，这本书较为清晰地确立了艺术地理学的一般研究思路，为切入各类艺术研究提供了精确的突破口。它一方面为当代艺术学者提供了新的视角，为当代艺术从业者发掘地方文化资源提供了意义来源；另一方面为地理学、区域文化研究者重新审视艺术的作用建立了理论通道。

一、建立在艺术与地理互动基础上的“独立性”

20世纪，“艺术地理学”一词才正式出现在德国地理学家雨果·哈辛格尔的著作中，可是作者注意到，其实中西方艺术史上早就有关于艺术与地理的讨论。因为学科分类的关系，从事艺术学研究的人习惯将“地理”视为艺术发展的影响因素；而部分文化地理学者则更多地讨论经由艺术作品或者形式所折射的地理环境与人类文化之间的关系与表现。对此，作者在研究中指明，艺术学研究者忽略了作为艺术本源与根基的地理属性，而文化地理学者则只关注了艺术与地理之间的外生关系。由此，作者意识到艺术地理学研究体系的独立性。为何要强调这一独立性？作者提出了四个理由：其一，中西方学术界对艺术与地理之间关系的探讨拥有深厚的历史积淀；其二，“地理”或者“地方”区域艺术的发展与普及在艺术演变的过程中居于本体地位，这内在地促使一门艺术成型；其三，地理与艺术之间是互动共生的，地理既是孕育一门艺术的文化土壤，又是独特艺术风格被造就的决定性空间，还常常以“想象”或者“记忆”的模式穿插在跨地域的艺术之中；其四，当代艺术实践不断呈现对地方、环境、人与地之间关系、生态的追问，这形成了艺术与地理之间的双向互动。作者将这一关系界定为“地理的艺术”和“艺术的地理”。

确立了艺术地理学研究体系的独立地位之后，作者从艺术与地理的共生关系出发，时刻把握艺术行为发生的“流动性”特点，明确新的艺术地理学的研究范围与对象。关于研究范围，作者以“地理的艺术”和“艺术的地理”为指涉，肯定了20世纪80年代以来中国艺术学界在地理艺术研究上的贡献。学者们聚焦“地方”而形成的学术探索构成了中国艺术地理学演进的开端。艺术地理学研究任重道远，因为“尽管各门类艺术都开展了各自的艺术地理研究，但是由于艺术地理学科是对跨艺术门类一般性规律的探求，其研究需要基于门类艺术进行具有超越性的整体性研究。”[①] 既然需要探求一般性规律，我们就需要脱离艺术学或者地理学科，建立新的问题域。作者紧扣艺术行为发生和作品传播或者重塑的“流动性”，指出艺术地理学研究的问题主要有以下几个方面：

其一，作为媒介的艺术所建构的社会认知领域。例如，由艺术所揭示的人地关系与地方化审美倾向。其二，艺术本体对地理空间和内隐的人地关系的感知与想象的重构，如作者曾在《艺术史书写不能忽略的空间过程》一文中，以“书法”为例，提出“从地理学的角度审视，书法与其所处的地理空间、书写的物质载体共同构成了文化复合体——书法景观。”[②] 书法景观指基于地理与艺术互动而形成的文化重构现象，对此种现象的把握只是作者探索地理与艺术双向流动的开始，因为由此构建的艺术意象或者塑造的母题会在历史的长河中不断生长，这个观点在作者的《从地域景观到艺术符号：〈潇湘图〉的空间过程》一文中得到印证。经过历代文人的创作，一个情感意义上的“潇湘”被抽象出来，自此哀怨悲愁取代了山水摹写。其三，如何阐述艺术行为各要素与其存在空间的关系。艺术的发展本质上是为满足某种生存需求，每一个艺术构成元素的变化既与从业者四处奔波紧密相连，又离不开与意识形态变化的相得益彰。于是，在不同的时局和文化背景下，艺术不得不从原来的地方奔波到另一个地方，以转变的身份再回到原来的地方。如此以来，艺术本体须不断重复经历与“地方”的碰撞。除此以外，新的艺术生产催生了新的艺术空间，如制片厂、工作室、手工业工作坊、艺术人才聚集区等。这就需要研究者再度起航，探索新兴地理空间对艺术发展产生的影响，绘制一张艺术成长的地图，追溯艺术的缘起与位移以及探究艺术的传播和交流。其四，数字化艺术史图谱的建构可以基于艺术地理学进行扎实的文本爬梳，如“还包括艺术行为或者艺术生产全过程的地理信息完全记录……为艺术的解读和书写提供新的观看方式和内容组织形式”[③]。

《艺术地理学》一书明确地界定了中国艺术地理研究的四个关键问题领域。该书以“艺术如何通过表达人地关系的认知来构建其自身发展？”这一核心问题为线索，将之贯穿于各个领域的研究。然而，在当前的论述中，作者似乎未能充分回应艺术与地理之间的互动共生特性。因此，我们推测应存在另一条研究线索，即探讨艺术如何在自我转变的过程中丰富和深化人地关系。对于这一问题，我们期待作者在未来的研究中能够给出更深入的解答。

---

① 张慨．艺术地理学：问题、方法与典型性［M］．上海：上海大学出版社，2024：8.
② 张慨．艺术史书写不能忽略的空间过程［N］．中国社会科学报，2022-09-21（9）.
③ 张慨．艺术地理学：问题、方法与典型性［M］．上海：上海大学出版社，2024：18.

二、因地重叙艺术古今之变，以情结再塑作品的前世今生

《艺术地理学》一书在确立了核心的研究线索之后，便针对艺术史书写和案例研究展开了方法论的实践。在进入正式的理论阐述之前，作者针对中国古代绘画的地域性研究和中国当代电影的研究展开了系统性论述，指出历史美术地理学主要包含三方面的内容，即中国绘画的空间分布及其演变过程、区域不平衡性及其空间关系以及绘画对空间差异性的表达。中国地域电影研究热潮出现的标志是 20 世纪 80 年代西部电影的崛起，自此学界集中在地域电影资料爬梳与出版、地域电影志、大事记的编纂和地域电影史的书写等方面开拓。在此基础上，学者们进行了地域文化对于独特电影美学的构建价值、电影中地域形象的传播以及地域想象与文化认同三个方面的理论探讨。作者在梳理中发现，绘画方面缺少有关地域性研究的理论专著，电影方面则相对缺乏从“地理出发”的理论化支撑。于是，作者紧扣艺术与地理之间的共生关系，提炼聚焦艺术史书写、地域艺术研究和案例研究的基本思路。

第一，以地理空间新变为线索，续写建立在空间转变基础上的艺术故事。例如，作者在《重回地方——在地化浪潮中的艺术史写作》一文中提出，伴随全球在地化概念的出现，“‘地方’作为一个问题油然而生……史学领域中，‘全球地方史’的史学实践兴起。”[①] 因此，中国当代艺术如何突破此前的“门类 +”写作范式就显得尤为迫切。这样的艺术史书写需要摆脱一般时间的束缚，以全球视野为参照，书写中国当代艺术的特色。旧的地理空间加上当代艺术的赋能，新的人文地理现象形成了，如特色小镇、美丽乡村等。由此，以“地理”为中心的艺术史书写既需要贯通传统，又需要新视角的介入。贯通传统主要指“展开对地方艺术文献史料的收集和整理”[②]，而新视角的介入则是在整理的基础上，以地方与其他地方之间的联系为切入口，考察艺术活动和艺术现象，洞悉艺术本体内部变化的依据、身份的转型与存在合理性的问题；着力探索地方环境对艺术特色形成的影响、艺术个性对地方特色的表现、艺术家创作与地方情感的互动和延续关系，以及艺术作品对地方观念的转述与方法；从全球和国家视角出发，审视地方艺术发展的趋势，提升研究的现实价值和未来感；关注与地理环境相关的形象和符号对地方艺术发展的影响，及其在艺术作品中持续性的叙事建构与转化。

第二，关注艺术作品中典型“地理情感”的跨地域、跨学科的历时变化。从《古都

---

① 张慨 . 艺术地理学：问题、方法与典型性［M］. 上海：上海大学出版社，2024：90.

② 张慨 . 艺术地理学：问题、方法与典型性［M］. 上海：上海大学出版社，2024：97.

的艺术与艺术中的古都：古都与艺术的双向建构》《从地域景观到艺术符号:〈潇湘图〉的空间过程》《唐代诗画中的长安意象》等文章中，我们可以感知到作者对于“地理情感”有着独特的理解，它不是个人化的恋地情节，而是强调历史性、经典性、跨学科性和互动性。《古都的艺术与艺术中的古都：古都与艺术的双向建构》以古都与艺术的双向奔赴为例，提示学者们既要关照艺术对古都历史与记忆的呈现，又要兼顾艺术对古都当代形象的塑造价值;《从地域景观到艺术符号:〈潇湘图〉的空间过程》选取了历史上塑造最多的地理案例，追溯其从单一地方符号上升为中华民族情感意象的过程，做到了经典性与历史性的统一。《唐代诗画中的长安意象》则从诗和画融合的角度出发，审视画面中长安意象和诗人主体情感的相互补充现象，从而实现了传统的视觉意义与长安人文空间的互文。

第三，地域艺术与环境互动的基本观点和理论。作者以陕西艺术和南泥湾艺术发展为例，揭示了一条从地域艺术发展动态出发，洞见其中所蕴含的与地理相关的核心艺术问题的路径。《环境理解与艺术表达——以抗战时期陕西绘画为例》一文结合行为地理学理论，在传统历史文献梳理的基础上，发现陕西不同地区的绘画风格与题材表现存在着显著差异，这与意识形态主体、文艺政策、接受群体和艺术载体等的不同密切相关。通过不同的创作表现，我们可以较为清晰地感受不同的人地关系和人文环境。从阐述逻辑上看，传统地域艺术研究的主体转化为研究现象，而曾经的研究背景则成为研究的主体。《地理空间的艺术史书写——以南泥湾为例》则初步演示了地方艺术“流动性”历史叙事的写作逻辑。此后，艺术作品因地理的流动实现了与国家、民族、当代以及国际相结合的演绎逻辑。“地方”不再只是艺术的“居所”，而是成了生命的“起点”。

综上所述，新的书写视角令人耳目一新，颠覆性的书写逻辑独树一帜。作者试图树立以地理、地理元素和符号为中心的新艺术史建构意识，这对于其他学者具有启发意义。令人遗憾的是，在《艺术地理学》的第二部分与第三部分，尽管我们看到了作者对于某个研究问题的具体探索，却未见每部分之前对于研究范式切入过程的理论式回溯；每一部分的问题提出与研究开展的总结与反思也有所缺失，这让读者意犹未尽。与此同时，作者秉承的从地理艺术活动把握艺术本体生成过程的理念，在本研究中并未得到充分体现，这也令人遗憾。

三、初步确立了艺术地理学研究理路的“中国视角”

在《重回地方——在地化浪潮中的艺术史写作》中，作者专门梳理了国外艺术地理学研究的发展脉络。就作者的分析来看，国外的研究大都将艺术地理学并入地理学或者文化地理学的框架。以地理学视角统摄艺术研究，强调从艺术作品入手洞察地理知识的生产，而从文化视角切入的地理学研究则重点“不仅要研究各国、各地区文化现象的地理分布规律，同时要深入研究各国、各地区文化形成的条件和特点，如研究宗教文化不仅要研究宗教起源和分布的规律，还要研究世界主要宗教形成的自然、社会经济条件及宗教文化特征。这些都体现了文化地理学的区域特征。”[①] 这些研究的发展趋势基本上都是单向的，然而，作者引用马克思的论断，“从理论领域来说，植物、动物、石头、空气、光等，一方面作为自然科学的对象，另一方面作为艺术的对象，都是人的意识的一部分……同样，从实践领域来说，这些东西也是人的生活和人活动的一部分。”[②] 这表明艺术地理学应该有自身的研究对象，具有一定的理论独立性，不应该“照搬人文地理学的定义，给自己设置束缚思维与眼界的学科障碍。艺术地理学不仅仅考察艺术史的地理经纬。”[③] 除了来自西方哲学理论的支撑，中国艺术本身的发展历史和当代文化现象都证明了重新梳理艺术地理学研究对象的必要性。

第一，中国历代艺术的创作讲求“天人合一”和“情景交融”。例如，古人受礼教束缚之后常归隐山林，于是，大自然的山水便成为他们消解苦闷的画中意象、书中之魂。“天人合一”是中国人特有的思维方式，主张以人情观物态。这一审美思想折射到中国山水画创作上，则要求更加注重表现生命精神，极大地减少摹仿现实空间，以自然景色为载体表达主体精神，展现生命的生动气韵。因此，在一幅山水画研究中，除了要思考特定技法所依据的地形因素和材料特性，还要透视古人的心灵和生活空间，考究古代艺术家所处时代的精神追求与审美意趣。诚如本书作者在《中国古代绘画的历史地理学研究》一文中发现的，中国较早的画论《历代名画记》就强调过“画家的生活空间对创作产生的影响，即画家的地理空间经历和地理感受，是绘画创作的基础要素”[④]；中国画早期的造型观念“应物象形”突出笔墨与真实形象之间的关系，其中“象形”建立在深入体悟和客观观察相结合的基础上。例如，南宋的《夜合花图》中的花与自然界真实的形象是不一样的，如“一枝上长有五朵花，在现实中，这种植物是不可能一枝长出那么多朵花的”[⑤]。如果按照一般地理学或者人文地理学的研究思路，我们得出来的对于自然环境的探讨结论一定是不可靠的。因此，中国艺术特有的审美格调就要求艺术地理学

---

① 夏日云，张二勋．文化地理学［M］．北京：北京出版社，1991：16.

② 张慨．艺术地理学：问题、方法与典型性［M］．上海：上海大学出版社，2024：11.

③ 张慨．艺术地理学：问题、方法与典型性［M］．上海：上海大学出版社，2024：4.

④ 张慨．艺术地理学：问题、方法与典型性［M］．上海：上海大学出版社，2024：25.

⑤ 雷承影．中国名画家全集：苏百钧［M］．石家庄：河北教育出版社，2010：115.

符合中国艺术规律与理路。

第二，适应中国艺术意象的跨学科、“流动性”特征的变迁。在中国画创作或者中国音乐创作的历史进程中，与环境或者地理相关的意象是流动的。例如，作者对于《潇湘图》的研究探索了“潇湘”被从地理景观提炼为情感符号的流动过程；对于唐代诗画中长安意象的讨论，则结合诗歌和绘画的意义比较，提出“唐代绘画的写实性特征和主观情感的表达通过诗歌可以被明确认识与理解”①；地域电影研究对于地理形象的描绘有三个层面，作者将其概括为地域初始形象（自然地域或者环境）、地域人文形象（民族风情等）和地域文化形象（人们的精神风貌和性格特征）。②其实，还有一种基于个人化记忆之上的恋地意识，或者说怀乡情结，是流淌在中国人血液里的。由此，不少中国电影导演会将这种源于记忆的印象以各种变幻莫测的形式植入不同类型电影的拍摄。电影《星海》中，“两位导演的家乡都在水边。渤海湾和松花江畔的沙滩给他们的童年和少年留下多少美好的回忆啊。小星海水上的生活环境引发导演许多联想。一朵浪花、一颗贝壳都给影片增添色彩。”③因此，在中国的艺术地理学研究中，我们要在中国人特有的思维模式中对艺术与地理之间的关系问题进行研究，诚如作者所说的那样：“既然艺术是一种行为，对其研究需要持有过程论思维，即艺术应当是一个从创造、生产到传播、接受的过程，而作品只是一个结果，并不是艺术行为过程的终点。”④

第三，为中国当代新的艺术现象之于地域文化价值的探索提供新的视角。目前，学界关于当代艺术的批评标准观点不一。回顾中国当代艺术的发展历程，它与西方当代艺术的发展处于不同的轨道中。关于中西当代艺术的理解问题，王端廷说：“我国与西方的历史从未同步，因此，无论是历史还是艺术，我们不可能也不愿意采用西方人的分期标准……就中国而言，传统与当代、本土与世界的双重纠缠使得中国艺术的当代性呈现出鲜明的混杂特征，因而评价中国当代艺术便有了国内与国际两个标准。”⑤迄今为止，中国当代艺术的发展呈现了三种趋势：第一种是基于传统与当代探索之上的较为纯粹的形式语言创新，如当代水墨实验、综合材料绘画等；第二种是迎合国际标准的环境艺术、大地艺术的实践；第三种则较为传统，探索传统绘画时代精神的现实化转述。其中，前两者的探索与中国地理文化关系密切。中国当代艺术形式语言新探在视觉肌理语言的实验中，以材料的名义呼应了中国地理特质。这种地理特质又在画面的重构中获得

① 张慨．艺术地理学：问题、方法与典型性［M］．上海：上海大学出版社，2024：117.
② 张慨．艺术地理学：问题、方法与典型性［M］．上海：上海大学出版社，2024：70.
③ 王霆钧，王乙涵．画里画外：导演李前宽、萧桂云电影传奇［M］．北京：中国电影出版社，2022：265.
④ 张慨．艺术地理学：问题、方法与典型性［M］．上海：上海大学出版社，2024：13.
⑤ 王端廷．王端廷自选集［M］．太原：北岳文艺出版社，2018：94-97.

了一种新的意义。中国的环境、大地艺术属于一种地方政府导向的行为，大都表现为城市公共艺术的形式。例如，各种特色小镇、历史文化街区改造、美丽乡村建设等。它们的构成元素大部分与地方记忆相关，极力在艺术的构成中塑造一种家园意识，试图以文化旅游的名义唤起出门在外之人的家园之感，为异乡人打造一座告别熟悉语境焦虑的栖居之所。这些新的艺术现象需要从地方视角入手，于是，艺术地理学再度被提及。它的独立在理论层面有利于地方历史文脉的再度复兴，在实践层面有助于提取新的艺术现象的原理性价值，在国家层面则可以弱化全球化漩涡中产生的文化身份焦虑。①

结语

作者的两篇艺术批评扭转了一般讨论对主题和艺术家创作思想的看法，以地理意象为参照，以艺术语言风格为媒介，回溯艺术家的恋地意识与创作灵感的交织关系。艺术家之于心中之地的执着，等同于作者之于艺术地理学的孜孜探索。最终，《艺术地理学》一书结束了作者在艺术与地理之间的徘徊，以相对清晰的研究体系让二者成为一个整体。

作者简介

李培，宁波大学音乐学院讲师。主要研究方向：艺术学。

① 张慨．艺术地理学：问题、方法与典型性［M］．上海：上海大学出版社，2024：90.

图书在版编目（CIP）数据

中国文化传播. 第四辑 / 王廷信主编 ; 陈忆澄副主编. -- 北京 : 中国传媒大学出版社, 2025. 9. -- ISBN 978-7-5657-4011-4

Ⅰ. G125

中国国家版本馆CIP数据核字第2025HA7800号

中国文化传播（第四辑）

ZHONGGUO WENHUA CHUANBO (DI-SI JI)

主　　编　王廷信
副 主 编　陈忆澄
策划编辑　曾婧娴
责任编辑　曾婧娴
特约编辑　王玉风
责任印制　李志鹏
封面设计　赵　阳

出版发行　中国传媒大学出版社
社　　址　北京市朝阳区定福庄东街 1 号　　**邮　　编**　100024
电　　话　86-10-65450528　65450532　　**传　　真**　65779405
网　　址　http://cucp.cuc.edu.cn
经　　销　全国新华书店

印　　刷　唐山玺诚印务有限公司
开　　本　787mm×1092mm　1/16
印　　张　13.5
字　　数　263 千字
版　　次　2025 年 9 月第 1 版
印　　次　2025 年 9 月第 1 次印刷

书　　号　ISBN 978-7-5657-4011-4　　**定　　价**　68.00 元

本社法律顾问：北京嘉润律师事务所　郭建平